上卷

太极内功心法全书

钱惕明 著

人民体育出版社

作者近照

此曲只应天上有 人间那得几回闻

得其环中

著名书法家钱小山先生题词　　全国著名书法家费新我先生题词

著名书画家莫静坡先生题词

著名书画家范石甫先生题词

前《武当》杂志社负责人黄学民先生题词

1982年在南京国家武术邀请赛上与老武术家合影。前排左起：李天骥、张文广、张山、何福生。后排左起：吴志泉、沙明熙、钱惕明、费玉侠、章深根、常明祥

1991年，与时任中国武术院院长徐才先生合影

1991年，与时任中国武术院副院长蔡龙云先生合影

1986年，与著名武术家
刘玉华（中）合影

1982年，拜访著名
武术家沙国政先生

1986年，向著名武术家
何福生先生请教

1982年，拜访著名太极
拳家顾留馨先生

武当丹派第十一代宗师杨奎山（林甫）像　　武当丹派第十代宗师李景林（芳宸）像

武当丹派国内师徒合影（2005年）。前排左起：常明祥、钱惕明、沙明熙。后排左起：涂岳平、黄宏伟、石国元、钱新天、王小明、吴志军、夏瑞平

2002年，国际武当武术协会在美国西雅图成立。钱惕明任会长

与部分海外学员在美国西雅图表尔威市合影（2001年）

2004年秋，在西雅图 BCC 大学任教时与部分学生合影

作者简介

耄耋之年，依然能黏手即发，可见其太极内功之精湛。

英姿勃发，多种体检指标与年轻人一般，令医生咋舌，可见其深谙太极养生之道。

作为近代武林宗师李景林的再传弟子，钱惕明先生一直致力于推广和发展中华武术。现为国际知名武术家，在西雅图任国际武当武术协会会长，并任武当山武当拳法研究会顾问，在武当丹派列为第十二代传人。

近年来，钱先生领导美国西雅图国际武当武术协会发扬中国武术，收受入室弟子，举办培训班，先后任西雅图BCC大学、华盛顿大学太极拳教授，从学者已逾千人。

钱先生可谓能武能文，先后发表了二十多篇武术论文，颇具影响。在美国，《太极》杂志特约其撰稿，已发表《太极之魂——阴阳中和之道》《武当剑真谛》等4篇论文，并被推为2005年2月美国《太极》杂志封面人物。当地媒体对他作了专门报道。

数十年来，钱先生用我国古代的太极哲学观及传统的人文思想，探索太极拳的宏观心法与微观心法，对以往秘不外传的太极拳内功心法有独到的体悟与描述，而且破译《易经》八卦与太极八劲八法相互对应的心法奥秘，明确了修炼太极内气、内劲的途径与具体方法，可谓明珠在握。

钱惕明先生1929年出生，江苏无锡人。自幼习武，后1952年得缘入室武当丹派近代宗师李景林的衣钵传人杨奎山（林甫）门下，修炼武当剑、武当太极拳、太极阴符棍、八卦掌、形意拳及太极静坐法、易筋经等武艺功法，得师真传，已臻佳境。曾于1986年获全国武术观摩交流大赛雄狮奖、1991年获武当山首届武术文化节优秀大奖。从1980年起，钱先生与几位同门在市体委领导下联手组建常州市武术协会，历任副主席、主席等职19年，后又任常州市武术协会终身名誉主席，卓有成效地开展了群众性武术运动。

钱先生1949年5月入苏南新闻专科学校，毕业后从事新闻媒体工作45年。钱先生的事迹，入编《中国武术名人辞典》，又入传《中华武林著名人物传》，为世人瞩目。

细品心法灵性来

（代前言）

修炼太极五十载，
细品心法从不悔。
详推用意终何为，
恢复天性春常在。

这首歪诗，寄托了笔者五十多年来的感怀。

余自幼体弱，少时从乡村武师习武健身，惜未得其法。及至外出谋生，体质日衰，患神经官能症，几乎无法工作。幸而1952年春，在常州市入先师杨奎山（林甫）门下习练太极拳等艺，健康状况才能日趋好转，于是兴趣大增，欲罢不能。时至今日，虽届望八之年，自感健康状况尤胜早年，并满怀信心地追求青春常驻，故而又自吟：太极妙悟春常在。

悟到什么？悟到古人说的一句话："为将之道，当先治心。"

心者，并非心脏之心，乃心术、心法也。其实，无论为将为政、还是为商为学等等，皆必须治心为先，方能成功。练太极拳当然也应治心为先。

太极拳的治心之道，就是治内功心法，它包含了宏观心法与微观心法。前者指修心练性，即古人所言"修齐治平"的为人之道；后者指一门一派、一招一式的行功心法，即为拳之道。把人道与拳道结合起来修炼，才是完整的太极拳内功心法。

就微观心法而言，不仅指一招一式的内在功夫的心理法则，更包含修炼意、气、神、劲、灵的心理法则，这样才能把练拳与练人结合起来，以达修心养性、恢复明德、完善人生之目的。

练拳之初，笔者并不知晓治心之道，也不知内功心法为何物，只是跟随先师依样画葫芦地习练拳架动作。大约两年下来，虽然形体动作练得还不差，但总感到内心似乎缺少什么，好像很别扭。后经师父点拨，才知道这是缺少内涵的表现，是不懂内功心法造成的。当时，师父给我一册老书《王宗岳太极拳经》，嘱咐必须学理论，明心法，才能掌握太极真谛。

我原本涉猎过哲学，自看到那册拳经中有关太极哲学的内容后，就进一步学习《周易》开创的太极学说，并把读书心得与先师传授的武当丹派武功心法相互印证。经过一段时间的学理、印证、体悟，逐渐明白了内功心法的原理与法则，促进了外形动作的提高和内在神韵的增长。

于是，笔者萌生出一个想法：如果学拳一开始，就能用内功心法给予指导，不是可以收事半功倍之效吗！

当然，练拳程序是由外及内、由浅到深逐步进行的，内在功夫不可能一蹴而就。但是，外形动作与内在功夫不能因先外后内而截然分开。尤其对初学者，在着重规范其外形动作的同时，必须说明内功的原理与方法，使其及早确立内外兼练（形神同修）的观念，便于逐步深造。而且有些动作，如果不按内功心法操练也难以规范。因此要帮助初学者一开始就明白心法，至少知道个大略，否则很可能会忽视太极心法，导致太极拳沦为一套体操式的空架子，那就是等于是没有灵魂的躯壳。

为此，笔者早在20年前就计划写一本关于内功心法的书，以便为同道提供一点信息。那时，中国正当在全国范围内开展空前规模的武术挖掘整理活动，很需要此类书稿，所以国家体委和江苏体委相关领导，都很支持，希望早日成稿。但是，当时笔者尚未离休，加上俗务繁忙，所以写写停停，迟迟未能脱稿。及至离休后，后来又去了美国，在课徒之余，才有时间整理旧文，撰写新稿。

此书并非单篇文章讲义的结集，而是集中地、系统地总结自身修炼心得的著述。开初只打算写十几万字，后来想想自己年事已高，没有必要再保留什么了，应当把五十多年来所学、所练、所悟、所得，毫无保留地和盘托出，所以内容越写越多，索性暂缓课徒，停止办班，杜门写作，历时两年有余，经数易其稿，总算初成，名曰《太极拳内功心法全书》（以下简称《全书》）。

取名《全书》，是因为所写内容涵盖了太极拳的宏观心法及微观心法的方方面面。就为人之道的宏观心法来说，既有"哲源篇""心法篇"的专论详述，又在各篇各章中具体阐发。就为拳之道的微观心法来说，还包括哲源、松静、内气、内劲、神意、灵性乃至一招一式的行功心法、用法、实例以及师门的各项功法，诸如放松功、练气功、练劲功与身法、步法、眼法等功法及其心法，统统包罗在内，算得上是全面的了。

同时又努力推陈出新，站在天道、人道、拳道相结合的新的高度，纵论太极人生，新释心法奥秘，进行武学研究，提出新的理念与新的观点。例如，首次提出太极拳有宏观心法与微观心法的命题，并提出"太极拳之魂是阴阳中和，太极拳之道在明明德"的全新理念。前者援引古今学者阐发中和哲学是我们的民族精神的精当论述，并解剖中和哲学作为太极拳之魂的三大要素：即修阴阳中和之气，练中和一体之术，做致力于中和之人；《中庸》说："中也者，天下之大本也；和也者，天下之达道也。致中和，天地位焉，万物育矣。"故这三大要素是太极拳的最高心法。至于后者"在明明德"句，出自儒家经典《大学》，是太极拳心法的目的，意为新时代的太极人士，不要仅仅停留在"武"的层面上，而应"在明明德"，净化心灵，止于至善。

实用性是不容忽视的重要问题，为此《全书》处处注意身、心、灵整体健康及拳技拳法的实用介绍。前者介绍修心练性、开发人体潜力，激发青春活力的有效功法与心法；后者介绍练气、练劲、用劲及推手防身的具体心法，例如对"太极脚""太极手""太极身"等要害作了具体描说，力求可操作性。

所谓内容全面、推陈出新及实用性，都需要详尽的剖析才能实现，所以每章、每节、每目都尽力作了精细的描绘与阐述。例如对放松问题，详细介绍了放松原理七点、放松心法六法、放松功法九式，还剖析了松静的六个层次，使人一目了然。再如详细解剖了太极内劲的本劲、首劲，螺旋寸劲以及种种用劲之道，阐述了太极内劲是人体潜能中开发出来的一种超常的新能量。即使一招一式的过渡动作也努力细部描述，尤其注意那些微小的又容易一滑而过的过渡动作的描写。例如"搬拦捶"一式的"搬"，细分"搬臂、搬拳、搬腕"三搬齐发，以及前搬、侧搬、变劲搬的分别；"拦"，有前拦、左拦、右拦；"捶"，有化中捶、螺钻捶、整劲捶及出捶吐劲三要素的细说。这样满篇的精细描述，目的是要使本书章章精微，节节实用。

理论是心法的枢机。因此，武术不仅是"武"，而且是"学"，学问的学；太极拳不单是"拳"，亦是学，即太极拳学。我们不仅要学习拳法，更应把它作为一门学科来学习与研究。为此，笔者尽可能以我国传统文化观念作指导，对太极拳的理法与拳技作学术性探索。例如用古代太极学说剖析太极拳的起源，引出了新的起源说；再如论证中华文化元典是太极心法的源头与主宰；又如破译《易经》八卦对应太极八劲八法的奥秘；还从人体科学角度、从剖析人体六种功能态入手，探究开掘人体潜力，练出太极内劲，激发青春活力的规律，等等。凡此种种探索虽然浅陋，但它表明武学研究是十分必要的，也是有广阔前景的。

为了全面、求新、详细地写内功心法，也为了便于学术性探索，故在写作体例及写作方法上作了革新。写作体例从两方面着手创新。一是在纵的方面，设置哲源篇、心法篇、松静篇、行气篇、内劲篇、套路篇及源流篇等篇章。一是从横的方面，设章列节横向展开，并对每一拳式进行剖析，分置"拳招释义""行功口诀""动作分解""呼吸行气""内功心法""实用举例"等栏目。这种纵横交错、篇目别致的结构，便于全方位，多角度，多侧面地阐述太极拳内功心法。

例如，每一拳式的"拳招释义"，是对该拳式的渊源、原理、特点及功能的解释。

"行功口诀"，是各该拳式练功走架的心法精髓的概括，如预备势——无极桩的口诀为："无形无象混蒙蒙，虚静无为心中空，道法自然万般松，神聚气合灵犀通"。

"动作分解"，是将每个拳式的动作过程分解成若干过渡性动作，并一一列出名目，使之眉目清楚、过程明确、叙述精细，便于学习。

"呼吸行气"与"内功心法"，本属同一内功范畴，为了方便叙述，才把它们分开设目，以便各有侧重地予以说清。

就行气来说，太极拳是高级气功，所以既有"内气篇"的综述，介绍修炼阴阳中和之气的原理、要则、法门，又有各拳式"呼吸行气"的横向分述，具体介绍每一拳式中的一般呼吸、拳势呼吸、脐轮调息三个练气要素。其中的脐轮调息，是师门独特的练气法门，对练气、练劲、练神乃至性命双修、开发青春活力，都积极有效，并设置"返老还童不是梦"的专章进行介绍。

至于"内功心法"这一栏目，乃是各该拳式的心法详解，把心法的普遍原理化作各个拳式的具体法则，寓普遍性于特殊性之中，使得本来难以理解的问题变得明白易懂，容易操作。

话又说回来，练太极，要靠灵性，灵性来自天赋、明师指点及本人的自悟。同样的天分，若明师有差异，效果必然见高下；同一明师，同样天分，若不勤悟，也是枉然；即使天赋较差，若能勤研心法，细细品玩，必能灵性自现，日日进步，所谓"勤奋出天才""福至灵性"是也。有鉴于此，笔者才以"细品心法灵性来"为题，写此前言。

《全书》全部脱稿之时，正值2008北京奥运会倒计时一周年纪念之日。俗话说：来得早，不如来得巧。笔者适逢盛世盛会盛举，特以此书作为迎奥运的一个小小纪念，聊表寸心。

笔者学识有限，体悟不高，敬请同道指正。

            钱惕明
      2007年8月8日写于美国西雅图

目 录

上 卷

第一篇 哲源篇

引 言 …………………………………………（2）

第一章 太极学说概述…………………………（3）

 第一节 太极的来历………………………（3）
 第二节 太极是宇宙生成的本原…………（4）
 第三节 太极是元气………………………（4）
 第四节 无极而太极………………………（6）
 第五节 心为太极…………………………（7）
 第六节 太和之气…………………………（7）
 第七节 太极是理…………………………（9）
 第八节 人人物物一太极…………………（10）
 第九节 太极，一也………………………（11）

第二章 太极图与太极拳………………………（12）

 第一节 伏羲氏有否绘制太极图…………（12）
 第二节 先民太极图（原始太极图）……（15）
 第三节 刘牧太极图………………………（16）
 第四节 周敦颐太极图……………………（17）
 第五节 空心圆形太极图…………………（19）
 第六节 六经太极图………………………（20）
 第七节 天地自然之图（古太极图前身）（21）
 第八节 古太极图——太极拳的心法指南……（22）

第九节　来氏太极图……………………（27）
第十节　循环太极图……………………（28）

第三章　太极拳起源的催生剂……………………（30）

第一节　周子一图一说在哲学上的新贡献………（30）
第二节　周子一图一说是三教合流的成果………（33）
第三节　周子一图一说是太极拳的催生剂………（37）

第四章　学拳与学哲学……………………（45）

第二篇　心法篇

心法总论（代引言）……………………（50）

第一章　练拳之道，当先治心……………………（52）

第一节　知理知性思想正…………………（52）
第二节　知势明志顺势上…………………（53）
第三节　知节律己的纪律…………………（53）
第四节　养技自爱又爱人…………………（54）

第二章　《周易》是太极心法的源头及主宰………（54）

第一节　从太极歌说起……………………（54）
第二节　《周易》是中华文化的最高元典………（56）
第三节　百姓日用而不知…………………（58）
第四节　拳道从易道来……………………（58）
第五节　未有神仙不读书…………………（59）

第三章　在明明德是太极心法的目的……………（60）

第一节　"不老春"新解……………………（60）
第二节　完善人生…………………………（61）

第三节　在明明德……………………………（62）
　　第四节　从有意入无意——心灵的修炼………（64）
　　第五节　在止于至善……………………………（66）

第四章　性命双修是太极心法的法则……………（69）
　　第一节　道家的生命观…………………………（69）
　　第二节　性命双修的贡献………………………（70）
　　第三节　张三丰的丹道…………………………（71）
　　第四节　太极拳是性命双修的动功……………（74）

第五章　阴阳中和之道是太极心法之魂…………（75）
　　第一节　一阴一阳之谓道………………………（75）
　　第二节　居中位、识时中、致中和……………（77）
　　第三节　中和精神是中华之魂…………………（78）
　　第四节　太极之魂，与生俱来…………………（81）
　　第五节　做"致中和"的人——太极魂之一……（82）
　　第六节　修阴阳中和之气——太极魂之二……（83）
　　第七节　练中和一体之术——太极魂之三……（83）

第六章　拳术套路是太极心法的载体……………（87）
　　第一节　先明太极妙道——千江一月…………（87）
　　第二节　再明性命双修——天地相会…………（89）
　　第三节　须明一招一式心法——得其环中……（90）
　　第四节　拳术招式心法示例……………………（90）

　　　　　　　第三篇　松静篇

引　言………………………………………………（98）

第一章　放松的原理——松柔是人的本性………（100）
　　第一节　人体一太极……………………………（100）

第二节　道法自然 …………………………………（100）
　　第三节　人之初生 …………………………………（101）
　　第四节　生活的见证 ………………………………（102）
　　第五节　拳经的论证 ………………………………（103）
　　第六节　剑道的"四空" ……………………………（104）
　　第七节　后天的紧张 ………………………………（104）

第二章　放松心法——六法 …………………………（105）
　　第一节　观念放松法 ………………………………（105）
　　第二节　意念放松法 ………………………………（107）
　　第三节　行气放松法 ………………………………（108）
　　第四节　忘却法 ……………………………………（108）
　　第五节　发声放松法 ………………………………（109）
　　第六节　生活感悟法 ………………………………（110）

第三章　太极放松回春功 ……………………………（112）

第四章　放松的要害——形体的二十四处部位 ……（156）
　　第一节　头部五处 …………………………………（156）
　　第二节　上肢五节 …………………………………（158）
　　第三节　躯干九处 …………………………………（164）
　　第四节　下肢五节 …………………………………（174）

第五章　动静之机 ……………………………………（183）
　　第一节　宇宙生发的基础 …………………………（183）
　　第二节　阳动阴静 …………………………………（184）
　　第三节　两种动静 …………………………………（185）
　　第四节　主静为本 …………………………………（186）
　　第五节　心贵静 ……………………………………（187）

第六节　静中触动 ……………………………… (188)

第七节　虽动犹静 ……………………………… (189)

第六章　松静的层次 …………………………… (191)

第一节　松静相融 ……………………………… (191)

第二节　一般松静 ……………………………… (192)

第三节　初懂松静 ……………………………… (192)

第四节　晋阶松静 ……………………………… (192)

第五节　心意松静 ……………………………… (193)

第六节　寂静无意 ……………………………… (193)

第七节　虚静无为 ……………………………… (194)

第七章　专气致柔 ………………………………… (197)

第一节　柔字的字义 …………………………… (197)

第二节　营魄抱一 ……………………………… (197)

第三节　"专气"解 …………………………… (198)

第四节　"婴儿"解 …………………………… (199)

第五节　致柔、至柔与推手 …………………… (200)

第四篇　身法篇

第一章　身法总论（代引言） ………………… (204)

第二章　其根在脚——太极脚 ………………… (206)

第三章　舍去双手满身都是手——太极手 …… (211)

第四章　腰胯如轴气如轮——太极腰 ………… (212)

第五章　中和一体圆弧形——太极身 ………… (214)

第一节　总体身法 ……………………………… (214)

第二节　曲则全——太极拳的圆形运动……………(214)

第六章　身法精功五式……………………………(217)

第七章　中定原理…………………………………(232)

第八章　步法精功六式……………………………(236)

第九章　步型、步法、腿法………………………(266)
　第一节　步型……………………………………(266)
　第二节　步法……………………………………(268)
　第三节　腿法……………………………………(271)

第十章　"机在目"——眼功四法…………………(273)
　第一节　"一目五调"及推手中的眼神视向……(273)
　第二节　眼功四法………………………………(274)
　第三节　奇妙的效益……………………………(279)

第五篇　内气篇

引　言………………………………………………(284)

第一章　气的概论…………………………………(285)
　第一节　哲学概念的气…………………………(285)
　第二节　人体修炼之气…………………………(286)
　第三节　人世广泛运用之气……………………(288)

第二章　上药三品精气神…………………………(289)

第三章　修阴阳中和之气…………………………(291)
　第一节　周子太极图的启示……………………(291)
　第二节　阴阳交感而成和………………………(292)
　第三节　返归太极一气…………………………(293)

第四章 脐轮调息法——中和之气的修炼要道……(295)

第一节 脐轮调息的由来……………………(295)
第二节 脐轮调息的层次……………………(296)
第三节 脐息为中心的拳势呼吸……………(301)
第四节 拳势呼吸与招式动作………………(303)

第五章 返老还童不是梦……………………(304)

第一节 树老要接新嫩枝……………………(304)
第二节 脐轮息 海底活……………………(305)
第三节 孙大师的体验………………………(307)
第四节 只恐相逢不相识……………………(308)

第六章 炼气精功六式………………………(309)

第六篇 内劲篇

引言………………………………………………(330)

第一章 认识内劲……………………………(332)

第一节 潜力开发的新能量…………………(332)
第二节 潜力宝库人皆有之…………………(333)
第三节 人体第六功能态……………………(333)
第四节 太极先贤论内劲……………………(334)

第二章 懂劲之道……………………………(337)

第一节 懂一点易理…………………………(337)
第二节 从着熟中渐悟………………………(338)
第三节 须知阴阳……………………………(338)
第四节 "一羽不能加"………………………(340)

第五节　懂劲的层次 ……………………………………（340）
第六节　生生不已 ………………………………………（341）

第三章　混元本劲 …………………………………………（342）

第一节　分清本劲与用劲 ………………………………（342）
第二节　混元一气 ………………………………………（343）
第三节　太极混元桩 ……………………………………（343）
第四节　总体修炼 ………………………………………（346）
第五节　劲由圈中生 ……………………………………（348）
第六节　混元劲的功用 …………………………………（348）

第四章　掤劲为首 …………………………………………（350）

第一节　掤字的含义 ……………………………………（350）
第二节　掤，位列太极十三势之首 ……………………（351）
第三节　掤，对应后天八卦的坎位 ……………………（352）
第四节　掤，雄踞太极内劲之首 ………………………（355）

第五章　掤劲的属性 ………………………………………（356）

第一节　坎卦象征月亮和水 ……………………………（356）
第二节　掤劲如水负舟行 ………………………………（357）
第三节　掤劲属柔，不属刚 ……………………………（358）
第四节　纯柔者纯刚 ……………………………………（360）
第五节　掤劲似挽弓满月 ………………………………（361）
第六节　修炼掤劲，常葆青春 …………………………（362）

第六章　《易经》八卦与太极八劲对应的奥义 ……（363）

第一节　八卦对应八劲的依据 …………………………（363）
第二节　掤劲赘言 ………………………………………（365）
第三节　捋化捋发 ………………………………………（366）

第四节　挤劲若雷 …………………………… (369)
第五节　按劲主中 …………………………… (372)
第六节　掤捋挤按须认真 …………………… (376)
第七节　采劲得实 …………………………… (376)
第八节　挒劲若飞轮 ………………………… (381)
第九节　肘劲整如山 ………………………… (384)
第十节　靠劲宜顺正 ………………………… (387)

第七章　用劲种种 ……………………………… (389)

第一节　听劲四感法 ………………………… (389)
第二节　接劲如接球 ………………………… (391)
第三节　粘劲与走劲 ………………………… (393)
第四节　随劲为顺势 ………………………… (394)
第五节　化劲要真化 ………………………… (395)
第六节　借劲为巧拨 ………………………… (397)
第七节　发劲如弹簧 ………………………… (399)
第八节　多种发劲 …………………………… (402)

第八章　螺旋寸劲 ……………………………… (404)

第一节　寸劲新说 …………………………… (404)
第二节　螺旋圈的原理 ……………………… (405)
第三节　内外都要走圈 ……………………… (405)
第四节　走圈的轨迹 ………………………… (406)
第五节　九一心法 …………………………… (407)
第六节　至尊一式 …………………………… (410)

下　卷

第七篇　拳术套路篇

第一章　武当太极拳大架之特点 …………… (2)

第二章　武当太极拳大架五十六式动作名称………（10）

第三章　五十六式拳招心法全解及动作图解………（14）

第四章　太极实用发劲示例……………………………（376）

第八篇　源流篇

第一章　武当丹派的由来………………………………（388）

第二章　丹派武功的传承………………………………（389）

　第一节　第一代至第八代传承………………………（389）

　第二节　扩大传授范围………………………………（391）

　第三节　当代传承简况………………………………（393）

第三章　丹派武功的内容………………………………（394）

　第一节　剑术…………………………………………（395）

　第二节　拳术…………………………………………（395）

　第三节　器械…………………………………………（396）

　第四节　内功及基础功法……………………………（396）

　第五节　个人掌握的武功……………………………（397）

第四章　武当丹派传承表………………………………（397）

后　记……………………………………………………（400）

第一篇

哲源篇

引 言

"请问，太极拳为什么取名太极？"记得初到美国西雅图授拳时有学生这样提问。当时我略作思索后说："你们这个问题提得很好！它涉及到太极拳的根本问题。太极，原本是中国古代学者探索宇宙和人类生成及衍化的一种学说，也是指导人们趋吉避凶的学问。

"后来，武林先贤依据太极学说的原理，总结以往武术经验，加以改进发展，创造出一种崭新的拳种，而这一新拳种的理论、技法、心法，又无一不体现太极学说的原理。因此，武林先贤就以'太极'来命名，称它为'太极拳'。这叫名副其实。

"这就是太极拳冠名太极的由来。它表明了太极学说孕育了太极拳，而太极拳之名又符合太极学说之实。因此，可以毫不夸张地说太极拳就是哲学拳。"

滴水见太阳。这个提问，反映了现今人们学习太极拳不仅仅满足于拳脚功夫，还要通过学练太极拳，了解太极哲理，以获得文化滋养和精神享受。一些外国朋友钟情太极拳，多半是冲着太极文化来的。

其实，过去在国内也碰到过类似问题，因此笔者早在20世纪80年代中期就开始探索太极拳的哲理，并撰写论文，已有5篇先后发表在《武林》等杂志及全国性研讨会上。今天本书又以"哲源篇"作为全书的开篇，以便与同道进一步探讨太极拳之哲理内涵与太极文化的源渊，从而探寻太极拳起源的哲学因子。

第一章 太极学说概述

第一节 太极的来历

从字义说，太者，大之又大也；极者，无穷无尽也。太极，即无限之意，包括时间的无限和空间的无限。据蔡清解释："太字是大字加一点，盖大之有加焉者也，既曰极矣，而加以太，盖以此理，至广至大，至精至微，至中至正，一极字犹未足以尽之，故加太字于极之上，则至矣，尽矣，不可复加矣。"（《太极图详解》孙国中序）

从名字来说，"太极"一词，早见于《庄子·大宗师》："夫道……在太极之先而为不高，在六极之下而不为深……"但是庄子此语，是作为语义词使用的，并非范畴词，更非哲学概念。

真正把"太极"一词作为哲学范畴的，是始于我国古代的哲学巨著《周易》。《周易·系辞上传》说："是故易有太极，是生两仪，两仪生四象，四象生八卦，八卦定吉凶，吉凶生大业。"这段话描绘了宇宙生成的过程。由此而起，"太极"成为探索宇宙人类生成衍化的哲学概念。

但是，"太极"究竟是精神实体还是物质实体，《周易》作者未作具体说明，没有给予明确的界定。于是，历代学者围绕"易有太极"，以注"易"的方式，对"太极"范畴的内涵进行了深入的探索，甚至展开了激烈的争鸣，终于建立了世人瞩目的太极学说。

如果我们能够简要地回顾一下历代学者的卓越研究，则可以开阔我们的视野，看到太极拳蕴涵的哲理，是何等的发人深省，从而或多或少、直接间接地得到心法的启示。

历代学者对"系辞上传"那段话的研究，基本上从两方面解释与探索。一是认为它讲的是卜筮预测的法则，即揲蓍或画卦的过程，此说与后来形成的易学上的象数派有关。另一种认为它讲的是宇宙生成过程，即讲的世界观，此说后来演变成易学上的义理派。本书并非易学专著，只能就与太极拳有关的择要而言之。

第二节 太极是宇宙生成的本原

"系辞上传"那段话道出了宇宙的本原。什么叫本原？本是木之根，原是水之源，本原就是事物的起源。宇宙起源是什么？是太极。太极这个本原是天地阴阳未分时的混沌状态，然后由太极生两仪（天地阴阳），又生出称为四象的春夏秋冬四时，再产生代表万物的八种不同性质的八卦符号，即乾、坤、震、巽、坎、离、艮、兑，并以此表示天、地、风、雷、水、火、山、泽八种自然现象。八卦定吉凶，是八卦衍绎成六十四卦，通过卦爻变动，可预测吉凶。吉凶判定以后，乃沿着规律繁衍发展，遂生成了万物丰富的大业。这是一幅天、地、人生成的繁衍图，表示太极是宇宙的本原，是宇宙最初的实体。

第三节 太极是元气

太极，宇宙的本源，又指的是什么呢？

汉代易学家大多认为，太极是元气，即宇宙本原的那种气叫做"元气"。这在学术上称为元气本原论，又称元气一元论。

西汉末年，刘歆以太极解释历法，提出"太极元气，函三为一"说，认为太极元气未分之前，即包含着天、地、人生成的元素，合而成为一个统一体。

东汉哲学家郑玄、虞翻等人，都吸收了刘歆之说并有新的阐述。郑玄说："极中之道，淳和未分之气也。"（王应麟《郑氏周易注》引）淳和未分之气，即元气，元气即原始的统一体。

东汉另一个著名的哲学家王符（自号潜夫）对元气本原论作了系统的论述。他在《潜夫论·本训》中说："上古之始，太素之时，元气窈冥，未有形兆，万精合并，混而为一，莫制莫测，若斯久之，翻然自化，清浊分别，变成阴阳，阴阳有体，实生两仪，天地壹郁，万物化淳。和气生人，以统理之。"他明白无误地说明，在上古之世，最初的宇宙只有浑沌的元气，经过漫长的变化，才分出阴阳，出现天地，化生出万物来。而在漫长的"翻然自化"过程中，出现了一种新的气，叫做和气，然后由"和气"生出人类，由人类统理天地万物。

王潜夫的"和气"观是太极学说中的一项创见，催生了后世的"太和元气"说。

但是，到了魏晋南北朝时期，由于受到玄学的影响，太极元气论受到了冲击。王弼等人用"无"解释太极，即所谓太极是虚无实体，这样太极实体就被观念化了。这一时期，围绕以太极为元气，或以太极为虚无实体，或以太极为天地展开了激烈的辩论，直到唐代的大学者孔颖达著《周易正义》，才否定了虚无实体论，捍卫了太极元气论。孔颖达说："太极谓天地未分之前，元气混而为一，即是太初，太一也。故老子云：'道生一。'即此太极是也。"（《周易正义》卷七）

由《周易》开创的、经汉唐学者阐发的太极元气论（元气本原论），对世人影响深远。就养生来说，"元气"及元气的作用，已是众所周知的了，不论是否练拳练功，几乎每个人都知道，若要健康长寿，必须培本固元。

第四节　无极而太极

宋、元、明时期，易学昌盛，流派繁多，学者把太极学说推向了新的高峰。

首先，北宋著名学者周敦颐，集先秦以来太极学说之大成，绘太极图、撰《太极图说》，提出"无极而太极"的全新命题。古今学者对此有不少精妙论述，认为"无极"是指宇宙万物的根本实体，是早于"太极"的独立存在的形式，这种存在形式是无方所、无形状、非目力所及的，是惟恍惟惚一片虚空的宇宙实体。正如当代著名哲学家张岱年先生所说："有象有形的二气五行和万物，都出于原始统一体'太极'，而太极出于无象无形的'无极'，'无极'是宇宙万物最根本的实体，天地万物从'无极'来。"（《中国哲学史科学》）

那么这"无极"是否指什么也没有的无呢？张岱年先生认为"无极"虽然无形无象，但它是确实存在的物体，是有实而无形，虽存在而非感觉所觉察罢了。

周敦颐提出"无极"，又赋予了"太极"以新的涵义。当代易学家梁绍辉说："作为宇宙万物的起源毕竟要有一个基本点——大致相当于现代宇宙学的'奇点'，而这个基点，或说'奇点'，在周敦颐的思想体系中就称之为'太极'。（《太极图说通书义解》）。周敦颐不但把'太极'视为混而为一的元气，而且把它作为无形到有形的联结点，即太极由无极而来；它又是阳动阴静的基点，也是分阴分阳的起点，故是阴阳的母体，天地（阴阳）出自太极，太极是宇宙万物生成的原始物体，即宇宙生成的'奇点'。"

"无极而太极"的命题，不仅在哲学等许多领域中产生深远影响，对修道练武也有直接的启示作用。就太极拳来说，周子一图一说是太极拳的催生剂，也是最高心法范畴之源。这一问题，容笔者在以下的章节中展开。

第五节　心为太极

北宋开始，出现了"心为太极"之说。北宋象数学派创始人邵雍是此说之代表人物。他"以太极为一……而此太极之一的内容即是人心，所以又说'心为太极'。心无思无为，不起念头，形如止水，一而不分。当其发作，念头兴起，即是动，动则变，为奇数；停顿下来，就是静，静则变为偶数。奇偶之数及其变化的法则，就根源于这未动之心。"（朱伯崑《易学基础教程》）

南宋学者陆九渊创立了"心学"。他在《渔樵问答》中说："天地生于太极，太极就是心。"又说："宇宙便是吾心，吾心即是宇宙。"（《陆九渊集》卷22）他把"心"作为宇宙统一性的实体。后来心学派解易，都以人心或道心为太极。

到了明代，心学派的继承人王守仁（号阳明）及其弟子又提出"太极良知说"，即以人心的良知为太极。王守仁将世界万物统一于心，他说："心外无物，心外无事，心外无理，心外无义，心外无善。"又说："言心，则天地万物皆举之矣。"（《王文成公全书》。转引自周桂钿《中国传统哲学》）

第六节　太和之气

学者们在探讨太极学说过程中，依据《易经·乾象》的一段话，阐发了太和之气（太和元气）的重要理论。

《易经·乾彖》说："乾道变化，各正性命，保合太和，乃利贞。"大意是，乾道（指大自然）的变化导致宇宙万物各得其性命而自全，使阴阳会合的太和元气能够保全常和，持盈保泰，永远和谐，那就大吉大利了。

前节提到的东汉王符，应该说是较早详述太和之气的学者，他在《潜夫论》中的那一段精妙论述，已引录为本章第三节，他那"和气生人"的命题，至今还发人深省，令人神往。

发展到北宋，出现"气学派"，其代表人物张载（世称横渠先生）发展了太和观，他以太极为太虚之气。他在《正蒙·太和篇》中说："太虚无形，气之本体，其原最散，变化之客形尔。"又说："太虚不能无气，气不能不聚而为万物，万物不能不散而为太虚。"这是什么意思呢？当代学者郑万耕教授在《易经学》专论中解释道："张载有本于此，以气处于最高的和谐状态为太和。在气化的过程中，阴阳二气处于高度和谐的最佳境地，所以太和也可以称为道。道即是气化的过程……不处于此种气化的最佳境地，不足以谓之太和。"

这气化的过程又是怎样的呢？南宋的朱熹解释道："太和，阴阳会合，冲和之气也。"（《周易本义》卷一乾彖）朱熹此说着重于阴阳二气的会合交感而成为中和之气，这才是气的最高和谐——太和状态。

明代的王廷相及清代的王夫之在继承张载学说的基础上，都有新的发展。

王廷相认为太极、元气、阴阳"三合为一"，三者名称虽不同，实质上只是一个元气，"元气之上无物、无道、无理"（《雅述》上篇）。而且认为，宇宙只有一种气，这就是元气，又称"太虚之气、清虚之气、元始之气"，这气是不生不灭的，是"无所始，无所终"的。（《道体篇》，转引自周桂钿《中国传统哲学》）

王夫之则以阴阳二气合一的实体为太和之气，并提出"太和䌷缊之气"，用来解释太极的本体内涵。他带有总结性地说："天地以和顺为命，万物以和顺为性。"（《周易外传·说卦》）有的学者认为，王夫之此说是太和范畴所表示的根本观念。

当代易学家对"保合太和"有更清楚、明白的解释。老哲学家金景芳说："保为常存，合为常和。保合太和，使太和之气常运不息，永远融洽无偏，万物得此以生成。"国学大师南怀瑾在叙述了"保合太和"那一段话后解释道："这里明白地告诉我们生命的根源、儒家的思想、诸子百家、中国文化讲人生的修养，都从这里出来……中国文化中道家研究两个东西——性与命。性就是精神的生命，命就是肉体的生命……懂得了《易经》，自己就晓得修养，自己调整性与命，使它就正位……于是保合太和。中国人道家佛家打坐，就是这四个字，亦即是持盈保泰……什么是大吉大利，要保合太和啊！"（《易经杂说》）

由此得知，道、医、武诸家的性命双修的哲学源渊，均由此而来。本门武当丹派奉行的"修阴阳中和之气"的练功总诀，也源于这"保合太和"的太和观。

第七节 太极是理

北宋的二程（程颢、程颐）建立了理学。发展到南宋，朱熹集理学之大成，人称程朱理学。朱熹用"理"来解释太极。他在《周易本义·周易序》中说："太极者，道也。"又说："太极者，其理也。"他在《太极图说解》中说得更透明："总天地万物之理，便是太极，太极尽是一个实理，一以贯之，……无极而太极，正所谓无此形状而有此道理也。"（《周濂溪全集》卷一）他并且在《太极图说注》说："太极理也，阴阳气也。"

由于朱熹在学术上享有崇高地位，此说影响甚巨，及至清代学者编印的《周濂溪全集》中收录的诸子之说，多半与朱熹亦步亦趋。如学者薛文清说"无极而太极，理也；阴阳五行，气也。"（卷四）

理为太极，与心为太极有着千丝万缕的联系，如全集收录的北溪陈氏一文说"万物统体浑论，又只是一个太极。人得此理，聚与吾心，则心为太极。所以邵子曰，道为太极，又曰心为太极。"

第八节　人人物物一太极

朱熹在以理解释太极的过程中，提出了一个十分醒目的命题。他说"太极只是一个极好至善的道理，人人有一太极，物物有一太极。周子所谓太极，是天地人万物至善至好的表德。"（《朱子语类》卷三）他又在《太极图说解》中进一步说："自男女而观之，则男女各一其性，而男女各一太极也。自万物而观之，则万物各一其性，而万物一太极也。合而言之，万物统体，太极也；分而言之，一物各具一太极也。"

从此，"人人物物一太极"的理念风行于世，影响各方。例如医、武各家，都把人体及人体各部比拟为太极、八卦，用以指导修道练功，祛病养生。在《太极拳谱》中就有"大小太极解""人身太极解"两文，把人之周身内外各部位都比作太极、两仪、四象、五行、八卦，然后说："天地为一大太极，人身为一小太极。人身为太极之体，不可不练太极之拳。"

第九节 太极，一也

在太极辨说中，学者们的说法虽各有不同，但内容都有"太极即一"的涵义，只不过有的直说，有的含蓄而已。

汉代的虞翻说："太极，大一也，分为天地，故生两仪也。"许慎在《说文解字》中解释"一"字时认为就是太极。他说："惟初太极，道立于一，造分天地，化成万物。"

上文引用的唐代孔颖达的话也是这个思想，他说："太极为天地未分之前，元气混而为一，即是太极，太一也。"

当时有人问朱熹，太极有分裂乎？朱熹答曰："本只是一太极，万物各有禀受，又各自全一太极耳，如月在天，只一而已，及散在江湖，则处处皆见，不可谓月分也。"提问的薛文清恍然而悟说："正如天地间，总是一月光，万川虽各得一月光，又总是一月光也。太极不可分，于是可见矣。"（《太极图详解》）这"月映万川"的比喻，形象地说明太极是一，虽分犹一也。

对此，当代易学家张岱年、金景芳、黄寿琪、吕绍纲等也有精妙的论述。张岱年老先生说："太极，即是天地未分的统一体。"（《中国哲学发微》）黄寿琪和张善文在《周易译注》中说："太极，即太一，指天地阴阳未分时的混沌状态。"

这太极是一、虽分犹一的原理，成为太极拳修炼整劲的内功心法。例如太极内劲以混元劲为本，以掤劲为首，其他各劲是混元劲在不同态势下散在全身的不同显现，好比是"月映万川，万川一月"之理。只要循此"一"的理法，就能助君炼成内外浑然为一的原始统一体，练出浑然一体的太极整劲。

武当丹派第九代宗师宋唯一在《武当剑谱》中绘制的"太

极八卦归一图"，简直是"万川一月"的生动写照。如此看来，我们练太极拳的高峰境界，就是进入"万川归一"，恢复先天本性，返回到人体元始的最佳健康状态，这或许就是阶及神明的妙境吧。

第二章　太极图与太极拳

太极学说是《易学》的精髓，而太极图又是太极学说的重要组成部分。所以，讨论太极学说与太极拳的关系，不能不探讨太极图的来龙去脉。

所谓太极图，乃是古人用特定的图像或象征的方法，将天地万物（人）的生成演化过程简易而又深奥地描绘表达出来。也可以说，太极图是太极观念的图像示意。由于它将古代哲学、自然科学、社会科学和思维科学融为一图，成为我国文化史、哲学史上的瑰宝。千百年来，中国许多传统文化学科似乎都与太极图有关，所以被人们称为"天下第一图"。

为了便于讨论太极图与太极拳的关系，现将太极图的起源、种类、内容分述如下。

第一节　伏羲氏有否绘制太极图

现今流行的双鱼形太极图，传说是七千年前伏羲氏绘制的。究竟如何？1991年笔者曾在《武林》杂志发表"古代四种太极图的来历及其内容"一文，对伏羲氏有否绘制太极图的问题做过分析，认为这仅仅是传说而已，史籍上查无实据。论据如下：

(1) 太极图是太极学说的产物，而太极学说的发端始自《周易·系辞上传》。作为《周易》古经的《易经》经文中还没有"太极"一词的提法，因此伏羲不可能画出太极学说的太极图。直到孔子时代，才有解释《易经》的《易传》问世，其中才提出太极学说的明确概念。

(2) 太极图是《易图》的重要图形，而《易图》晚在宋代才形成。

所谓《易图》，是学者们研究与解释《周易》而绘制的种种图形。《周易》由《易经》与《易传》两部分组成。《易经》又称《周易古经》，古经中只有经文与八卦、六十四卦符号，并无后世出现的称之为易图的图形。在史籍和易学著作中仅有伏羲作八卦的记载，而没有伏羲绘制太极图的记载，也未见到伏羲氏绘制的太极图，直到宋代才有《易图》中的太极图问世。这已是易学家们的共识。黄寿祺、张善文先生说："宋以前的《易》注，未尝有图。自周敦颐传陈抟太极图并为之说以后，渐开《易》图之先例。"（《周易译注》）清代《四库全书》编者在刘牧撰的《易数钩隐图》提要中说："汉儒言易，多主象数，至宋而象数之中，复出图书一派。"

(3) 胡煦新补的伏羲初画的图形中也无古太极图。胡煦是清代研究《易图》的杰出学者，他在所著《周易函书约存》一书中，就补了两幅图，一为"新补伏羲初画先天小圆图"，胡煦自注："以伏羲初画之本图，以黑白二色，分别阴阳，其画久已失传，今新补之。"一为"新补伏羲初画先天大圆图"，胡煦自注："此初画之本图，以黑白为文，其画一百二十六，然久已失传矣，今新补之。"这两幅新补的图，虽然多层圆圈内的中心圈内标有"太极"字样，但毕竟不是单独的太极图。为此，胡煦特意把上述先天圆图之虚中圆圈拆析出来，单列一图，命为"拆先天圆图之虚中而为太极图"。其图如下。

太极

○

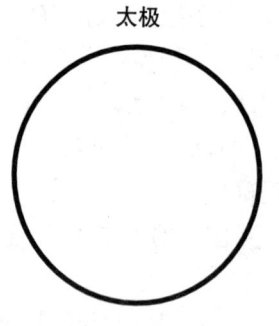

拆先天圆图之虚中而为太极图

胡煦注：此圆图之虚中，《系辞》称为太极者也。在《乾》则未亨之元，在《复》则所见之心。周子命为无极，邵子拟为天根者是也。

胡煦的拆图及他的自注，再次证明了后世出现的双鱼形古太极图并非当初伏羲所绘。

（4）不但未见伏羲所画的古太极图，连邵雍公开于世的伏羲先天八卦图次序图等四图，历来也有不少学者持怀疑态度，甚至提出异议，认为不是伏羲所绘，而是后人所作。当代易学家吕绍钢先生撰《周易阐微》有精彩的论述。他说：无论先天八卦还是后天八卦，都不是周易原有的东西。实际上，先天之学与后天之学都出自邵雍的《皇极经世》，是邵子之"学""纯系陈抟、邵雍诸人的发明"。有些学者甚至认为《河图》《洛书》也不是伏羲所画，而是邵雍等根据周易有关论述，"发千古之幽思描绘出来的"。这一点，宋代理学大家朱熹也已心存疑虑。他曾在《答袁枢书》中道出了他的疑点，但因顾虑太多，不得不将邵雍诸图列于《周易本义》的卷首。

上述情况表明，七千年前的伏羲氏并没有绘制那种太极图，现在流行的古太极图乃后人所画，即使河、洛两图是否是伏羲所画，后世不少学者也表怀疑。

第二节　先民太极图（原始太极图）

当我提笔写这个问题时，不禁想起了自己童年时期村上的老人经常向孩子们讲述的"盘古开天辟地"的神话故事。后来我才知道，这则神话故事是远古时代先民的"太极观念"的反映。那时没有文字，没有科学，面对日出日落的自然景象，先民们不得不问自己：这日月星辰、天地山川等等是从哪里来的？于是先民中的精英发挥奇特的想象，逐步编出了"盘古开天辟地"的故事，从而获得了关于宇宙形成的答案。

随着社会的进步，出现了简单的图形符号以及结绳记事等文字的前身。于是，远古的人们可能用简单的符号图形反映他们的太极观念。我国陆续出土的古代陶器上的许多图案符号，其中就有太极图的原形（现今称为"彩绘""彩陶纺轮"）。这些原始图形，可称作先民太极图，也可称为原始太极图。

在众多彩陶纺轮中，有两幅较有代表性。一幅是在甘肃天水附近的永青出土的、距今6500年前的双龙古太极图的彩陶绘。可惜此物不在我国，现馆藏于瑞典远东博物馆。现据胡昌善《太极图之谜》所附图形转录如下。

原始太极图（一）　古代陶器彩陶壶

另一幅是"屈家岭文化"中出现的原始太极图。这幅图较上述双龙太极图彩陶绘更接近于现今流行的太极图，现据柳村《周易与古今生活》所附图形转录如下。

原始太极图（二）

屈家岭文化，1954年发现于湖北京山屈家岭。据考古学者考证，屈家岭出土的文物包括那幅原始太极图，大约在公元前3000年至2600年，出于当地先民之手。

当然，那时还没有文字，先民们手绘的图形，不可能命名为太极图。现今称它为太极图，那是比照后来流行的太极图而说的。真正以"太极"命名的太极图，是《周易》问世后的事，此乃后话。

第三节　刘牧太极图

此图出于北宋学者刘牧撰《易数钩隐图》一书。该书共列63幅图，其第一图就是这幅太极图，自称"太极图第一"。刘

刘牧太极图

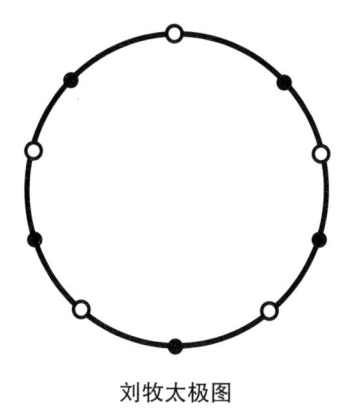

牧自注："太极无数与象，今以二仪之气混而为一以画之，盖欲明二仪之所以而生也。"太极是天地未分前的元气混而为一的状态，即刘牧所谓"无数与象"的性状。刘牧画此图的目的是为了说明二仪（阴阳）由太极生成而来。看其图，一个大圆圈表示太极，圆线上的五个黑（阴）白（阳）小点，象征阴阳由太极而生，并且生生不息。这一生生不息、变化无穷的哲理，在太极拳理论中体现得很充分。可惜此图历经沧桑，几乎湮没，仅为清代《四库全书》收录，以致后世不少学者几乎不知有刘牧太极图。《四库全书》编纂称刘牧为北宋图书派的首倡者。

第四节　周敦颐太极图

周子此图，一说传自北宋著名道教思想家、易学家陈抟，一说周子根据陈抟的《无极图》改造而成。这幅图的内容，有从上往下（顺时）和从下往上（逆旋）两种推演。

其顺时，即描述宇宙（人类）的生成和演化，讲的宇宙生成发展的过程大体经历无极—太极—阴阳—五行—万物生化—

周子太极图

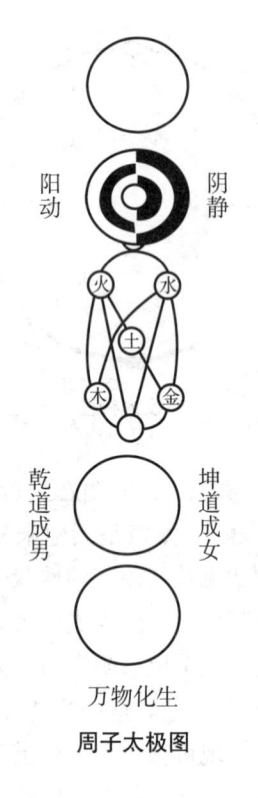

万物生生不息等阶段，把宇宙万物乃至人类都包括进去了。因此，周子此图被官方认可为标准图样，宋、明时代人们谈论的太极图就是周子的这幅太极图。

其逆旋，即可作为道家内丹修炼术，历来被丹家视为丹家之秘。有些得道道长，把周子太极图改造成练丹图。当代一些易学家经过考证，已发现四幅。例如南宋保庆年间，道人萧应叟把周子图改造成丹图，取名"太极妙化神灵混洞赤文图"。元代陈致虚在他的名著《金丹大要》中，将周子图改为"太极顺逆图"。南宋末年，道士萧廷芝将之改为无极图。元代的东蜀道士卫琪也将周子图改为无极图，虽图形未变，注释心法却有很大不同。因限于篇幅，此四图不再一一列举。

周敦颐的太极图及太极图说,是中国哲学史、文化史上的瑰宝,是太极拳世界观的哲源,因而是太极拳内功心法最高范畴之源。这将在第三章专题论述。

第五节　空心圆形太极图

自刘牧、周敦颐以后,有些学者用一个空白圆圈来表示太极,似乎更为简明。虽然这种图形是从刘、周的图形蜕化来的,并无特别之处,但是由于作者不同的说明,表达了不同的见解,仍予转录,以供参考。

空心圆形太极图(一)

这是南宋学者俞琰在他的《易外别传》中的画图。他崇尚邵雍(康节)的"心为太极"说,所以旁注"邵康节曰:心为太极。"

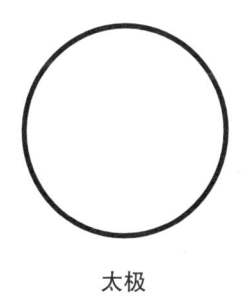

太极

空心圆形太极图(二)

此图是元代学者张理在他的《易象图说》中的画图,他旁注"朱紫阳曰:太极,虚中之象也。"

俞琰、张理的两幅图,同样都是一个空心圆图,由于冠名不同,旁注各异,寓意也就不一了,可谓仁者见仁,智者见

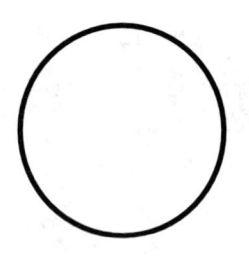

太极之图

智。但它们万变不离其宗，都是取意太极。其实，这空心圆圈不少学者称之为无极图。周敦颐太极图的第一个圆圈，就是空心圆圈，注名无极。很明显，这是"无极而太极"之意。

第六节 六经太极图

此图见于南宋初年杨甲著的《六经图》。此图非杨甲自创，他说："旧有此图，可能出于北宋，但来源不详。"笔者称它为六经太极图。现据《易学基础教程》附图转录于下。

六经太极图

据《六经图》的解释，这个太极图表达的意义是：太极只是一气，轻清者上为天，重浊者下为地，就是太极生两仪。两仪生四象，就是金木水火。水数六，居坎位而生乾；金数九，居兑位而生坤；火数七，居离位而生巽；木数八，居震位而生艮，就是四象生八卦。这样，就把太极、两仪、四象、八卦以及元气运化、阴阳五行化生万物的过程统一于一图。此图影响很大，曾为许多易学著作所转载。

第七节　天地自然之图（古太极图前身）

明代初年，赵谦著《六书本义》，公布了这幅图，他取名为"天地自然河图"。世人称之为阴阳鱼图，也有人称之为古太极图。今转录如下。

天地自然之图

赵谦为何把这幅图命名为"天地自然河图",他解释说:"天地自然之图,伏羲氏龙马负之出于荥河(黄河),八卦所由以画也……熟玩之,有太极含阴阳、阴阳含八卦之妙。"原来他认为伏羲时代从黄河出来的龙马,背负的就是这张图,八卦也是根据这幅图绘制的,是造化的枢纽。

清初,胡渭在他的《易图明辨》中既称它是"天地自然之图",又称作"古太极图"。他不认为这幅图是"河图",应是"太极真图"。

现代易学家杭辛斋认为此图"深得阴阳造化自然而然之妙,已非太极之真相,不当称之为太极图,今北方俗称此图为阴阳鱼儿。鱼字实仪字之误。因此他认为应该"称之曰阴阳仪图,或曰两仪图,名实相符矣。"《易学藏书》杭氏着眼于阴阳造化自然之妙,可备一说。

至于这两幅图的来历,赵谦说:"世传蔡季通得于蜀隐者,秘而不传。赵氏得之于陈伯敷氏。自明洪武以后,此图遂盛传于世。"对此,杭辛斋用按语形成给予补充:"蔡氏晚年得此图,未久即病卒,故朱子亦未见之也。蔡死后,秘藏于家,至其孙始传布之,已是宋亡之后,故元一代尚鲜称述。"

从赵氏和杭氏的论述中,可以看到这幅图的来龙去脉以及太极阴阳造化的主要意义。

第八节　古太极图——太极拳的心法指南

这是目前流行的太极图,它以阴(黑)、阳(白)互回的阴阳鱼为特征,称古太极图,也有人称它为双鱼形太极图。

古太极图

很明显，这幅图是从赵氏公布的"天地自然河图"变化而来的。它是什么时候、通过什么途径变化的？杭辛斋作了考证，他说："至明初，刘青田取以绘入八卦之中，遂风行海内，几乎家喻户晓，无人不知有太极图矣。"（《易学藏书》）

不过，刘青田绘制的应是先天八卦太极图，还不是目前流行的双鱼形太极图。何人何时把它从先天八卦图中独立出来尚不清楚。有些易学著作，在介绍赵谦公布的"天地自然河图"时，干脆把双鱼形太极图作为赵氏公布的天地自然河图。清初胡渭在《易图明辨》中，既称它是"天地自然之图"，又称它"古太极图"。可见，学者们似乎不想去仔细分辨。

从流行情况看，古太极图与先天八卦太极图目前都是常见的图，唯前者的流行面更广一些而已。因此，我们暂时不必拘泥于这些，而把主要精力放在探讨此图的内涵及与太极拳的关系上。

古太极图的涵义，历代学者解说破释者颇多，尤其是清初学者胡渭在广采旧说的基础上，自为一说，较为详尽。他说："其环中为太极，两边黑白回互，白为阳，黑为阴。阴盛于北。而阳起而薄之；震东北，白一分，黑二分，是为一奇二偶；兑东南，白二分，黑一分，是二奇一偶；乾正南全白，是为三奇纯阳；离正东，取西之白中黑点，为二奇含一偶，故云对过阴在中也。阳盛于南，而阴来迎之；巽西南，黑一分，白二分，是为一偶二奇；艮西北，黑二分，白一分，是为二偶一奇；坤正北全黑，是为三偶纯阴；坎正西，取东之黑中白点，是为二偶含一奇，故云对过阳在中也。坎离为日月，升降于乾坤之间，而无定位，故东西交易，与六卦异也。"（见《易图明辨》）

细看古太极图和胡渭之说，可明了图中黑白互回表示阴阳二气的运行情况，有太极生阴阳、阴阳生八卦之妙，表达了阴阳造化自然而然之妙。这幅蕴蓄宏深的太极图，对太极拳的生成与发展所起的作用是不言而喻的。

综观诸家之说，这幅古太极图以简洁的图像和象征的手法，表达了太极学说的幽深内涵：

(1) 象征宇宙——太极。

整幅图是一个太极，如胡渭说"其环中为太极"。表明太极是宇宙生成的本原，是天地未分之前的混而为一的原气。这给我们启示，我们自身是一太极，通过修炼培本固元，以恢复先天本性之元气。

(2) 象征乾坤定位。

图中黑白，白为阳、黑为阴。阳为乾，乾为天；阴为坤，坤为地。如胡渭所说："乾正南，全白，是为三奇纯阳。坤正北，全黑，是为三隅全阴。"这是乾坤定位于上下的状况。乾坤（天地）定了位，万物才能各正其位。胡渭接着描述坎离（水火）并列在东西、震巽艮兑（雷风山泽）分布于四角的具体位置，这样，天地万物就各定其位了。

如果再读一读《周易》有的关章节，就可以进一步明白乾坤定位的内在大义。《周易·系辞上传》第一章开宗明义说："天尊地卑、乾坤定矣。卑高以陈、贵贱位矣。"就是说，乾坤定了位，万物的卑低尊高，事物的显贵低贱，也就各就各位了，《周易·说卦传》说得更具体："天地定位，山泽通气，雷风相薄，水火不相射……"看，天地上下定位以后，高山与水泽虽然一高一低却能沟通气息，风与雷各自兴动又能相互潜入应和，水与火虽然异性却不相恢弃反而相资相助，宇宙间是多么和谐有序啊!

所以黄寿琪等当代哲学家认为，乾坤定位是宇宙间不可更易的法则，天道沿着这个法则演变，导致了万物"各正性命，保合太和，乃利贞"。

我们修炼太极若能遵循这个法则，那么我们的性与命必然能回归原初（母胎中）确定的太和状态，而且持盈保泰，生生不息。

(3) 象征阴阳消长规律。

图中黑白多少，表示阴阳消长。阴阳消长的分量不同，代表万物的八卦位置也不同。以坎离（水火）为例，胡渭说："离正东、取西之白中黑点，是为二奇含一偶，故云对过阴在中也。坎正西，取东之黑中白点，是为二偶含一奇，故云对过阳在中也。"他接着说："坎离为日月，升降于乾坤之间，而无定位。"这体现了万物的生长本于阴阳的消长互变规律。例如图中的两个"鱼眼"，既表示"阴中含阳，阳中含阴"，又象征阴阳消长、刚柔相摩的状态。

《周易·系辞上传》第一章说："是故刚柔相摩，八卦相荡。鼓之以雷霆，润之以风雨；日月运行，一寒一暑，乾道成男，坤道成女。"这段话大约有两层意思，一是说，阴阳刚柔的相互摩切交感，生成八卦，八卦又相互推移变动，出现了寒暑、雷霆、风雨和日月运行等，这些是在天成象的阴阳变化。一是说，阴阳变化又构成了乾男坤女这些在地成形的物体。可谓深得阴阳造化自然而然之妙。这就告诉我们，阴阳变化是事物发展的普遍规律。

众所周知，修道练拳也必须遵循阴阳变化之道，方能得道懂劲。如王宗岳的拳论所说："欲避此病，须知阴阳……阴阳相济，方为懂劲。"

(4) 象征太极与阴阳、四象、八卦的关系。

一幅图象征一太极。太极是阴阳未分混而为一的元气，太极与阴阳等等的关系是合一的、不可分裂的关系。当太极生出了阴阳、四象、八卦等万物后，太极不是不存在了，不是灭亡了，而是仍然在万物中，好比是"月映万川，万川一月"的状态。

太极拳不也是这样吗，从拳论、心法到招式，处处都是"太极无不在"，甚至每一个动作都是一个小太极。如果能练到内内外外、上上下下、周身浑然一太极，那就登堂入室了。

(5) 象征宇宙万物圆转不息以及螺旋式的发展方式。

圆形结构的太极图，象征圆形运动是宇宙万物普遍的运行方式，大至太阳、地球、月亮是圆球体，小至树木花草果实也大多是圆形体，人体生命活动的基本运动形式，也是圆形的，可以说宇宙间圆形运动无处不在。

而且，这种运动是圆转不息、循环无端的。图中阴阳两条鱼的鱼尾交尾互回，此消彼长，彼长此息，生气勃勃，象征生命生生不息。

图中阴阳鱼交尾的走向呈一个 S 曲线，象征天体运行及世间一切事物的发展均是螺旋式、波浪形发展的，而其发展的总趋势又是上升的、前进的，具体道路又是迂回曲折的。这么一幅貌似简单的图形，却蕴含着如此幽深的哲理，真是天下奇图啊!

无怪乎太极拳要走圆形，要螺旋缠丝，原来其源、其理就在这圆转不息之中。而且，从整幅图的象征意义看，它无疑是太极拳的心法指南。

不过要附带说明一点，即这幅图的双鱼黑白互回的方位必须摆正。目前见到有些武术书刊中出现的一些古太极图，其黑白互回的方位不一，有的阴盛于东，阳衰于西；有的阴盛于西，阳盛于东，有的阴盛于西南，阳盛于东北。这些方位均与古太极图的原意不合。其原意与邵雍传伏羲八卦（即先天八卦）图相悉合，其方位是阴盛于北，阳盛于南，即本文所列图像，不少易学家著作中所列的古太极图也都如此，称为先天太极图。

第九节　来氏太极图

见到两个版本，一为来知德著《易经集注》原图，一为杭辛斋著《易学藏书》列图，分别引录如下。

《易经集注》原图　　　　　《易经藏书》列图
　　　　　　　　　　　　　　来氏太极图

此图是明代知名学者来知德（号瞿塘）所绘，是由古太极图改造而成的。来氏精研易理，闭门著书，历 29 年而成其《易经集注》，自成一家。此图为该书所列首图，自题"梁山来知德圆图"。后人称之为来氏太极图。

来氏在自序中叙述了他绘制此图的用意："注既成，乃潜于伏羲文王圆图之前，新画一图，以见圣人作易之原。"来氏又在图旁加注谓："此圣人作易之原也。理气象数，阴阳老少，往来进退，常变吉凶，皆尚乎其中……盖伏羲之图，易之对待，文王之图，易之流行，而德之图，不立文字，以天地间理气象数不过如此。此则兼对待、流行主宰之理而图之也，故图于伏羲、文王之前。"来知德很自负，认为他的图既包括了伏羲的"对待"，又包括了文王的"流行"，所以超越了伏羲、文王。

杭辛斋认为，来氏太极图的寓意是："以居中之黑白二线，代两点以象阳方盛而阴已生，阴方盛而阳已生，有循环不绝之义。留中空者，以象太极，其阴阳之由微而显，由显而著，亦悉合消息之自然，与《河图》阴阳之数，由微而著，由内向外，亦适相合。""来氏此图，盖亦悟太极之非图可状，非语言可能形容，故留其外之黑白回互者为两仪，而空其中以为太极。"

来氏太极图虽然在易学史上颇有影响，但流传范围不广，不如古太极图那么普及，但其对太极拳也有一定的影响。例如《陈氏太极拳图说》中所列太极图的图形与解释，有些颇与来氏太极图相似。

第十节　循环太极图

清代胡煦在《周易函书约存》中，还绘制了一副"循环太极图"。他为何要新订此图呢？他说："此与'河图'及先天八卦相似，然非联为此图，则其中循环不息之机，与名为先天之义，皆不可得而见也。"原来他是为了突出先天诸图中浑沦圆转、活泼流通之妙而创作此图的。

胡煦在论述"循环太极图"的作用时进一步提出："以此一图，分注七图，莫不各具此图之妙。"哪七图？即比象"河图"之图，比象先天八卦之图，比象先天六十四卦之图，有卦象之图，有岁令之图，有月窟之图，有天根之图。可见，循环太极图的内涵是十分丰富的。

其实上列九图中，均有浑沦圆转、循环不息之象意，不同之处是有的明显、有的含蓄而已。不过"循环太极图"更能使人直观地看到事物圆转不息、生生不已的象征意义，对于我们领会太极拳螺旋圆转、循环无端的原理、心法是很有裨益的。

总之，历史上出现过多种太极图，今择其比较著名的十类十二图奉献给同道。若能细细把玩诸图，则能直接或间接地、或多或少地得到启示。尤其是周敦颐太极图及古太极图，是太极心法最高范畴之法，是心法指南，更须心领神会。

循环太极图转录如下。

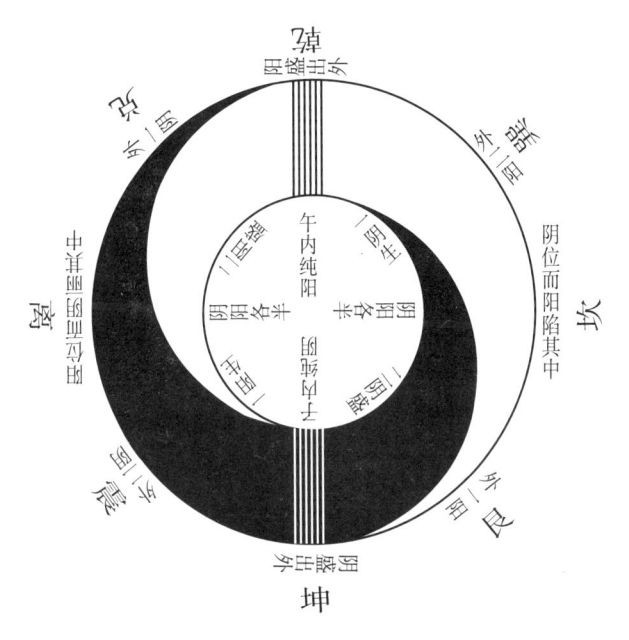

循环太极图

第三章　太极拳起源的催生剂

"周敦颐的《太极图》及《太极图说》，是中国哲学史、文化史的瑰宝，是太极拳世界观的哲源。"这是笔者在1993年提出的论点，是在全国首届麦积山武术研讨会上发表的获奖论文《周敦颐太极图及其图说是太极拳世界观的哲源》中提出的。经过十余年的继续学理及体悟，进一步认为周子一图一说是太极拳起源的催生剂。

这一新说，当然直接涉及太极拳的起源问题。但是，这仅仅是从太极拳的哲学源头进行考察，无意介入"谁是太极拳创始人"的悬案之争。

当然，整个太极学说及各种太极图对太极拳的起源都有直接或间接的启示作用，而周子一图一说为最直接，所以说它是催生剂。

第一节　周子一图一说在哲学上的新贡献

周敦颐，字叔茂，号濂溪，又称元公。北宋知名学者，世称"北宋五子"，遗《太极图》《太极图说》和《通书》等著作。他在哲学上的贡献，古今学者均给予高度评价。黄百家说："孔孟而后，汉儒止，有传经之学，性道微言之绝久矣。元公崛起……圣学大昌……若论阐发心性义理之精微，端数元之破暗也。"（《宋元学案·濂溪学案》）为何周子一图一说在哲学上有"破暗启明"的意义呢？

（1）它是易学昌盛的新品，是先秦至宋的太极学说的集大成者。

太极图，是易学研究的产物，而易学研究有一个历史发展过程，自《周易》问世后，便出现了研究《周易》的易学。古代易学源远流长，大体有象数、义理两大流派。至宋代，从象数派中衍化出图书派，即用图式和数字讲解宇宙构造的流派。生于宋初的周敦颐在继承易学研究成果的基础上，率先用图式解"易"。易学家黄寿祺、张善文说："宋以前的'易'，未尝有图。自周敦颐传陈抟太极图并为之说以后，渐开'易'图之先例。"（黄、张《周易译注》）"至此，易学历史上形成了一占主导地位的流派——图书派"。（孙国中《太极图详解》）

周敦颐的《太极图说》全文虽只二百余字，却是提纲挈领地阐述了宇宙发生、发展的过程。在《太极图说》出现以前，中国哲学史上还没有哪一部著作把宇宙生成发展问题阐述得如此系统、完整、深刻，把太极学说提高到一个新的高度。当然，周敦颐绘图撰说不是偶然的，是他苦心研究了先秦以来太极学说的研究成果，在易学繁荣的基础上产生的，是易学的新品。

（2）周子一图一说，是一幅宇宙万物生成序列图。

周子太极图，有上下五层，大小圆圈十个。上层圈为"无极而太极"，次圈为"阳动阴静"，第三圈为"五行各一性"，第四圈为"乾道成男，坤道成女"，最下圈为"万物化生"。整幅图是宇宙万物生成序列图。这幅图描述了宇宙万物生成有六个序列，即无极——太极——阳动阴静——五行各一性——乾道成男，坤道成女——万物化生。

周敦颐在《太极图说》中对宇宙生成又作了言简意赅的论述，并把宇宙论和人生论结合起来。《太极图说》谓："惟人也、得其秀而最灵，形既生矣，神发知矣，五性感动而善恶分矣，万事出矣。"这段话提出了人类道德起源说。

紧接着又提出了人生论总纲："圣人定之以中正仁义而主

静，立人极矣，故圣人与天地合其得，日月合其明，四时合其序，鬼神合其吉凶。君子修之吉，小人悖之凶。"这段话说明，中正仁义是修养的核心内容，"主静"是最高原则，"与天地合期德""君子修之吉"等语是这种方法指导下修养成功的典范。

这样，周敦颐把宇宙论和人生论结合起来，从而形成了完整的、系统的、崭新的宇宙万物（人）生成的理论体系，揭开了我古代哲学史上的新篇章，被学术界誉为中国哲学史上的旗手。

（3）"无极"是宇宙万物的根本实体，是宇宙生成的一个单独序列。

周子《太极图说》首句提出的"无极而太极"的命题，是周子哲学思想的根本特点。历代学者都对这个深奥难懂的命题进行了种种探索，甚至争论不已。笔者认为，问题的关键在于对"无极"一词作何理解。

首先要严格区分"无极"一词的语词义和范畴义。《老子》的"无极"是作为语词义使用的，并非范畴义。南宋朱熹认为《老子》的"无极"是表示范围的"无穷"之意。著名哲学家张岱年在《中国古代哲学范畴》一文中开列的周敦颐的哲学范畴有：无极、太极、阳阴、五行、中正、人极等范畴，而在开列的《老子》的哲学范畴中，并没有"无极"这个范畴。足见张先生严格区分了无极一词的语词义和范畴义的。那么，谁是首先把"无极"一词作为哲学范畴使用的学者，是周敦颐。正如朱熹所谓："包牺氏未尝言太极，孔子言之。孔子未尝言无极，周子言之。"（《宋元学案》卷十二）这正是周敦颐理论的创新所在。

那么，作为哲学范畴使用的"无极"一词究竟何所指，古今学者对此有不少精彩论述。认为"无极"是指宇宙万物的根本实体，是早于"太极"的独立存在的形式，这种存在形式是无方所、无形状，非目力所及的。"无极"虽然无象无形，但它是确实存在的物体，不过没有在形态上表现出来，人们的感官无法觉察罢了。只要仔细研究周敦颐《太极图说》原文，就能看出"无极"是指实而无形的宇宙万物的根本实体，且是宇宙生成的一个单独序列。这正是周敦颐哲学的最高范畴，也是他的理论体系的出发点和归宿点。

(4) "太极"是宇宙起源的"奇点"。

上文提到作为宇宙万物的起源，毕竟要有一个基本点——大致相当于现代宇宙学的"奇点"，而这个基本点或说"奇点"，在周敦颐的思想体系中就称之为"太极"。周敦颐不仅把"太极"视为混而为一的元气，而且进一步把它作为无形到有形的联结点。从太极的来源说，它是从无极发展而来的；从太极的发展说，它是阳动阴静的基点，也是分阴分阳的起点。有太极然后才有阴阳，而太极所以能分出阴阳，则在于自身的动静，所以太极不仅是动静的实体，而且是阴阳的母体，阴阳（天地）出自太极。因此太极是宇宙万物生成的原始物体，是宇宙生成的"奇点"。

周敦颐在"无极而太极"的前提下，对动静、阴阳、五行、中正、人生、人极等等问题展开了系统的论述，把太极学说提高到前所未有的高度和深度，对包括武学在内的各个学术领域产生了不可磨灭的启迪和推动作用。

第二节 周子一图一说是三教合流的成果

周子图及图说能对各个学术领域发生启迪作用，原因还在于它是儒、道、释合流的新品。儒、道、释三教问世后，虽然曾经彼此长期攻伐，但从隋、唐起，出现了三教合流的思潮，到了北宋，这一思想潮流又有新的发展。周敦颐的太极图及

《太极图说》，就是三教合流的成果。

一、周子太极图源于道教的炼丹图

周子太极图源于道教秘不外传的炼丹图，其图式就是《道藏》196册《上方大洞真元妙经》中的《太极先天之图》，由著名道人陈抟传下。

周敦颐得图后，融入儒家学说，全面加以改造。炼丹图是从下而上推演（逆推），即逆而成丹。周子把它改为既可逆推，又可顺推（从上而下推演），所谓逆推成丹，顺推生人，而且更易其名，甚至把所用概念及理论体系都改了。

他是如何改的？他把炼丹图的最上圈"炼虚还神，复归无极"改为"无极而太极"；把次圈"取坎填离"改为"阳动阴静"；把第三层原来的"五气朝元"改为"五行各一性"；把第四层圈原有的"炼精化气，炼气化神"改为"乾道成男，坤道成女"；把最下层第五圈原来的"玄牝之门"改为"万物化生"。经过这一番改造，便把炼丹图改成了宇宙万物生成序列图，而且撰《太极图说》，详说太极图内涵，把宇宙论和人生论结合起来，构建了宇宙万物生成的理论体系。

周敦颐虽然把炼丹图改成了太极图，但由于其逆向推演可以炼丹，所以后世有些得道道人仍视其为丹家之妙，加以运用。如南宋道人萧应叟和萧廷芝、元代道人陈致虚和卫琪，都把周子太极图作炼丹之用，并更易其名（这在第二章中已有介绍）。可见源于道教炼丹图的周子太极图，既为儒、道所认可，又为两家所共用。

二、"无极"一说，是三家的共论

上文说到，首先把"无极"作为哲学范畴词使用的是周敦颐，学者们认为这是周敦颐的理论创新。

其实，在周敦颐之前，儒、释、道均使用过"无极"，或作语义词，或作范畴词。《庄子·在宥》说："入无穷之门，以游无极之野。"《列子·汤问篇》说："革曰：'无则无极，有则有尽，朕何以知之？然无极之外复无无极，无尽之中复无无尽'。"《大正藏》《超日明三昧经》说："尔时世尊，与无夹数百千之众眷属围绕，而为说法，讲大乘业无极之慧。"《肇论》卷下说："然则物不异我，我不异物。物我玄会，归乎无极。"而《道藏·上方大洞真元妙经》云："上方开花无极。"《道藏·灵宝自然经诀》说："大上玄一真人曰：太上无极大道，无上至真。"

当代易学家张立文对这个问题曾作详细考察。他说："无极这个概念见于道家、道教和佛教诸家，断定周敦颐《太极图说》中的'无极'概念（单）承自道家则不妥，而应说是儒、释、道合一的概念。"又说："如果说在《庄子》《列子》《逸周书》中'无极'主要指无可穷极、无边际或无限之意的话，那么《肇论》《三昧经》和《灵宝自然经诀》则具有本体论的意义。周敦颐以'无极'为最高本体，则与《肇论》《三昧经》《灵宝自然经》的思想更相近，是佛、道思想的融合。"（引自《周易研究论文集》第三辑，《周敦颐"无极"学说辨析》1990年北师大出版社）

三、"无极而太极"是儒、道哲学的升华

作为周敦颐哲学最高范畴的"无极而太极"的命题从何而来，前文已提到主要来自儒、道两家学说。如果进一步分析，就可以看到周敦颐是在"用道说易"，即借用丹图道学，讲述周易儒学。何以见得？

首先，周敦颐自幼好"易"。他出身书香门弟，自小受到良好教育。其父周辅成乃北宋真宗进士，其母郑氏乃龙图阁学士郑向之妹，颇贤惠。周十五岁那年，其父去世，他舅舅郑向就把妹妹接回，周敦颐也随母入京。从此在舅父严格督促下，

攻读经史，尤其好"易"，并能博学力行。五年以后，居然"行谊早闻于时"，名噪一时。可见周敦颐从小奠定了深厚的儒学基础，故能阐发孔孟精微，终于成为著名学者，名列北宋五子之首（周敦颐、邵雍、张载、程颢、程颐）。

其二，周敦颐又好"道"学。当时，他志趣高远，不满足于传统官学的影响，故而兼收并蓄，一心创新。时值朝庭排佛崇道，给周敦颐吸收道家思想提供了客观环境，因而周敦颐不仅好"易"，而且好"道"。他不仅从道教那里得到了炼丹图，改造成为太极图，还获得了《道藏太极先天图》的图文，融入儒学，写成《太极图说》，并撰《通书》等著作，形成了新的学术理论，后世尊他为理学开山祖师。

理学这门学问，表面上看似乎与太极拳关系不大，实际上很有关连。因为"《太极图说》乃北宋儒建设宇宙论与人生论第一篇最重要之文字"（戴景贤《周濂溪之太极图说》原载《易经研究集》台湾1981年出版）。这篇重要文字，不仅是儒家的宇宙论和人生论，更是儒、道两家学说的创新。当代易学家梁绍辉经深入考证研究后说："周敦颐把道家研究宇宙万物本原、探求人的心身如何与大自然保持平衡的理论引入儒学，并从中引出治国治民的方法论，即所谓'援道入儒'，这是周敦颐学术的突出特点。"而且，"《太极图说》最后完成了道家弟子千数百年来对宇宙本体的探索，提出了'无极而太极'的著名命题，将我国传统的宇宙本原学说推进到一个崭新的阶段。"（《周敦颐评传》南京大学出版社1984年8月版)

周敦颐"援道入儒"的结果是他儒道哲学的升华。而且完成了道家长期以来对宇宙本体的探索，更受到道家的重视。由于这个重要原因，使周子一图一说能催生太极拳于道教圣地大岳武当。

第三节　周子一图一说是太极拳的催生剂

一、周子的宇宙论是太极拳的世界观

世界观，也称宇宙观，它是人们对世界（自然界、社会和思想）的总的、根本的看法。每个人都有自己的世界观，都会自觉不自觉地在某种世界观的支配下观察和处理种种问题。任何拳种，都在各自世界观的支配下，形成各自的理论与追求的目标及方法。作为以"太极"命名的太极拳，它的世界观是什么，这是研究太极拳内功心法的一个首要课题。

上文说到，周敦颐"无极而太极"的宇宙观，是易学研究的新发展，是哲学上的创新。王宗岳直接继承了这一哲理，他著的《太极拳论》开宗明义地说："太极者，无极而生，动静之机，阴阳之母也。"像周敦颐那样，王宗岳论太极，先说无极，指出太极之前有无极，而且用更明白的语言说明，太极是由无极而生，而太极又是阴阳的母体，无太极则无动静，无动静则无阴阳。这就证明了王宗岳把"无极而太极"作为太极拳的世界观，并以这个世界观为核心建立了一套理论、心法及技法体系。这一理论体系，闪烁着哲理的光芒，既是拳术经典，又是哲学精品。

二、周子学说催生太极拳的概况

虽然王宗岳并非太极拳创始人，但自从王宗岳的拳论问世后，才开创了太极拳的新局面，这是有目共睹的事实。我们不妨简略地回顾一下，太极哲理催动太极拳产生的大体过程。

周子一图一说提示的太极哲理不仅具有创造性和客观性，而且具有普遍性，受到儒、道两家的推崇和应用。长期以来，这一哲理与我国古代的许多学科互相渗透着，当它渗入武术文

化并与武术实践结合，经过武术先哲的长期实践和研究，以周子一图一说为启迪，合以老、庄之道，参以兵家之谋，经络之说，导引之法，技击之术，由一代始祖集前人成果之大成，终于创造出太极拳术及完整的理论和技法、心法体系。

这一点，一代宗师孙禄堂1919年在《太极拳学·自序》中直截了当地说："元顺帝时，张三丰先生修道于武当，见修丹之士兼练拳术者，后天之力用之过当，不能得其中和之气，以致伤丹，而损元气。故遵前二经之义，用周子太极图之形，取河洛之理，先后易之数，顺其理之自然，作太极拳术，阐明养身之妙。"孙公又说："其（指太极拳）精微奥妙，山右王宗岳先生论之详矣。"

嗣后，诸多太极先辈，莫不对周子一说一图推崇备至。许禹生在1921年出版《太极拳势图解》一书中，专列《太极拳合乎易象》一章，其谓："易也者，包罗万象者也。而其扼要之哲理，不出太极一图。太极拳之言阴阳、刚柔、动静之处，无不则之。但世传太极图有二，一为周濂溪所遗，一则流传之双鱼形图也。双鱼形图，除可籍表明双搭手时阴阳虚实、盈缩进退外，余无可取。至周氏图，则所具之理甚深奥，其图说一篇几尽可为习太极者所取法焉。"

还有个历史片断，也与周敦颐太极图催生太极拳有关。那是1929年11月，全国首届打擂比武大会（浙江国术游艺大会）在杭州举行，与会许多武林名宿曾讨论太极拳的渊源问题。时任大会筹委会主任兼评判委员长、武林泰斗李景林特委派武术名家傅剑秋去武当山实地调查考证。当时武当山道总徐本善热情接待，并提供不少资料。傅剑秋满载而归，向李景林详情汇报，并呈交资料。据当时陪同傅剑秋去武当山的傅的门徒裴锡荣说："徐道总介绍说，张三丰根据宋代周敦颐发明的"太极阴阳图"（注：此图史称周敦颐太极图），创编了八门五手十三势太极拳。"他又说："当时，李景林副馆长召集了杨澄甫、孙禄堂、张兆东、杜心武、刘百川、高振东、黄文叔、褚桂亭、王芗斋等武术名家作了研究，把该拳命名为"武当太极拳"。研究后拍了集体照片，保存至今。"（裴锡荣《武当太极拳之渊源》人民体育出版社）

三、周子的人生论与太极拳的修心养性、恢复天性

周敦颐的《太极图》及《太极图说》既论"太极"，又论"人极"。"太极"说的是宇宙论，"人极"说的是人生论，包括人的起源及做人的标准、修养的方法。对照太极拳经典和实际修炼，可以明显地感到，太极拳的修心养性直接源于周子的人生论。

关于人的起源，周敦颐认为在宇宙化生万物过程中化生了人类。他在太极图第四层圈画一大白圆，旁注："乾道成男，坤道成女"。这是什么意思？他在图说中作了解释："无极之真，二五之精，妙合而凝，乾道成男，坤道成女，二气交感，化生万物，万物生生而变化无穷矣。"此处所说乾男坤女，并非单指男人女人，而是泛指万千物体，因为在万物化生过程中，自然也包括人类的化生。

那么人类是如何化生出来的呢？周子在图说中概括为一句话："唯人也，得其秀而最灵。"这句话是紧承上述"无极之真，二五之精……"那段话而来的，意思是说，在二五之气的化合凝聚过程中，唯人得到了真精之秀，才成为万物之灵的。这万物之秀的"灵"，是"心灵"之灵，即先天本性之灵及先天的秉性智慧。

接着周敦颐又说："形既生矣，神发知矣，五性感动而善恶分，万事出矣。"就是说，人的形体既已生成，人的思维精神也就相继产生。有了思维，必然在认识上、行为上、道德上产生诸多差距，于是分出了善恶，生出了万事，使人类社会变得极为复杂。

面对复杂的人类社会,该如何做人呢？周敦颐在太极图说中提出了"人极"观。他说："圣人定之以中正仁义,而主静,立人极矣。"联系上句"五性感动而善恶分"的分析,"五性"是五常之性,即三纲五常的道德规范,它是圣人依据人性所定的"人极"标准,以此来修心养性,原始反终,达到圣人之道,并提醒人们"君子修之吉,小人悖之凶"。周子此说,当然是儒家的心性论,即孔孟之道。

太极拳先贤受周敦颐人生论和人极观的启迪,把修心养性、原始反终、还我固有、恢复天性列为修炼太极拳的最高目标。

王宗岳在《太极拳论》说："虽变化万端,而理唯一贯。"按上下文理解,这个"理",就是周敦颐的宇宙论和人生论。在谈到懂劲问题说："阴阳相济,方为懂劲。"这阴阳相济,不仅指拳技内劲上的阴阳相济,还包括心灵上的修心养性、阴阳中和、返归先天。所以王宗岳在《十三势行功歌》中总结性地说："详推用意终何在,延年益寿不老春。"

所谓"不老春",既指延长生理年龄（命功）,更指净化心灵（性功）,以便返回先天,长生不老。《太极拳谱》中有篇论文"固有分明法",对此有精妙论述："盖人生降之初……皆无然知觉固有之良……因人性近习远,失迷固有。要想还我固有,非乃武无以寻运动之根由,非乃文无以得知觉之本原。"（《太极拳谱》,沈寿考释,人民体育出版社,1991年版）。

此论明确指出,练拳的目的是"还我固有"。人的固有,就是先天本性,即在母胎之中和降生之初的状态。古人说："人之初,性本善。"又说："性相近,习相远。"由于后天的社会原因,使人们"习相远",分出了善恶,迷失了先天之固有。为了还我固有,恢复先天本性,就要乃武乃文地进行修炼。"文者,内理也；武者,外数也。"乃文乃武,即内外兼练，性命双修，才能还我固有不老春。

其实，张三丰对此早有明示。他在《大道论》《玄机直讲》《玄要篇》中，讲穷尽性命归真之道，发微圣贤道释之理，把儒家的心性之理与道家炼修之道融合起来，还把道家的内炼与儒家的道德学说融合为一。他认为五行的金、木、水、火、土，周子的五性，儒家五德的仁、义、礼、智、信，与人体五经的肺、心、肝、肾是一一对应的。仁，属木，属肝；义，属金，属肺；礼，属火，属心；智，属水，属肾；信，属土，属脾。他在《五德篇》中论述了心有五德，身有五经，天地有五行，皆缺一不可，所以要及时修炼。为此，他在《无根树》中反复论说要"复命归根还本原""会合先天了大还"。

四、周子的二气妙合说与太极拳的阴阳中和

周子《太极图说》论述万物化生过程时，很重视"阳变阴合""二气交感"的作用。它说："阳变阴合，而生水火木金土。""无极之真，二五之精（二、指阴阳二气；五、指五行），妙合而凝，乾道成男，坤道成女，二气交感，化生万物。"就是说，阴阳二气必须通过"妙合""交感"才能化生万物。如《周易·泰卦》所言："天地交而万物通也，上下交而其声同也。"

这种二气妙合的哲理，其他几种太极图都有表达，而以周子一图一说为最。它表示五层意思，一是阴阳对立，二是阴阳交合，三是阴中有阳，阳中有阴，阴阳不相分离，四是阴阳相易，即在一定条件下阴阳各自向其对立方面转化，五是阴阳始终处在彼消此长、彼进此退的动态平衡之中。一图一说象征的阴阳观念是全面而且具体的，特别是关于阴阳始终处在动态之中的哲理尤为重要。这恰恰是太极拳论的重要特色。

这一重要特色，主要表现在两方面。一是阴阳无同位，太极无不在。练拳行功时把自身作为一小太极，未动时抱元

守一，心中泰然，处处是太极状态；动则变，变生阴阳，如拳势之一举一动，皆分阴阳，无论如何变化，内中皆含一太极之〇环形。拳谱说："故动静不动时，阴阳无同位，而太极无不在焉。"二是阴阳相济，浑然一体。这一特色在王宗岳拳谱中有鲜明的论述，他告诫学子必须悟通"阴不离阳，阳不离阴，阴阳相济，方为懂劲"的道理。济者，济渡也，阴阳相济就是阴阳济渡已成，中和为一，浑为一体，复归太极，并循环往复。

据笔者数十年的体悟，这阴阳相济并不是凝固的，而是动变的，旧过程结束之际，就是新过程开始之机，阴阳相济是无穷尽的。正如《周易》六十四卦中既济卦和未济卦那样，既济表现过程的结束，《杂卦传》说："即济定也。"但似结束又未结束，所以《周易》把未济卦放在最后一卦，表示事物发展变化是无穷尽的。故孔子说："物不可穷也，故受之未济终焉。"因此太极拳的阴阳相济观是辩证统一、不断变易的。

至于太极拳的虚实、刚柔等问题，则是指阴阳在不同问题上所表现的不同特性，是阴阳对应关系。以虚实言，阳为实，阴为虚，故而要求"处处总是一虚实"；以刚柔言，则阳为刚，阴为柔。《周易正义》说得更简明："刚柔，即阴阳也。论其气，即谓之阴阳，语其体，即谓之刚柔也。"这一哲理对于练好太极拳至关重要。

五、周子的动静观与太极拳的"静中触动动犹静"

变易，是太极图的主要哲学原则。变是由动引起的，所谓动则变，但动又离不开静。周子《太极图说》精辟地论述了动静互根的辩证关系："太极动而生阳，动极而静，静而生阴，静极复动，一动一静互为其根。"

太极拳理论述充分发挥了动静互根的辩证观点，而且有独到的提法，这就是王宗岳拳谱所言："静中触动动犹静。"

有的太极拳家对这一名理未能全面领会，或者单单强调"一动无有不动"，或者片面强调以虚静为本。所谓一动无有不动和主静当然是对的，问题是动与静是辩证的。太极拳要求一动无有不动，但静中含动动犹静。周敦颐在《易通》中进一步论述了动静关系的辩证统一，他说："动而无静，静而无动，物也。动而无动，静而无静，神也。动而不动，静而无静，非不动不静也。"后来，王夫之进一步提出："静者静动，非不动也。"

但是，动静行止都要适时而定。"如果动静不得其时，就会有得失的后果，得之大者为吉，失之大者为凶"（钟启录《易经十六讲第十二讲》）。所谓"时"在太极拳理论中称为"得机得势"与"因敌变化"。两人对手，何时该动，何时该静，应由临场变化所出现的"机势"决定，适时动静。正如《周易·系辞上传》说："动静有常，刚柔断矣。"

六、太极图的圆转不息与太极拳的圆形螺旋

上述各种太极图，都是以圆圈为形象的，从外形上看，圆圈是简单的、稳定的；从内容上看，它是圆转不息的、易变的。如周子《太极图》，从图面看只五个大圈和五个小圈，从内涵解，则有无穷的圆圈在旋转。先儒蔡清说："今学者但知〇之为太极耳，而不知此个圈子，周子本欲团圆旋转千百万周而不已，乃形容其动静无端，阴阳无始之妙也。"

太极图所象征的圆形运动，是自然万物的普遍运动形式，也是人体生命活动的基本运动形式。太极图的圆形结构本质，决定了太极拳是一种奇妙的圆形组合运动。这个圆不单是平面圆，还是立体圆，四面八方都是圆，要求"活似车轮"及"有圆活之趣""一动无有不动，一圈无有不圈"。其运动路线有小圈、大圈、椭圆、半圆、圆弧形等等。在划圈时，外形上手、腕、肘、胸、胫、腰、胯、膝、足等都有圈形或圈意；在

体内，则是以心为令，气流旋转，内外一致，式式相连，循环无端，以至进入有圈之形、无圈之意的化境。

太极图圆圈之中的螺旋形旋转，是太极拳螺旋劲（缠丝劲）的哲源。无论是周子太极图的十个圆圈，还是古太极图的双鱼S形曲线原理，都是标示事物的螺旋波浪式发展规律，都"暗含着天体运行及人世间一切事物的螺旋式波浪式发展，表示着事物曲折前进的过程。S形曲线，旁视之为波浪式，俯视之为螺旋体，可以说S曲线是否定规律的代号，它表示了事物发展的基本方向和道路。"（胡昌善《太极图之谜》）太极拳的运动也是螺旋形和波浪形的，宛似太极图的图像那样。所以拳家说："太极拳，螺旋也。"

总之，周敦颐的《太极图》及《太极图说》是太极拳的直接哲源。上节引用的孙禄堂《太极拳学·自序》中的那段话，足以说明张三丰确实受到周子太极图的启示，至于王宗岳《太极拳论》"太极者，无极而生，动静之机，阴阳之母也"，更是周敦颐《太极图说》的继承与发挥。所以我们说周子一图一说是太极拳起源的催生剂并不为过。今将周敦颐《太极图说》原文附录于后，供同道阅读。

周敦颐《太极图说》原文

无极而太极，太极动而生阳，动极而静；静而生阴，静极复动。一动一静，互为其根。分阴分阳，两仪立焉。阳变阴合，而生水、火、木、金、土。五气顺布，四时行焉。五行，一阴一阳也；阴阳，一太极也；太极，本无极也。五行之生也，各一其性。无极之真，二五之精，妙合而凝，乾道成男，坤道成女。二气交感，化生万物。万物生生，而变化无穷焉。惟人也，得其秀而最灵。形既生矣，神发知矣，五性感动而善恶分，万事出矣。圣人定之以中正仁义，而主静，立人极焉。故圣人与天地合其德，日月合其明，四时合其序，鬼神合其吉凶。君子修之吉，小人悖之凶。故曰：立天之道，曰阴与阳；立地之道，曰柔与刚；立人之道，曰仁与义。又曰：原始反终，故知死生之说。大哉易也，斯其至矣！（据《周濂溪全集》）

第四章　学拳与学哲学

综上所述，太极拳是我国古代哲学与武术运动实践相结合的产物。其拳、拳理、拳法莫不闪烁着哲学智慧的光芒，照耀着代代太极人士的前进方向，故而人称太极是"哲学拳""文化拳"。

正由于太极拳的哲学内涵散发出来的哲理韵味，吸引了国际友人的向往与追求。我在美国教授太极拳数年，感受最深的就是学员们对我国太极文化的热爱。在学拳过程中，他们时不时会提出一些哲学性的问题，有些人很会想问题，而且想得很深，甚至提问：学太极拳与人生有何关系？

面对这些提问，自豪和兴奋感油然勃发。外国人对我国传统哲学如此向往，作为炎黄子孙的一员，那份自豪感不用说了，简直有些自傲了。但同时又陷入沉思，人家对太极拳想得那么深，求得那么高，我们自身又如何呢？

回想自己学拳之初，单单是为健身而学。当然，一旦学开去，就感到此拳蕴涵着深奥的太极哲理，于是来了兴趣，就顺藤摸瓜地读一些有关太极学说的书籍，直至学习太极学说的发源处《周易》。虽然学得不怎么样，但已明白太极拳是哲学拳，而哲学的根本问题是宇宙论与人生论，关系着每个人的世界观与人生观。

例如周敦颐《太极图说》，自首句"无极而太极"至"变化无穷焉,这半段,是讲的宇宙论;自"惟人也"以下至尾句这下半段,是讲的人生论。当然,两者有联系。人生论的中心是"立人极",其内容是:"惟人也,得其秀而最灵。形既生矣,神发知矣,五性感动,而善恶分,万事出矣。圣人定之以中正仁义(原注:圣人之道,仁义中正而已),而主静(原注:无欲故静),立人极焉。"这是论述儒家的人生观。既是圣人立的人极,自当人人恪守,所以又说:"君子修之吉,小人悖之凶。"只要依照"人极"去修养,就能成为君子,就能吉祥;反之,则沦为小人,陷入凶邪。清人张伯行编辑的《太极图详解》对此有详尽的解释。在解释"立人极"这一节时,说了一句重话:"人极不立,而达禽兽不远矣。"(该书卷一第18页)话说得的确很重,足见古人重视人性的修养为修身齐平的头等大事。

其实,日常生活中处处存在着哲理,人们自觉或不自觉地按照某种哲理在行事为人,只不过自己不太明白罢了。正如《系辞》所言:"百姓日用而不知。"就说太极拳,从哲学角度看,它好比是一部哲学著作,其拳架、推手都是太极,阴阳、五行、八卦的变化,一举一动都渗透着哲理的韵味,一切都在"一阴一阳之谓道""唯变是适"的太极思维中进行。换句话说,是通过太极拳这一载体,用哲学的思维探求人与人的奥秘,即探索身、心灵整体健康,探求青春常驻,返老还童;探求修心炼性,确立人极,完美人生,乃至探求心灵升华的奥秘。一句话,被称为哲学拳的太极拳,实在是一部哲理与拳法融为一体的哲学教材。

因此,练太极拳宛似学哲,但为了学得好,又必须读一点哲学书,懂一点春秋之道。要把学太极拳的过程作为学习传统哲学的过程,作为接受祖国优秀文化熏陶的过程。人们说,学练太极拳能改善人的气质,其原因就在于传统哲学有潜移默化的育人魅力,故而练拳就是练人。

可能有人会说：我只喜欢练拳，并没有学哲学，拳不是照样练得很好吗？不错，你的拳是练得好，功夫高，但不能满足于停留在"武"的层面上，应当提高自己的价值取向。值此新时代的盛世，要提升自己的人生品位，争取成为一个知书达理、德艺双全的智者，否则充其量也不过是"一介武夫"而已。

写到这里，想起了一代宗师孙禄堂在记载他专程到山西请教宋世荣前辈的故事。当时孙先生的武功已达化境，小腹坚硬如石，能仆人于寻丈之外。他问宋前辈："鄙人可谓得拳术之内功乎？"不料宋前辈却答："否！否！汝虽气通小腹，若不化坚，终必为累，非上乘也。"孙禄堂马上追问："何以化之？"宋世荣从儒家的"中和""仁义"等问题谈起，然后说："拳术中亦重中和，亦重仁义。若不明此理，即练至捷如飞鸟，力举千钧，不过匹夫之勇，总不离外家。"孙禄堂闻听之下，大为感慨，他说："余敬聆之下，始知拳道即天道，天道即人道。"表示要记取"前辈之教训"。（见孙禄堂《论拳术内家外家之别》）

这则故事的主人翁，都是名动一时的武林大豪，尚且津津乐道要读书明理，要知天道与人道，不可逞匹夫之勇，何况我等练武大众，更应奋发图强，不断提升自己的品位。

而且，如今时代不同了，更应有新的作为。在这里，我想借用武派太极拳当代传人吴文翰先生的一段话。吴先生说："由于时代之不同，今天的太极拳家以及研究者，应不同于旧时代的太极拳家和研究者，所以还要加强自身政治方面的修养，才能使太极拳更好地为祖国社会主义建设服务。"（《武派太极拳体用全书》北京体育大学版）

时代的不同，给太极人士提出了新的课题，这就是学拳应与学文化哲学结合，练拳应与练人结合。练拳不能单单局限在"拳"上，还应从拳的哲理中吸取养料，陶冶自己，叫做练拳

第一篇 哲源篇

又练人。当然，练拳的直接作用是养生健身，但健身的目的是为了更好地行事为人，所以"练拳又练人"是当代太极人士的新课题。为此，我们应当用人文的视野看待太极拳，用哲学的思维练习太极拳，用哲学的钥匙开启太极心法之门。

第二篇 心法篇

心法总论（代引言）

习武练功者，莫不重视心法，"内功心法"一词早已脍炙人口。然而何谓心法，说法较多。有说是拳术之魂魄，不肯轻传之精华；有说是修心之法；有说是打拳时的精神面貌和心理状态；有说是意识指导行动，"先在心，后在身"；有说是心理思维之法。这些说法虽然不错，但有的语焉不详，有的似有保留，未尽其意；有的仅提数句拳经名言，未做详释。有鉴于此，笔者悟有一得，与同好共研之。

古人说："为将之道，当先治心。"心者，并非心脏之心，乃性也，心法也。心法者，治心之内容和方法也。道家讲修心练性，儒家讲存心养性，释家讲明心见性，三教虽法不同，皆从心性入手。

太极拳的治心之道，即内功心法，有宏观与微观两面。宏观心法，指"诚意、正心、修身、齐家、治国、平天下"的心性修养法则和目标，即为人之道；微观心法，指一派一拳一功的内心的行功法则，即练拳之道。

微观中又有一体两面之意，即心理与生理两面。修炼心理之法，道家内丹功称为"性功"，是修炼精神世界的法门；修炼生理之法，道家内丹功称为"命功"，是修炼人体生理领域的法门。这心理与生理的作用，是二而一、一而二的一体两面的作用，相互影响，所以道家称之为性命双修。太极拳属于道家性命双修中的动功，理所当然要讲究治心炼性之道。

现今谈论的太极拳内功心法，是属于一派一拳的微观范围。但微观（个性）寓于宏观（共性）之中，微观范围的心法，从属于宏观的指导，只有把宏观心法（为人之道）与微观心法（为拳之道）结合起来修炼，才是完整的太极拳内功心法。

有鉴于此，本书才在"哲源篇"之后设置"心法篇"，论述中华文化元典是太极拳心法之源，在明明德是太极心法的目的，性命双修是太极心法的法则，阴阳中如是太极心法之魂，拳术套路是心法的载体，从而把宏观心法与微观心法结合起来修炼。

第二篇 心法篇

第一章　练拳之道，当先治心

宋代知名字者苏洵在他的军事论文"心术"中开宗明义地说："为将之道，当先治心。"（《古文观止·宋文》）

其实，无论为政、为军、为民，乃至为拳，都应当先治心。所以借鉴苏洵"心术"作为论述治心之道的开篇。

苏洵的"心术"是他一组军事论文中的一篇。该组论文共十篇，分治心、尚义、养士、智愚、料敌、审势、出奇、守备八方面，"治心"为主脑，故题"心术"。心术，即治心的内容与方法，主要指将帅的思想修养和军事修养。

从"心术"中看到了治心的内容有知理、知势、知节以及军事修养四点，可以作为我们的借鉴。

第一节　知理知性思想正

苏洵提出："凡主将之道，知理而后可举兵，知势而后可以加兵，知节而后可以用兵。"这知理、知势、知节，大有学问，虽然说的是兵事，但对练拳、为人同样适用。

知理，即知书达理、读书明理。有天理、人理、事理乃到拳理等。此等大理，可以归结为《大学》倡导的"意诚、心正、修身、齐家、治国、平天下"。其中心在于修养自身的品德。所以《大学·经一章》提出："自天子以至于庶人，壹皆以修身为本。"壹是，即都是。就是说，从天子直到平民，人人都要以修养品德作为做人的根本。我们练太极拳，当然不能忽略这个做人的根本。

苏洵把崇尚正义作为修养品德、纯正思想的重要标准。说："凡兵上义；不义，虽利不动。""夫惟义可以怒士，士以义怒，可与百战。"上字，通尚，即崇尚正义。"怒"字，激发之意，只有用正义才能激发士气，士卒一旦被正义激发起来，就可以百战而不殆。而且打了胜仗，还要"既胜养其心"。可见知理修性、纯正思想，应是练拳为人之道。

第二节　知势明志顺势上

势者，时势、气势也。要洞悉当时的政治形势、军事形势、部队态势、天文地理之势，以及双方将士的气势等等，才能决定作战方案和作战行动。

这是就兵势而言，借用到练拳为人，就是要知理、知势以明志。知理，上节已谈。知时势，即知天下大势，也就是人们常说的"大势所趋""历史潮流"等等。在知理的基础上，又知晓了大势，就能明确志向，确定进取目标，一切均要顺势而行，不可背道而驰。这一点对我们练拳的人是很重要的。就拿推手来说，也有顺势与背势的问题，做人同样有顺势与背势的问题，要看准机会，顺势而上，方可获得成功。

第三节　知节律己的纪律

苏洵提出的"知节而后可以用兵"，是说将帅指挥要懂得节制约束，严明纪律，做到"欲智而严""智则不可测，严则不可犯"，才能取得战争的胜利。

能律己，又能严明纪律，是做领导者的重要品德。我辈太极人士之中，也有当领导的，能律己的也不在少数，相信通过太极养性，定当好上加好。即使暂时未当领导的，也可以培养律己之德。

第四节　养技自爱又爱人

苏洵接着指出："夫惟养技而自爱者，无敌于天下。故一忍可以支百勇，一静可以制百动。"养技，是指善于治心又能爱护士兵以保养力量的人，只有这样的将帅，才能无敌于天下。

"养技而自爱"的观点，很能启发人，很具普遍性，能适用于任何人，人人皆要养技而有爱。练太极拳也是养技。养技者，务求精通，浅尝辄止，非"养技"也。最难能可贵的，是在一旦养技有成、身怀"绝技"之时，能够自爱爱人，爱自己养技来之不易，爱同门、爱下属、爱家人、爱朋友、爱事业，甚至爱对手，如此才能使拳技、做人、事业立于不败之地。

总之，这知理、知势、知节以及养技而自爱等人生哲理，启示我们修炼太极拳虽然只是修身一技，但同属立身处世之道，不能不讲究治心之法。

当然，治心的深度还不止于此，还要从中华传统文化着手，因为传统文化是心法的源泉及主宰。正如明代著名学者王明阳所说："圣人之学，心学也。"（《象山全集》）

第二章　《周易》是太极心法的源头及主宰

第一节　从太极歌说起

《太极歌》虽只七言四句，但涵盖了太极拳内功心法（以下各章皆简称太极心法或心法）的源头及主要内容，可以毫不夸张地说，《太极歌》是太极心法的总纲，请看：

太极歌

> 太极原生无极中，
> 混元一气感斯通，
> 先天逆运随机变，
> 万象包罗易理中。

"太极原生无极中"，说的是《周易》开创的太极学说原理。此说体现了王宗岳《太极拳论》以易理为一贯的精神。

第二句说的是太极拳练的内气是混元一气，换句话说，学练太极拳必须学练混元一气，因为它是太极混元内劲之本。

"先天逆运"是道家修炼内丹性命双修的妙法。太极拳是性命双修之学，故以性命双修为心法。

最后一句是说，太极拳的一切，都包罗在《周易》的义理之中，所以易理是太极心法的主宰。

这首《太极歌》较早见于姜容樵、姚馥春的《太极拳讲义》（1930年上海版）根据师门所传心法及本人体悟，对上述《太极歌》的文字作了某些润改，今录如下，供同道一哂。

太极歌（润改本）

> 太极原生无极中，
> 混元一气中和通，
> 性命双修随机变，
> 万象包罗易理中。

润改说明：此歌七言四句只改了第二句及第三句，其余未动。

为何把第二句后面三字"感斯通"改为"中和通"？因为"感斯通"的意思是说，修炼混元一气时须感应到阴阳二气的交感变化，才能通晓明白，练有所成。这无疑是正确的。但是，从混元一气（太极一气）的演变过程来说，由太极混元一气生阴阳二气，经过二气交感中和为一，复归太极一气，并循环往复，不断升华。这混元一气通变的过程，就是阴阳中和的过程，即《周易》所言"一阴一阳之谓道"的过程。而且阴阳中和之道又是太极心法之魂，再说本门练功总诀中也明确是"修阴阳中和之气"。因此把"感斯通"改为"中和通"，以示混元一气须经阴阳中和之变才能通达。

　　第三句把前头四字"先天逆运"改为"性命双修"。先天逆运是性命双修的修炼妙法，但尚不是性命双修的全部。而太极拳乃是性命双修之学，一切都要依性命双修的要求去修炼，有鉴于此，才把它改为"性命双修随机变"。

　　笔者为何胆敢润改？

　　因为姜容樵的太极拳曾得益于李公景林（芳宸）。姜在《太极拳讲义》的自序中说："犹忆数年前，遇吾师芳宸先生，日相过从，于武当剑、太极拳之道，循循善诱，不惮烦琐……为人和蔼可亲，足为治技者之楷则。"若论师门渊源，姜老应是我等师叔一辈。既是同门，所传心法相同，所以有据可改。

　　这样的改动，笔者认为更能体现太极心法的主要内容，并且据此设计了"心法篇"的内容章节，把"包罗万象易理中"列为太极心法的源头及主宰，依次是性命双修等等内容。

第二节　《周易》是中华文化的最高元典

　　所谓"圣人之学"，就是中华传统文化，主要内容是指儒、道、释三家的文化元典。其中有孔孟之道等儒家文化元典；有

《道德经》《南华真经》等道家文化元典；至于佛教虽然是外来文化，但早已中国化了，成为中华文化的组成部分，《金刚经》等经典就是释家的文化元典。

在群星灿烂的文化元典中，《周易》被尊为"群经之首"，即元典的元典。时至今日，这一最高文化元典的地位在国人的心目中并未动摇，而且举世闻名。

《周易》之名，是《易经》和《易传》两部分的合称。《易经》又称本经，成书于西周末年，距今三千多年。《易传》相传为孔子所撰，是对《易经》最权威的解释与发挥，也可以说是孔子研究《易经》的心得报告。两者以《易经》为中心，《易传》是围绕着《易经》展开的。数千年来，历代学者对《周易》进行孜孜不卷地深入研究，作出了精彩纷呈的解释与注释，经史留名的学者不下三千余家，形成了浩瀚的易林体系，成为研究《周易》的专门学问，史称"易学"。易学主要有义理与象数两大派。这易经、易传、易学三大部分，共同构建了中华民族的传统文化宝库。

《周易》能够成为最高文化元典，是由于它是中华文化的源头，是我国哲学、自然科学、社会科学相结合的宝典，其内容涉及到我国的哲学、文学、史学、兵学、医学、自然科学，乃至政治、宗教、人伦等等。举凡老子、孔子、儒家、道家以及诸子百家思想，都从《易经》文化中来。清代《四库全书总目提要》评介《周易》是"易道广大，无所不包，旁及天文、地理、乐律、兵法、韵学、算术，以逮方外之炉火，皆可援易以为说。"

孔子指出："易与天地准，故能弥纶天地之道。"（《易经·系辞传·上》）这就是说，《易经》这部书所载的法则，是宇宙万物一切学问的标准，不论人事、物理、无论自然科学、人文科学，也不管军事、政治、经济、社会、文学、艺术等，都以此为法则。国学大师南怀瑾说得更透彻："《易经》这部

第二篇 心法篇

书在我们中国文化中的地位,有几句名言可以形容,就是'经典中的经典,学问中的学问,哲学中的哲学'。最高的思想,四书五经一切中华文化思想,都来自《易经》《易经系传别讲》。"(中国世界语出版社1995年版)

第三节　百姓日用而不知

所谓易道广大、无所不包,是指《周易》既讲宇宙万物本体之道,又讲应用之道。这应用之道包罗万象,无所不在,人们处世行事,天天在用道,而自己却"看不到道",所以孔子说:"百姓日用而不知,故君子之道鲜矣!"(系辞传·上)

《周易》之道确实影响深远,千百年来不知不觉已成为国人行事为人的准则,《周易》的许多语言已成为人们的日常用语,例如自强不息,保合太和,进德修业,同声相应,同气相求,各从其类,仁者见仁,智者见智,厚德载物,否极泰来,三阳开泰,大吉大利,不速之客,无妄之灾,风雷激动,防微杜渐,小人勿用,密云不雨,反目成仇,物极必反,谦谦君子,君子有终,虎视眈眈,突如其来,以及天尊地卑、物以群分等等不计其数,皆来自《周易》。所以,《周易》与人生息息相关,它启示人们如何趋吉避凶、完美人生。我们习练太极,也是为了完善人生,所以不能不学一点《周易》。

第四节　拳道从易道来

太极拳可以称为太极拳道,拳道从易道来。上一篇"哲源篇"中,笔者已提到太极拳来自《周易》开创的太极学说,太极拳是太极学说与武术运动实践相结合的产物,所以说拳道从易道来。王宗岳《太极拳论》"太极者，无极而生……"那一段话，明白无误地表明太极拳是从易道中产生的。也可以说易道的太极学说是太极拳的基因和心法。

始祖张三丰在《大道论》中阐述了道与练拳修道的关系后说："余也不才，窃尝学览百家，理综三教，并知三教之同此一道也。"道是什么？始祖接着说："夫道者无非穷理、尽性、以至于命而矣。"（《张三丰全集》浙江古籍出版社，1990年版）张三丰认为"儒离此道不成儒，佛离此道不成佛，仙离此道不成仙，而仙家特称为道门，更是以道自任也。"

原来我们常说的拳以载道、以拳演道、拳道合一的"道"，就是"穷理、尽性、知命"之道，就是道家修炼的丹道，即是性命双修之道。而中华文化元典对此道阐发详尽，理所当然地成为心法的源泉及主宰了。

第五节　未有神仙不读书

"易与天地准"这句名言，经千百年的实践检验，证明是正确的。凡用得好的德高功深，反之则岁月耗去，收效甚微。因此学习文化元典，主宰习拳之人，是我辈太极人士应当身体力行之事。

新近读到香港易学研究会会长谢宝笙的新著《周易智慧——宇宙的模型》，书中论述了心法的内容与来源。他说："性功或真正的心法之主要内容，是中华文化哲学的学习，特别是中华元典的学习……例如《易经》《道德经》《金刚经》就分别代表了儒、道、释的最高元典……最高元典是心法能量的最高载体。"（花城出版社，2005年5月版）

综观历代武林圣贤，莫不从易道中吸取心法能量而成大业。武当丹派第九代宗师宋唯一在《武当剑谱》中说："易道备矣，三丰祖师取之作为剑法，所以剑法通乎易术也。"又说："剑术变化多端，皆合易理，若不知此道奥妙，则剑法不得其门矣。"事实上，如果不知易道，不仅拳术剑法不得其门而入，甚至连行事为人也会因此而缺乏主心骨。因为易道的中心是"诚意、正心、修身、齐家、治国、平天下"，简言之，正心修身为国家。如果连这一基本点尚未确立，还能遑论其他吗？

谢宝笙先生还担任香港气功太极社顾问，对习武练功与学习文化元典的关系有深切的体会，他在书中总结了正反两方面的经验。他指出："一些人虽然非常努力练功，可是却从不学习文化，特别是中华元典，这就非常容易走偏……而那些传授气功的师傅本身亦很少研究文化哲学，特别是中华元典的学习……在没有完整心法的情况下，在市场上吸引了大量弟子，又在没有完整'心法'的情况下去传授气功。如是者一代传一代，误差以几何级数地扩展，最后毁灭了气功本身。"他痛心地说："这是一件很可惜的事。"

写到这里，记起了著名道人吕洞宾的诗句："由来富贵原是梦，未有神仙不读书。"连神仙都不能不读书，何况凡夫俗子乎。

第三章 在明明德是太极心法的目的

第一节 "不老春"新解

为什么要练太极拳，最终目的是什么？王宗岳回答说："详推用意终何在，延年益寿不老春。"《十三势行功歌》）这句名言几乎妇孺皆知。但一般仅把注意力放在"延年益寿"上，对于"不老春"则想的比较少，有的甚至以为不过是形容词而已。其实不然,"不老春"是很有深意的。

"不老"者,即长生又不老,是指道家内丹修炼的主要目标,这是大家都知道的。而"春",其义颇多,在这里是借"春"喻义。

"春"者,乃万物资始,元始也。《易经》乾卦象辞所谓的"大哉乾元,万物资始,乃统天",就是把春与元始连在一起的,有点像同义词。朱熹的解释也是如此:"元者,生物之始,天地之德莫先于此,故于时为春,于人则为仁,而众善之长也。"(《周易本义》)

以春(元)比喻修炼太极的目的,有两层含义。一是喻人体生理要永远像春天那样生机勃勃,不但寿命延长,而且青春常驻。二是用春天的原始,象征人之元初,比喻人的心理(心性)要返回到先天本性、即"人之初"的佳美的境界。

"不老春"三字连在一起,组成一个美好的词汇,它描绘出一幅既延长人体肉体生命、又延长精神生命的画图,而精神生命是长生的、永生的,所以称之为"不老春"。

第二节 完善人生

"武术助你完善人生",这是前国家武术院徐才院长于1989年为美国的《中国武术》杂志写的一篇文章。曾载《中华武术》,主题发人深省。徐院长在文章中引用一位美国朋友来中国旅行习武的体会为例,说明要"把武术的拳技、哲理和文化传播开来,使武术的追求者习武健体,修身养性,完善人生。"所以练拳的目的,不仅仅为了掌握拳脚功夫,更要完善人生。

当然,完善人生的养料,来自中华文化元典,来自中国的人文哲学。世人称为"哲学拳"的太极拳,理应担负起这个责任,成为助君完善人生的良朋好友。

因为太极拳心法之源的《周易》早已提出了天道"四德"。即《易经》六十四卦的首卦乾卦的卦辞所说:"乾:元、亨、利、贞。"乾,象征天,它的本义是说,"天"具有元始、亨通、和谐有利、贞正中坚这四种德性,制约并主宰着整个大自然,所谓"万物资始,乃统天。"这是指它的本体而言。

孔子则把这四德完全纳入了人文哲学的范畴,作为人生修养的重要标准。他在《易传》的《文言》中说:"元者,善之长也。亨者,嘉之会也。利者,义之和也。贞者,事之干也。"孔子的意思是说,凡是原始的都是好的、是善的尊长,万物能有好的开始,才称得上"元"。嘉,良好之意,把众多良好的因素会合起来,才能"亨通"。利者义之和,是说天、地、人之间的利益,应是和谐的利,不是损人利己的利,而且是彼此互利的利,现在时髦的说法叫做"双赢"。至于贞,则指事物的中心,喻人的中正坚贞,意志坚定。孔子说:"君子行此四德者,故曰乾元、亨、利、贞。"意思是说,人们接受四德的教育,修身养性,具备了这四德的人,才是君子,才是完善的人生。所以修炼太极,要在太极哲理的熏陶下完善人生。

第三节 在明明德

人生本来是完善的,人的善德是先天固有的,是自身的本来面目,所谓"人之初,性本善也",只是由于后天的环境使然,才产生了种种问题,所以要通过教育和修心养性,恢复先天固有,还我本来面目。

儒家元典之一的《大学》说:"大学之道,在明明德,在亲民,在止与至善。"此话,道出了恢复先天"明德"的重要性。其第一个"明"字是动词,第二个"明"字是名词。意思是人与生俱来就具有光明高尚的德性，称之为"明德"，入世后由于境遇不同，"明德"被掩盖了，甚至泯灭了，必须通过"大学之道"的教育，重新恢复原初的德性，使之重新明亮起来，即"在明明德"也。

其实善与恶并非绝对的，即使恶人，其心灵深处仍然有善性，所谓天良未泯也。同样，善德者的内心深处隐藏着某些罪性，如果不警惕，不防微杜渐，在一定的气候、土壤中，就会滋生发酵，甚至堕入罪恶的深渊。因此，《易经》乾卦九三爻辞说："君子终日乾乾，夕惕若，厉无咎。"就是说坦坦荡荡的君子，从早到晚都须健强振作，警惕慎行，才能免遭咎害，防止中邪，保持明德。由于善恶常在一念之间，更由于"性本善"，所以一切正派的宗教莫不劝人向善。至于邪教，那又当别论。

太极人士亦是世间的一员，无论你信仰如何，都不可避免地面临着善恶问题，都有个"在明明德"的问题。太极圣贤都把恢复和发扬"明德"——先天的美德列为心法修炼的最高境界。武当派创始人张三丰在《以武事得道论》中，从无极、太极、阴阳之道谈起，论及人之降生，得到了乾道坤道的命性，所以始祖问道："安可失性之本哉！"即怎能失去本性呢？万一本性有失怎么办，始祖说："然能率性，则本不失。""率性"源于《中庸》："天命之谓性，率性之谓道，修道之为教。"天命，即天理，儒家认为上天把天理交付于人，形成人的仁、义、礼、智、信的品德，这就是人的本性。率，遵循之意，即遵循天命决定的人性去行动，就称之谓道。按照道的原则修养自己就可以达到教化的目的。

三丰始祖认为，只要能率性之谓道，就不会迷失本性，即使一度失去本性，只要修身为本，就可以良能还原。他接着说："故曰自天子以至于庶人，壹是皆以修身为本。"此语出自《大学·经一章》。"壹是"，即都是，意为人人都要以修养品性为根本。那么如何修身呢？始祖援引《大学》提出修身的八个步骤，着重于"致知、格物、意诚、心正"。接着始祖把儒家之道引入太极修炼，他说："心为一身之主，正意诚心，以足蹈五行，手舞八卦，手足为之四象，用之殊途，良能还原……"又说："目视三合，耳听大道，良能归本，共为太极。"最后总结性地说："如是表里精粗，无不到豁然贯通……所谓尽性立命，穷神达化在兹矣，然天道人道一诚而已矣！"（《张三丰以武事得道论》，引自吴公藻《太极拳讲义》）

显然，始祖在此向太极弟子发出"修身为本，良能还原""良知归本"的呼唤，要求把返归先天、良知还原作为太极心法修炼的目的。

第四节 从有意入无意——心灵的修炼

在明明德，良知还原，恢复本性，从修炼心灵入手。关于灵修问题，可以涉及的范围很广，话题也很多。在这里，我们不谈其他的灵修，只论太极修心。

太极的修心问题，从根基上说是道家性命双修的性功，或说是性命双修的动功（将在下一章展开），也属于儒家心性之学的范畴（前面的章节已有所述）。在这一节里，主要谈盘架子过程中的修心问题。

行动走架过程中的修心，总的说是修心与拳技需融为一体，它集中体现在"有意与无意"的修炼上。

"有意"是指遵循"用意不用力"这一太极拳的重要守则。其中要分清"用意"与"不用力"两个含义不同但又相互关联的概念及法则。

所谓"用意"就是在打拳时，"先在心，后在身"，即有意念指挥形体各项动作及修心练性。所谓用力，就是手足在动作时不可用拙力。但是人们的习惯，一举手一投足没有不用力的，尤其是双手，明明知道不可用力，却老是用力，而且很僵很硬。怎么办呢？只有一个办法，就是周身要放松，尤其要松开腰、胯及松开两条手臂，节节松开了，才能节节贯通，才能由腰、胯带动双手运动。其运转程序是：心意发令，腰胯先动，带动四肢，双手不得擅自妄动，一旦妄动，必然用力。由此看来，"不用力"是以放松为前提的，只有周身放松了，才能节节贯穿，才能使"心为令"发出的命令四通八达，宛如政通人和。关于放松的原理、心法、功法，将在"松静篇"中详介。至于"无意"乃是从"有意"演进过来的。

因为心意不单要用于指挥外形动作，更要用于炼气、炼劲、炼神、炼性，因此用意既要在周身放松的条件下进行，更要在心理安静乃至虚静无为的"静态"下进行，才能把天赋于人的暗藏于体内的潜力开发出来，成为内劲，才能使修心炼性进入高层次，智慧也要靠静中的灵光一现而得到。所以"用意"的高层次是"无意"。

从有意到无意的演进过程大体上是："从用意"初期的分散杂乱，进至中期的意念集中，一心一意，再进至中后期的若有若无，继而再登上后期的虚灵境界。当然，这虚灵的"虚"，并不是什么都没有的虚，而是有意无意的意，虚而不空的虚，到此地步，就能进入太极修心的"无意"之境了。说到这里要补充一句，"用意"千万不能执著，长期执著必生偏差，甚至产生心魔，务必用平淡之心避免之。

对于太极修心，金庸大侠有精当的见解。1980年，吴公藻把于1935年出版的《太极拳讲义》在香港再版，名为《吴家太极拳》，金大侠于1980年1月为之写了一篇跋，其最后一部分，就是讲的心灵功夫。转录如下。

金庸说："练太极拳，练的主要不是拳脚功夫，而是头脑中、心灵的功夫。如果说'以智胜力'，恐怕还是说得浅了，最高境界的太极拳，甚至不求发展头脑中的'智'，而是修养

第二篇 心法篇

一种恬淡平和的人生境界，不是'以柔克刚'，而是根本不是求'克'。头脑中时时存在着一个'克制对手'的念头，恐怕练不到太极拳的上乘境界，甚至于头脑中存在着一个'练到上乘境界'的念头去练拳，也不能达到这个境界。"

金大侠的见解值得太极人士仔细研究。从中可以看到从"有意"进入"无意"（无念头）境界的妙处，也可看到良能还原、恢复本性的方向。

第五节　在止于至善

上节提到的张三丰对练拳者发出"良能还原""良知归本"的号召，最终要落实到"至善"的境界。

《大学》所说的在明明德那段话的最后一句是"在止于至善"，这是继承孔子衣钵的曾子对"善"的进一步发挥。孔子在《周易·系辞传·上》提出了"善"的概念。孔子说："一阴一阳之谓道。继之者善也，成之者性也。"孔子在这里用阴阳的变化来解释天道，凡是能继承此道并加以发扬光大的，就是"善"（指用阳）；凡是能顺承此道而蔚然育成万物的，就是万物之"性"（指用阴）。这善与性都是人们修养的目标。曾子则在"善"前加了一个"至"字，成为"至善"。这一加，意义更丰富，也更高了。

一般认为，至善即完善，就是要恢复和发扬光明的德性，使之达到完善的境界。但南怀谨先生的见解却与众不同，他说："什么叫至善呢？至善是没有善，也没有恶。"他进一步解释道："形而上的道，是没有善恶是非的，形而下的用，就有善恶是非了。"接着，南先生加重语气说："在人类世界里，善恶却又是绝对的，所以必须用阳的一面；至少，不管你用阴或者用阳，要能'继之者善也'，本着最善的出发点，不论善于用阴或者善于用阳都成功。"最后南先生总结说："因此，继之者善也，成之者性也，完成善的大业，在人来讲是人生的最高点。"（《易经·系传别讲》第五章）

纵观太极拳等内家拳历史，其中不乏攀登人生最高点的得道圣手。众所周知，孙禄堂前辈集太极、形意、八卦三家之长，成为一代宗师，而且是攀登人生最高点的楷模。他说："余练拳亦数十年矣。初蒙世俗之见，每日积气于丹田，小腹坚硬如石，鼓腹内之气，能仆人于寻丈外，行止坐卧，无时不然。"可是当他与宋世荣前辈面对面探讨后，改变了自己的看法。为此，孙公特著《论拳术内外家之别》一文，详细记述了他与宋前辈讨论的内容与观点。这是非常精彩，非常深刻，又发人深思的文字。虽然上篇简单提到过，今因与本题直接相关，特较多地摘录如下。

文中记述，孙、宋会面的起因："一日，山西宋世荣前辈以函来约，余因袱被往晋。"原来两人早有交往，此次是孙公应宋前辈之邀而去的。文中说，两人见面寒暄后，即就内家与外家以及练拳得道的问题深入讨论。

孙公首先提问："内外之判。"宋前辈当即回答："呼吸有内外之分，拳术无内外之别。善养气者即内家，不善养气者即外家。故善养浩然之气一语，实道破内家之奥义。"

接着孙公联系自己的练气情况，进一步问道："余曰：然鄙人可谓得拳中的内劲手？盖气已下沉，小腹亦坚如硬石矣。"不料宋前辈不留情面地说："否，否！汝虽气通小腹，若不化坚，终必为累，非上乘也。"奇怪，孙公自负的、鼓动腹内之气仆人于寻丈之外的上乘功夫，在内家圣手宋前辈眼里却是"否，否！"连续两个否！这是怎么回事呢？孙公当然要请教所以然了。

该文记述："余又问：何以化之？先生曰：'有若无，实则虚。腹之坚，非真道也。'孟子言'由仁义行，非仁义也'，

第二篇 心法篇

《中庸》极论中和之功。须知故人所言，皆有体用。拳术中亦重中和，亦重仁义。若不明此理，即便练至捷如飞鸟，力举千斤，不过匹夫之勇。若练至中和，善讲仁义，动则以礼，见义必为，其人虽无百斤之力，即可谓之内家……吾人本具天地中和之气，非一太极乎。《易经》云：'近取诸身，远取诸物。'心在内而理周于物，物在外而理具于心，内外一理而矣。"

宋前辈这番高论，发人猛醒，顿使孙公转变思路，认识上升到新的高度。孙公记述说："余敬聆之下，始知拳道即天道，天道即人道。又知拳之形式名称虽异，而理则一……由是推之，言语要和平，动作要自然。吾人立身之地，处处皆是诚中形外，拳术何独不然。试观古来名将，如关壮穆、岳忠武等，皆以识春秋之义，说礼乐而敦诗书，故千秋后使人敬仰崇敬之心。若田开强、古冶子辈，不过得勇士之名而已。"这是多么豪迈的气概，已经突破了一般的练武境界，上升到致中和，讲仁义，识春秋大义的崇高境界。

笔者亦"由是推之"。武功是暴力的一种手段，但不是目的，目的是致中和，重仁义，讲春秋大义。如果仅仅为武功而武功，就是为暴力而暴力，结果是为拳而拳也，宛如由"仁义行，非仁义也"。退一步说，为拳而拳也不可能达到真正意义上的上乘功夫。正如宋前辈所言："腹之坚，非上乘也，非真道也。"

重文轻武之风延续了千百年，练武者只落得"一介武夫"之称，最高也不过"勇士"而已，其原因就在于仅仅是"武夫"，未重仁义，未重中和，更不重春秋大义。当今盛世，习武之士应立志提升自己，知书达理，甩掉"一介武夫"的雅号。太极人士更应如此，因为太极拳根据自身的特性，能导致练拳者陶冶性情，改善气质，只要再前进一步，识大道，明心法，就能"在明明德"，而且把"在明明德"落实到"在止于至善"上，攀登人生的最高点。

第四章　性命双修是太极心法的法则

第一节　道家的生命观

返归先天，属于道家生命观的范畴。道家的生命观，源于我国易经文化的"生生之谓易"的思想。那是站在"生"的一端而不是"死"的一端说话，认为生命是无限的，于是提出了"我命在我不在天"的响亮口号，并且朝着长生不老的目标作了前赴后继的努力，经千百年的积累形成了完备的道家养生学，成为中华文化的一宝而举世闻名。

道家（道教）人士，先是设鼎炉，炼外丹，意图服食丹药求得长生。后因外丹的副作用很大，不少人因误服外丹而导致早亡，此方法便逐渐衰落，于是内丹修炼代之而起。东汉末年，魏伯阳的《周易参同契》问世（后世称之为"万古丹经王"），极大地推动了内丹功的发展，至隋唐时期内丹功法日趋完备，直至明清时期益加成熟。

所谓内丹功，就是以人人俱备的自身的精、气、神为药物（即上药三品，精气神耳）经过炼精化气、练气化神、炼神还虚三个阶段的修炼（称作不二法门的修炼程序），达到身心健康，返老还童，心灵升华，长生不死，乃至解脱而飞升成仙的目的，因此又称神仙丹道派，简称丹道。

千百年来，虽然没有人真正见到世界上存在着长生不死的人（传说中的神仙除外），但是在追求长生不老的修炼中，确实能使人祛病健康、寿登天年，而且青春常在。追求长生不老的价值，不在于死不死的问题，而在于在修炼过程中能够发掘人体的潜力，包括生理（肉身）和心理（精神）两方面的潜力，恢复青春活力，从而延长青春岁月。从这个意义上说，长生不老并非神话。

第二节　性命双修的贡献

道家内丹功，虽然听起来很玄乎，究其修炼内容其实只有性与命两样而已。不过真的要实际修炼，却又奥妙无穷。

先说明一点，此处所说的性，并非男性女性的性；性命双修，也非旁门左道的男女间的阴阳双修。

所谓性，是指精神的生命，即心理健康成长；所谓命，是指肉身的生命，即生理健康。所谓性命双修，就是把精神与肉身、心理与生理结合起来一同修炼，不可偏废。

性，又称人的本心之性，人的天性。此说源于《易经》和《中庸》，前者说："继之者善也，成之者性也。"《中庸》则进一步发挥说："天命之谓性，率性之谓道，修道之为教。"认为要通过教育修养，恢复人之明德的本性。因此道家把儒家的这种经世致用之道列入了修性的目标。所以得道者说："积善成德，神明自得。"

性，在道书中又有很多别称，如天心、道心、本来真性、元性、元神、天命之理、一点灵光等等，就是张三丰曾描绘的"万念俱泯，一灵独存"的境界。

命，又指气，人之元气，练功之气。全真教创始人王重阳说："性者是元神，命者是元气，名曰性命也。"（《重阳真人授丹阳二十四诀》）元朝的李道纯则认为："夫性者，先天至神一灵之谓也；命者，先天至精一气谓也……性无命不立，命无性不存，其名虽二，其理一也。"（《中和集》卷四性命论）

虽然性命一家，但"性"与"命"的概念毕竟有所差别，修炼重点也各有侧重。性功重视本性的修养，进行明心见性、炼神还虚的修炼，以求精神的长生不老。命功则注重炼精、炼气，改善生理机能，以求延长肉身生命。两者结合来性命双修，就是道家内丹修炼的不二法门——炼精化气、炼气化神、炼神还虚，乃至炼神合道、得道成仙。

内丹功在发展过程中，由于对性、命两功谁先谁后的问题功法不一，形成了许多派别。到宋、金时期，南北两大宗派，以张紫阳为代表的南宗，主张先命后性；以王重阳为代表的北宗，主张先性后命。在元朝统一全国后，北宗南移传道，终于完成南北合并归一，成为性命双修之道。

值得一提的是，主张性命双修的全真道在发展过程中，改变了初期修道成仙、肉身飞升的观点，转变为肉身留寄尘世而神游仙界，为此王重阳提出了超越"三界"的要求。他说："心忘虑念即超欲界，心忘诸景即超色界，不著空即超无色界。"（《重阳立教十五论》）王重阳认为，能离此"三界"者，便是居临仙境。这一新的要求，鼓舞了修炼者的信心和热情，得道成仙，不再是可望不可及的事了，只要修得心明于物外，便是神仙。所以民间过去流传一句口头禅："跳出三界外，便是活神仙。"

内丹修炼虽然在元朝实现了南北归并，但进入明朝以后，又出现了不少新兴的派别，其中影响较大的有张三丰的隐仙派、陆西星的内丹东派、李西月的内丹西派等，其中以张三丰的隐仙派又称三丰派影响最大。据张兴发的《道教内丹修炼》记载：至清末时，追奉张三丰为祖师的道派达十七个，其中以武当派最为著名。

第三节　张三丰的丹道

探究性命双修与太极拳的关系，不能不说一说张三丰的丹道。张三丰是一位传奇式的道教真人，关于他的籍贯、名字、生活时代，众说纷纭。据方春阳考察，张三丰祖籍辽阳，名全一，字三丰，生于宋，仕于元，行道于明，主要活动时期在元、明两朝。入明以后，张三丰行踪莫测，明太祖、明成祖曾屡次派大员寻访问迎请，均不出见。明室先后策封张三丰为"通微显化真人""韬光尚志真仙""清虚元妙真君"，希望张三丰感恩来朝，借以获得长生秘诀。然而张三丰毫不动心，无愧为"隐仙"。（参见方春阳点校《张三丰全集》前言）

张三丰自幼聪颖过人，熟读三家经典，认为三教同源，主张三教合流，丹道修炼奉行性命双修，有其特色。

其中一个主要特色，是以无极、太极为道学根源，把人体生命比作无极而太极的过程。他在《大道论》中阐述了这一修炼的过程："夫道者，统生天、生地、生人、生物而名……统无极，生太极。无极为无名，无名者天地之始，太极为有名，有名者万物之母。因无名为有名，即天生、地生、人生、物生矣。"这一节阐明了"道"的含义。他接着说：

"今以人生言之，父母未生前，一片太虚。托诸于穆，此无极时也。无极为阴静，阴静阳亦静也。父母施生之始，一片灵气投入胎中，此太极时也。太极为阳动，阳动阴亦动也……副后，而父精藏于肾，母血藏于心，心肾脉连，随母呼吸，十月形全，脱离母腹。斯时也，性浑于无识，又以无极伏其神，命资于有生，复以太极育其气。"这一节说明，人未生前是无极，施生之始为太极，既生之后仍然要"太极育其气"。

很显然，张祖这一观点的理论根据是陈抟的《无极圈》以及周敦颐改造过的《太极图》及《太极图说》，用无极而太极的宇宙生成论来比拟人的性与命。

他接着分析真性与真命及性命双修的问题："气脉静而内蕴元神，则曰真性，神思静而中长之气，则曰真命。浑浑沦沦，孩子之体，正所谓天命之性也。人能率此天性，以复其天命，此可谓之道，又何修道之不可成道哉！"张祖说的率天性，复天命，就是性命双修，"孩子之体"就是返还先天。

那么什么是内丹呢？张祖认为内丹是修心炼性的成果。他在《道言浅近说》第十节中宣称："大道以修心炼性为首……修心者，存心也；炼性者，养性也。心朗朗，性安安，情欲不干，无思无虑，心与性内外坦然，不烦不恼，此修心炼性之效，即内丹也。"

此说似乎比前人说的实在，比较容易做到。例如，他的前辈邱处机在《大丹直指》中认为内丹是实有之物。邱说："三百日数足自然凝结，形若弹丸，色同朱橘，号曰内丹。如龙有珠，可以升攀，人有内丹，自然长生不死矣。"

张三丰在继承前人成果的基础上，形成了颇有特色的内丹修炼体系，从入手筑基到炼精化炁、炼炁化神、炼神还虚、炼虚合道，有一套完备的功理功法。他很注重下手功夫。他在《玄机直讲》中说："不可执于有为，有为都是后天，今之道门多此流弊，故世间罕全真。亦不可着于无为，无为便落空，今之释门多此中弊，故天下少佛子。此道之不行，由于道之不明也。初功在寂灭情缘、扫除杂念，扫除杂念是第一着筑基炼己之功也。"所以张祖在《玄要篇道情歌》中唱道："未炼还丹先炼性，未修大药且修心，心修自然丹信至，性清自然药材先。"张祖丹道的另一个特点是：此道亦儒道。他在《大道论上篇》篇尾自注中说："长篇巨观，首探大道之源，而讲人生之理，与人生老病之故，引彼回头向道，修正治平，如古来英雄神仙，身名两树，忠孝两全……使人知此道亦儒道也，养汞培铅，无异乎居仁由义。"汞铅二字乃炼丹隐语，汞指元气，铅指元神，以此比作儒家的仁义道德，所以丹道即儒道，张祖在其他著作中一再阐发这一特点。

作为儒道两家合流的太极拳，张祖的功理功法无疑是行功走架的心法。

第四节　太极拳是性命双修的动功

内丹功的练法，原本都是打坐静功修炼，间或有少数肢体动作，仅仅是动动而已，并非是完整的动功功法。后来，张祖把太极拳列为丹道的动功。孙禄堂先生在1919年作的自序中谈到了这个问题。他说："元顺帝时，张三丰先生修道于武当，见修丹之士兼练拳术者，后天之力用之过当，不能得其中和之气，以致伤丹而损元气。故遵前二经之义，用周子太极图之形，取河洛之理，先后易之数，顺其理之自然作太极拳书，阐明养身之妙。"（孙禄堂《太极拳学》自序）

这段话虽在"哲源篇"中已引录，由于它能说明太极拳与丹道的关系，故不厌其烦地再次引用。它清楚地表明：太极拳是丹道的产物，是为了"修丹之士"能得"中和之气"才成为太极拳的，它也反证了得道真人才是创兴太极拳的人选。

如果说孙禄堂88年前仅仅是间接的印证，那么张三丰自己的著作当然是直接的明证了。过去，关于《张三丰太极内丹秘诀》，虽然《张三丰全集》和《道藏》都漏收了，但它一直散存于丹宫碧房之中，并未遗失。后有道教学者肖天石先生为弥补《道藏》之遗漏，于民国初年起，遍访名山洞府及道佛师辈，得收丹经秘籍八百余种，尤其是得武当山道总徐本善珍藏之《张三丰太极炼丹秘诀》及太极拳论述。肖先生到台湾后，选刊《道藏》精华百余本，于上世纪70年代由台湾自由出版社出版，其中第二集为《张三丰太极炼丹秘诀》。该秘诀全文近年已被收入大陆出版社的《中国道教气功养生大全》和《东方修道文库》，有些太极拳著作也相继转载。（据谭大江《太极拳漫谈》）

《张三丰太极炼丹秘诀》是研究太极拳创兴的珍贵史料，

又是太极拳的内功心法指南。张祖在其中的《太极十要诀》中说："故传我太极拳法，即须先明太极妙道。若不明此，非吾徒也。"张祖在《太极行功法》中进一步指出："既得此行功奥窍，还须正心诚意，冥心绝欲，从头做去，始逐步升登，证吾大道，长生不老之基，即胎于此。若才得太极拳法，不知行功之奥妙，挚直不顾，此无异炼丹不采药，采药不炼丹，莫道不能登长生大道，即外面功夫，亦绝不能成就。"说到这里，张祖加重语气说："必须功拳并炼。盖功属柔而拳属刚，拳属动而功属静，刚柔互济，动静相因，始成为太极之象，相辅而成，方足致用。此练太极拳者，所以必先知行功之妙用；行功者，所以必先明太极之妙道也。"（转引自《武当赵堡太极拳小架》）

张祖的秘诀，证实了太极拳是丹道的动功，是性命双修之学，必须"功拳并炼"，才能"登长生大道"，外面功夫（拳技）也能有所成就。

该秘诀全文，有拳法诀、早功、午功、晚功、行功、打坐、合道、超凡、长生等十五法，目标是超凡入圣，长生不老。张祖指出："此心功也。"所谓心功就是性命双修的心性之功，亦是太极拳的心法法则。

第五章 阴阳中和之道是太极心法之魂

第一节 一阴一阳之谓道

前文说到太极自身的动静产生了阴阳，再由阴阳化生为万物。那么阴阳是如何化生万物的，它与太极拳是何关系？这是进一步要弄清的易理及拳理问题。

阴阳，是易理（又称易道）的基本范畴。《易经》中的八卦及其变化，是由阴阳两个符号组成的，即—代表阳，称阳爻，--代表阴，称作阴爻（爻是变化的意思）。八卦及六十四卦，乃至三百八十四爻，都是阴阳两爻的变化。但是《易经》古经中并没有对阴阳概念作出明确的诠释，到了孔子作《系辞传》才阐发阴阳是易经的基本原理，提出了著名的"一阴一阳之谓道"的命题，于是易经的阴阳之道的原理清楚地展现出来，影响着包括武学在内的各个学科的发展。

"一阴一阳之谓道"，既将易经原理概括为一阴一阳，又以天道明人事，把事物的性质及其变化规律均概括为一阴一阳的变化，认为自然社会及人类社会普遍存在着阴阳两个相对的事物。换句话说，天下万物都是相对的，例如天地、日月、昼夜、寒暑、男女、君民、刚柔、善恶、贵贱等等。这些相对的事物，均是按照一定的规律不断变化的，好比八卦中相对的阴爻、阳爻，是变动不居的。当演变到第六十三卦《既济》时，一阴一阳已变化发展到阴阳相济的最佳状态了，但是还要继续向前变化，所以第六十四卦为"未济"卦，表示老的过程圆满结束了，新的过程又开始了。所以《系辞传》接着又说："生生之谓易。"

这阴阳相济的状态表明，一阴一阳虽然是相对的，虽然有正有反，但它们不是相毁相灭的，而是相合相济的、相互平衡乃至中和为一的。所以不少学者认为，一阴一阳的动态变化、平衡中和运动是宇宙生命的生生之道。阴阳之所以能生生变化，其因正在于一阴一阳之间的中和相互作用，使事物处于动态和谐的统一关系，进入最佳发展状态。易道，就是如何适变、如何变通、如何致中和的中和之道。从这个意义上说，"和"是宇宙万物的本质，是天、地、人万物共存共荣的基础。

第二节　居中位、识时中、致中和

为了便于讨论中和之道是太极心法之魂，先要了解中和之"中"是从哪里来的、有何作用、如何变化的？

在阴阳中和的变通过程中，"居中"与"时中"原则是核心的关键，中和之"中"就是从居中与时中来的，而居中与时中又是从《易经》八卦的结构中产生的，其目的就是致中和。

易道重视"中"，推崇"中"，首先表现在八卦的结构上推崇中爻。中爻指处于中间位置的那一爻。两两重叠的六十四卦，每卦有六爻，它们的位置是从下往上排列的，最下的一爻称为初爻，如果那是阳爻，就称为初九（九代表阳），如果是阴爻，就为初六（六代表阴）。往上数的第二爻及第五爻，处于上下两卦的中位，称为中爻，即所谓二五居中。这居中之位，表示处于最佳的不偏不倚、无过不及的平衡点上，意味着这是最佳的有序状态。因此六十四卦的卦辞、爻辞、象辞、彖辞等文字解释中，都认为中爻是"吉""亨""贞"的吉利象征，故而在易学史上，无论哪派解易，都奉中爻为吉利，并提出"以中为贵"的论断。

"居中"原则体现在太极拳上，即太极十三势的"中定"、身法上的"中正"、行拳及推手过程中的"执中"等等。

中和之"中"既表现在位置结构上的居中、得中，更表现在时间上的"时中"。时中，是指在一阴一阳的变通过程中，要注意适应事物发展的不同阶段、不同时间的契机，采取相应的对策，即《易传》中经常出现的"及时""随时""趣时""时行""时发""时用""与进皆行"等用语所反映的"时中"原理。就是说，凡事要适时而行，既不"半夜鸡叫"，又不贻误时机，应当"时止则止，时行则行，动静不失其时"，才能"其道先明"。(《艮》卦象传辞)用之于人事，则练拳为人、动静行止，须选择最佳时机，待机而动，该进则与时俱进，该止则止，该退则退，适时变通，才能趋吉避凶。

问题在于如何识"时"，把握"时"。这方面《周易》提供了认识论、方法论的丰富内涵。《系辞传》有段话很有意思，它说："古者包羲氏之王天下也，仰则观象于天，俯则观法于地，观鸟兽之文与地之宜，近取诸身，远取诸物，于是始作八卦，以通神明之德，以类万物之情。"这是人类认识世界的感性认识及经验类比的认知方法。而在其他章节中提出的"探赜索隐，钩深致远""知微知彰""知来藏往""彰往而察来"等等思维活动，则进一步指明了认知活动应由现象到本质、由外部联系到内在规律逐步深化。至于《系辞》提出的"当名辨物，正言断辞""以类族辨物"等，则进一步提醒人们要运用辩证的方法认识事物。经过这一系列逐步深化的认知活动，就能获得真知，抓住时中，取时变通，吉无不利。

居中也好，时中亦罢，目的都是为了"致中和"，使一阴一阳的变化达到阴阳中和的最佳发展状态。用之于人事，则政通人和。例如，文和，则文风俊雅；武和，则尚德精武；人和，则相濡以沫；身和，则血脉相通；心和，则怡乐安祥；商和，则和气生财。但"和"要在变动中求得，要在生生不息的变通中"致中和"。

第三节　中和精神是中华之魂

阴阳中和之道在中华民族传统文化中占有很重要的位置。我们若能充分了解和认识它的重要意义，就能进一步认识阴阳中和确实是太极之魂。

自《系辞传》提出"一阴一阳之谓道"及"日新之谓盛

德,生生之谓易"以后,经历代学者的阐发,以"日新"为内容的生生不息的中和精神,成了我们的民族精神。

我们如果追溯历代关于中和哲学的重要论述,就可以看到儒、道、医、武诸家,都把阴阳中和之道作为天地大道。尤其是儒家,把"中和"提高到"天道"的高度,认为"致中和"就是循天之道,奉此大道就能修身、齐家、治国、平天下。儒家经典《中庸》说:"中也者,天下之大本也;和也者,天下之达道也。致中和,天地位焉,万物育矣。"意思是说,"中"是天下的根本;"和"是通贯天下的原则,达到"中和"的境地,天地便各在其位,万物便生长发育了。汉朝的董仲舒进一步说:"中者,天地之所始终也;而和者,天地之所生成也。""能以中和理天下者,其德大成。能以中和养其身者,其寿极命。"

道家同样奉"中和"为天地大道,既作人生观,又为修炼之道。张三丰说:"一阴一阳之谓道,修道者修此阴阳之道也。一阴一阳,一性一命而已。"他在《大道论》的结尾总结说:"长篇巨观,首探大道之源,而讲人生之理,与人生老病死之故,引彼回头向道,修正治平,如古来英雄神仙,身名两树,忠孝两全……使人知此道亦儒道也。"

为何历代要发扬中和精神?因为这一生生日新的中和精神,就是主动地去认识"时中"、主动地去适应新情况,并富有创造性地顺应新情况,使事物进入"中和"乃至进入"太和"的高度和谐统一的最佳发展状态,从而进行一系列的文化创造和文明创造,而不是被动的、保守的、平庸的、泥古的。所以生生日新的中和精神,构成了我们民族积极致中和的开拓创新的品格。

这一品格,在六十四卦的乾、坤两卦的卦德中得到充分的体现。当代学者董根洪先生在他的长篇论文"论易传的中和哲学"中,既阐述了阴阳中和之道是天地人万物的根本之道,生生日新、与时变通的时中精神是最高的生存智慧，又精辟分析了乾、坤两卦的中和原则，是根本的民族精神。何以见得？董先生认为，这是因为乾卦的"天行健，君子以自强不息"，是"大生"；而坤卦的"君子以厚德载物"，是"广生"。他说："其'大生''广生'的性品本质就是中和之德……而乾坤中和的'自强不息'和'厚德载物'相统一，就高度体现了中华民族的精神。"接着他又指出："因此，中和是中华之魂。中华民族生生不息、绵绵不绝、博厚广大、物物化育的广大生命力，正源自中和精神。"

董先生谈到这里，以十分钦佩的语气说："张岱年先生和其余一大批学者，多年来致力于弘扬这一民族精神。"（《周易研究》2002年第三期）

如今，不仅大批学者在弘扬这一民族精神，政府要员也在倡导中和思想。笔者本来不想引述领导人的讲话，但是当笔者看到前国家领导人李瑞环的《学哲学用哲学》一书，改变了想法。因为书中第九章的标题就是"弘扬中华民族'和'的思想"，书中既论述传统文化中的"和"的思想，又剖析"和"的思想在当今社会中的新内容、新理念，故予部分引录。该书由中国人民大学出版社2005年9月出版。

在谈到传统文化时，李瑞环说："在博大精深的中国文化中，'和'的思想占有十分突出的位置。"书中接着分析了西周时期、春秋战国时期诸子百家关于"和"的思想及文化理念。他说："'和'的思想作为中华民族普遍具有的价值观念和理想追求。"又说："由于'和'的思想反映了事物的普遍规律，因而它能够随着时代的变化而不断变化，随着社会的发展而不断丰富其内容。"李瑞环接着指出："现在，我们说的'和'包括了和谐、和睦、和平、和善、祥和、中和等含义，蕴涵着和以处众，和衷共济、政通人和、内和外顺等深刻的处世哲学和人生理念。"他联系实际进一步说："'和'的思想作为中华民族普遍具有的价值观念和理想追求，对中国人民的生活、工作、交往、处世及至内政和外交等各方面都产生了深刻的影响。"他并从人与自然的关系、人与人的关系、人与社会的关系、国与国的关系上，论述建立"天人调谐""和睦相处""合群济众"以及"协和万邦"的重要性，所以"弘扬'和'的思想具有重要的现实意义"。

第四节　太极之魂，与生俱来

现在，我们对"中和"的由来以及其作为民族精神的实质已经了解，再来分析阴阳中和之道是太极心法之魂，就方便得多了。

如上所述，太极拳是《周易》开创的太极学说及道家思想与武术运动相结合的产物。因此，无论从作为太极之源的易理来说，还是从道家奉中和为大道来讲，都应把中和之道作为练拳之魂，更何况中和是我们的民族精神，更是天经地义地要以中和为太极之魂。换句话说，太极拳的性质决定了自身的中和之魂，所以中和之魂是太极拳与生俱来的。

当初，造拳者的本意亦是旨在用中华之魂构建太极拳之魂，故而太极拳的修心养性，以及内气、内劲、神韵、灵性等等，一切皆由此而生，由此而盛。人们常说的"尚德精武"的格言，就是尚中和之德，精中和之武。至今，武当山，太子坡的"姥姆亭"内，依然悬挂着"保合太和"的匾额。"太和"，是中和的最高境界。传说当年玄武大帝修道遇阻时，天帝化作姥姆给予点化，才使玄武保合太和得道升天。虽是传说，却反映了中和、太和、保合对于修道得道的具有决定性的作用。一位武当名家说得好："天地不可一日无和气，人间不可一日无祥气。"

归纳起来说，中和是天地大道，中和是民族精神，中和是入世之道，中和是为人之道，阴阳中和当然是太极拳之道了。

就太极拳自身来说，中和之魂不是简单的一句话，而是有着丰富、深刻的内涵。它至少有三大要素，即做致中和的人，修阴阳中和之气，练中和一体之术。

第五节 做"致中和"的人——太极魂之一

上一章说到，"在明明德"是太极心法的目的，那么遵循中和之道，做致中和的人，则是"明德"的核心。儒家认为，人生来就具有善良的德性，称明德。《系辞传》所说的"一阴一阳之谓道，继之者善也，成之者性也"就是说能够达到阴阳中和的就是大善。

元初著名道人李道纯十分崇敬中和，他把自己的居室题名为"中和"，并撰著《中和集》一书，自己身体力行，中和为人。他说："中也，和也，感通之妙用也，应变之枢机也。""至此无极之真复矣，太极之妙应明矣，天地万理皆悉备于我矣。"可见，能够备悉天地万理，就是中和的表现。

我们练太极拳，不单是练拳脚功夫，还应把练拳与备悉天道人伦结合起来，至少应把练拳与为人统一起来。当然，练拳的直接目的是健康，但健康是为了更好地为人，而为人的核心则是"致中和"。无论是个人事业、家庭治理，乃至社会往来、国家民族等等，都有"致中和"的问题。能中和则其德大成，其寿极命。因此要主动地识时、识中，修正自己不符合中和的思想、情感、意志、行为，并作出创造性的努力，达到中和的动态和谐境界。换句话说，要以自己个体的致中和的行为，促进社会的共体和谐。

武当丹派继承发扬了"致中和"的优良传统，要求门下弟子致中和、抱祥和、应天理、合人伦。其2002年修订的新门规，第一条就是"端正武德，中和为人"。

上章提到的练拳者应重中和、讲仁义、识春秋大义，亦是中和为人的核心内容，唯有如此，才能攀登人生的最高点。

第六节 修阴阳中和之气——太极魂之二

无论哪家太极拳都注重炼气，但炼气的内容、心法不尽相同，各有千秋。本门炼的是阴阳中和之气，正如练功总诀说的"修阴阳中和之气，炼天地致柔之术"。

所谓阴阳中和之气，是指通过练拳练功，把体内的阴阳二气相济中和，融合为一，返归太极一气，还要与自然界的灵气内外交感，中和为一，并循环往复，生生日新，达到葆青春、懂内劲、精拳法、登寿域、净心灵的境界。其修炼的内容与心法，将在其后的"内气篇"中详介。

第七节 练中和一体之术——太极魂之三

这一要素就是把阴阳中和贯穿于练拳的全过程，一切以阴阳中和为准则，把太极拳练成中和致柔、浑然一体的拳术。其间尤其要注意这样几点：

一、内外抱一，浑然虚灵

在行拳过程中，拳势的内内外外都要居中得中，即内在要抱元守一，外形要浑然一体。始终抱着那太极混元一气，维护那中正、中和、中定、中平之意，并上下相随，左右对称，神聚气合，心和体虚，整体协调为一，呈浑然虚灵之韵。

二、识时识中，中正圆满

居中得中的拳势是动态的，它随时会变化，甚至甫一得中，瞬间即变为离中，这就需要迅速准确地"识时""识中"，及时地调整得中，才能始终维持中正圆满之势，即维持行功走架过程中的正念、正身、圆活、饱满。

正念，即"万念俱泯，一灵独存"。（《玄机直解》）正身，即悬头垂尾中心线，松肩垂肘酥胸背，左右对称两肩平，不偏不倚不俯仰，内外三合撑八方，腰腿松沉足有根，满身轻利神贯顶，中正安舒合太极。圆活，包含意气与拳势两方面，意气换得灵，才有圆活之趣；拳势须立如平准，并腰胯松活，周身松净，才能活似车轮。饱满，即气遍全身，无微不至，内气充盈，向外扩张，呈饱满之象。同时，纵向、横向包括斜线的动作都走弧形圆圈，无缺无陷无凹凸，周身一家满圆活。

由于中正圆满是动态的，所以必须以识时、识中的时中精神为前提。也可以说，中正圆满的过程，是得中——变化——时中——再得中的动态过程，应当时刻留心贯彻"时中"的精神。

三、中土不离，攻守自如

无论居中、得中，或是识中、时中，都是围绕一个"中"字，故而有必要再引申一下"中土"之意。

拳论说："退圈容易进圈难，所难中土不离位。"中土，就是指太极十三势中"左顾，右盼，前进，后退，中定"的中定，含护中守和之意。欲要护持中土，须处理中心与重心的关系。人体有中心与重心之要，两者都不得偏废，应当中和协调。若只重视重心，忽视中心，必然失中。所谓中心有三层意思：一是人体的中心线，即悬头垂尾一条线；二是人体的中心部位，即腰、腹、命门为中心的部位；三是内气、内功、命门启动。归纳起来说，就是端正中心线，持守中心部位，劲由命门启动。无论遇到什么情况，中土不能离位。先师经常转述李公的话说：中土不离，重心才有依托，不然守则不固，攻则无效，要刻刻留在中心。

四、恪守中和定律，处理阴阳对应关系

按照"一阴一之谓道"的原理，对练拳过程中存在的种种阴阳对应关系，例如阴阳、虚实、动静、松紧、刚柔、快慢、缓急、方圆、进退、前后、内外、上下、左右、正隅、化发以及练与养等等，都要按照中和定律来处理才能圆满。以弓步的虚实为例，有的以为五阴五阳是妙手，有的却认为五阴五阳是病手。其实，无论是五阴五阳抑或其他比例，都应虚中含实，实中含虚，实脚并非完全站煞，内含腾挪之意。要体虚中和，浑然为一，达到"致中和于一身，则本然之体虚而灵，静而觉，动而正，故能应天下无穷之变也。"（李道纯语）拳论指出的"双重"之病，主要是指推手时未能"左重则左虚，右重则右杳"，以及腰、腿、脚下的虚实转换失和，若能和而虚，虚而灵，何患双重之病耶。

关于确立中和定律，以此处理练拳过程中的各种阴阳对应关系的见解，已为武术诸家所共识。其中，当代知名武术家康戈武先生论述比较早，他于6年前发表在《中华武术》杂志上的《理根太极》的长篇论著中，对中和律作了精准的阐述，颇具代表性，堪备一说。

五、中和致柔，阴阳合德

太极拳的最大特征是放松柔和，称为柔性拳术。但是人们的习惯，却是僵硬紧张，不得放松。所以放松与僵紧是一对矛盾，它们同属于阴阳相对的范畴，放松为阴为柔，僵硬为阳为

刚，两者必须"致中和"才能练成至柔之术。一切放松的功法、心法，都是围绕"致中和"的原理运转的，当然，中和不是各占一半，不是五阴五阳，而是要阴阳相济相合，中和为一。以放松与僵紧来说，就是要通过放松化去僵硬，由松入柔，柔而又柔，使之纯柔，积柔为刚，此时的刚也可说是纯柔，这样的"柔之刚"，才是真正的柔、真正的刚，所谓刚柔断矣。只有这样，才能"天下之至柔，驰骋天下之坚，无有入无间"。（老子语）

说到这里，如果我们再来温习一下《系辞传》的相关论述，就更能体会中和致柔的原理。《系辞下传》第六章说："阴阳合德，而刚柔有体，以天地之撰，以通神明之德。"为了方便讨论这段话的意思，先释两个字义。一个是"德"字，那时的"德"并不完全是现今观念中道德的"德"，它是指成就、成果，所谓"德者，得也"。撰，指造就，有的释"犹事也"，即"撰述营为"之意。南怀瑾先生讲解这段话说："阴阳合德的道理说明，矛盾不一定是坏的，也不一定相反，矛盾有时候是中和，所以要阴阳合德，因为这个宇宙是相对的。阴阳不和，便孤阳不生，孤阴不长，那是没有用的。所以宇宙间一切都是相对的组合，无论物理世界及人事，都离不开中和。"（《易经系传别讲》中国世界语版）

由此，可以把刚才引述《系辞传》那句话译为：阴阳中和，便能得到伟大的成果，使刚柔（阴阳）成为完善的形体，以体现（体会）天地的伟大造就，用来贯通神奇光明的德性。理解这段话及其他相关论述，对于我们修炼"阴阳合德""中和致柔"就更加清楚了。

六、中和一体的最佳势态

上述五点，实则一点，即中和致柔、浑然一体。此是有序的最佳拳术状态，不仅行功走架以中和一体为最佳态势，而且推手亦是以中和一体为最佳妙境。例如太极拳讲究借劲，即把对方的意、气、劲借进来，与自己的意、气、劲中和为一，并于顷刻之间还给他，所谓借劲发人。但要注意要借就应当全部借，不可借一半留一半。其中的关键在于意气的转换。如《四字秘诀》云："敷，盖，对，吞。"全部讲的内气，前三字，把自己的内气用于彼身；后一个"吞"字，则"以气全吞入于化也"，即把人之气全部吞进来，化为己之气，人我中和为一，变为新的中和之气。其间吞合的时机，应在彼劲将发未发之时，我劲已接入彼劲，恰好不前不后，而且要"意"在先，即"气未到而意已吞"是也。这样，就能造成人我合一、我意在先的最佳顺势。

第六章　拳术套路是太极心法的载体

说一千，道一万，心法最终要落实在行功走架上，所以拳术招式（含静功等各项功法）是心法的载体，心法也要从行功走架上以及行事为人上体现出来。换句话说，凡修太极者，都要切切实实地把心法贯彻于练拳练性的始终。前面所说的心法的哲源、范围、内容、目标、法则，以及后面将谈到的各项心法，都在贯彻实施之列，今举其大要，再反复提几点。

第一节　先明太极妙道——千江一月

张三丰在《太极十要诀》中用警戒的语气说："故传我太极拳法，即须先明太极妙道。若不明此，非吾徒也。"练拳必须先明道，否则就没有资格做张祖的徒子徒孙，语气虽然很严、很重，但望徒成才之心溢于言表。

笔者初练太极时，尚未见到张祖的"秘诀"，但先师一再告诫我们，练太极要"知理明法"。后来读到张祖的一些内丹著作，初步知道丹理与拳理之关系，所以笔者在上世纪80年代中写太极拳论文时，曾几次提到知理明法的问题。及至见到张祖"秘诀"全文，才恍然大悟，原来先师所传李公景林的教导，是与张祖一脉相承的。知理，就是知太极之理（张祖说是太极妙道）；明法，就是明丹功炼性练拳之法。

知理明法的中心，就是明白"太极即一""虽分犹一"的太极妙道。太极是阴阳未分、混而为一的元气，是宇宙的本原。它在哪里？它散在天地万物之中，物物各具一太极，你我都有一太极。然而太极是不可分裂的统一体，太极即一，万物中的太极，不过是一个太极在万物中的分别反映而已，好比是"月映万川，万川一月"的景象。为此，笔者口占一诀："千江有水千江月，千江千月一太极。"

武当丹派第九代宗师宋唯一在《武当剑谱》中绘制的"太极八卦归一图"，简直是"千江万川一明月"的生动写照。由此看来，我们练太极，从入门起至攀高峰，是在进入那"万川归一"的境界。所以必须把"太极即一"的原理贯彻于行功走架的全过程，把僵硬不通的所有关节完全松开，节节贯穿为一；把原本各顾各的四肢统一行动，协调为一；把不够畅通的全身经脉及周身穴道完全疏通为一；把心意、内气、精神团聚为一；以心为令，把自身固有的先天太极本性找回来，练成太极一体，进入"千江千月一太极"的景象。到此地步，无论修身养性，还是恢复青春，或是太极内劲，均能"阶及神明"。

如何明白太极妙道，张祖说："无论武事文为，成功一也。三教三乘之原，不出一太极，原后学以易理格致于身中，留于后世可也。"（"口授张三丰老师之言"吴公藻《太极拳讲义》。所谓"格致",是《大学》提出的"格物致知",意思是要对事物深入探究,穷尽其理,达到认识的完善。要求后学完善认识《易经》中太极之理,并把它贯穿于练拳为人之中,还要留于后世。

第二节 再明性命双修——天地相会

前面一章已经叙述了性命双修是太极拳心法的法则,也谈到太极是性命双修的动功,那么这性命双修的内丹功如何落实在行功走架上呢?

道家的内丹修炼功法繁多,虽然在元代时南北两大宗实行了归一,但在流传过程中因人而异,功法各有侧重,张三丰的道派就有17个之多,因而落实在太极拳这个载体上的功法也不尽相同,各有千秋。

本门第十代宗师李公景林,秉承宋唯一等上代传承,本着大道至简的精神,做了一些提炼,例如把"悬头垂尾、脐轮调息"二诀作为太极拳盘架子过程中性命双修的重要一法。悬头,即意想头顶百会穴虚虚上拎于天;垂尾,即意想臀部尾闾骨松松下坠于地,以求尾闾中正神贯顶。脐轮调息,即意守脐窝,肚脐呼吸,乃至胎息。先师在传授此法时,一面身手示范,一面传了一句歌诀:"性在上空飘,命在海底游。"性指神,命指气,所以又说:神在天空游,气在海底流。

此法合乎道家内丹修炼正宗。邱长春在《大丹直指》中说:"金丹之秘,在于一性一命而已。性者天也,常聚于顶;命者地也,常潜于脐。顶者,性根也;脐者,命蒂也。一根一蒂,天地之元也,祖也。"

我们练拳时,只要上想虚拎,下意脐息,就能产生神聚气畅的感觉,随着日久功深,感觉会越来越好。

第三节　须明一招一式心法——得其环中

太极拳有形的肢体动作，须由无形的心理法则指挥，就是说一招一式都要按心法行事。如果说上述各章各节讲的多是宏观范围的心法，那么这一招一式心法则属于微观的了。微观寓于宏观之中，宏观要由微观来体现，所以要用心练拳。

不仅要用心练好定式动作（俗称亮相动作），更要重视过渡动作的心法。没有过渡，就没有招式，"亮相"只是招式的完成，很多奥妙寓于过渡之中。举个最简单的例子，太极起势的外形动作，不过两手上举、屈膝、坐身、下按而已，其内功心法却不只是那样简单，反而很丰富。笔者介绍这一式，分别设立六个小栏目，即拳招释义（说理义）、行动歌诀、分解动作（过渡动作）、行气心法、内功心法以及实用举例的心法。这一式的"内功心法"栏目内，讲述了静极而动、踏劲吐劲、气托千金、其根在脚、三蓄三放、不忘虚领等六点具体心法。这六项心法都体现在分解动作（过渡动作）之中，而分解动作本身也含有心法内容的叙述。有些过渡动作的心法是很微妙的，必须细细品味才能把握，切不可粗心大意，防止一滑而过，只有将每招每式的心法以及每一过渡动作的心法弄明白，才能得其环中，豁然贯通。

第四节　拳术招式心法示例

为了体现拳术招式是心法的载体，今举本套路"单鞭"一式说明之。此式分列六个小目（在"套路篇"中的每一拳式都如此）。

一、拳招释义

拳招取名"单鞭",其说有三:

一说源自唐将尉迟恭"单鞭救主"的故事。后人加以引申,如弈林高手创作了"单鞭救主"的象棋残局,而武林宗师则创出了"单鞭救主"的剑招拳式。太极拳的"单鞭"一式由此演化而来,比喻两臂前后展开,状如单鞭挥洒击发。

一说仿照鞭法,单手击敌之意。

一说,一手勾手、一手穿拂面前而挥击之,犹如跃马扬鞭之势。

此三说互为参应,实则为一。本门之单鞭有多种练法,如左右单鞭、斜单鞭、横单鞭、活步单鞭,以及旋身单鞭等;勾手的练法,又有卷腕旋掌勾拿的特点。在实用上,既可前后呼应,又可左右开弓,有踏步插裆、手足并用等法。

本套路练的是左右单鞭,先左后右,均衡发展。

二、行功口诀

长鞭挥洒占胸强,
卷腕勾手封来掌,
前后左右皆呼应,
手足并用方为上。

三、动作分解

先左单鞭,分解动作有旋胯磨圈、转身翻掌、卷腕勾手、长鞭挥洒等势。动作过程详见"拳术套路篇",此处从略。

四、呼吸行气

有腹式呼吸、拳式呼吸、脐轮调息等法。

五、内功心法

1. 脐轮内转

在旋胯磨圈时,脐轮内里也要随着旋转一小圈,及至转身分掌和弓步挥鞭,脐轮均要转小圈,以便练拳与练气炼丹结合,使气布全身,劲贯两臂及手指,同时还可使带脉微微受锻炼。这一脐轮内转心法,还适用于本套路其他拳式。

2. 粘旋进掌

在左弓步、左掌向前按切时,左前臂及左腕要有粘随着来劲之意,并随着腰胯左转而向外微开,同时也边开边旋腕翻掌,边弧形向前切推,切忌直线进发,但在着点的刹那间,可视情况用直发。这一过程似长鞭盘龙挥洒。其关键词为:粘、随、旋腕、弧形。其因动作过程细微,须细心体会。

3. 卷手拿打

左掌前进时,右掌要同时启动:掌腕内旋,小指、无名指、中指、食指、拇指依次向内卷勾,卷至手指向里时,迅即五指合拢,指尖向下,成吊手鹤头掌型,并不停顿地向后方击打,手腕与肩同高,松肩垂肘。

右手旋腕卷勾,内含勾拿封打之劲意,既可向内卷勾封拿来手而打之,又可向外卷勾,还可一手勾拿、另一手打之。总之,左单鞭的右手卷腕勾拿(右单鞭则相反)内涵丰富,练拳时不可一滑而过,务须留心默察。

4. 注重尾功

以左式为例。在左腿前弓、右腿伸蹬、左掌前按的过程中,要尾闾松沉前送,这是很重要的一项心法。

尾闾位于脊梁骨末端,俗称"尾骨""尾巴根桩",穴位名长强穴。它身系稳定中心及贯通上下的重任,即拳论所谓"尾闾中正神贯顶"是也。

先师把尾闾比作人体的秤砣,要求我们认真修炼。俗语说,一秤压千斤,若没有秤砣的功能,怎能压千斤。我们人体重量的前后变动及左旋右转,也必须靠尾闾来权衡,才能相称;人体中心线的变移,同样要靠尾闾来调节,才能得体;尤其在腰胯进行旋转时,更要尾闾的坠而旋转,才能转得灵,转得稳。单说尾闾前送还不够,应该说尾闾松沉前送,离开了"沉、坠",就失去了秤砣的功能。所以在弓步进身按掌时,尾闾必松沉前送,方为得法。

尾功适宜本门太极拳各个招式。换句话说,每一拳招都要注重尾闾的功能。前面各式未曾提到秤砣功能的,均含此意。至于以下各式,除非特需,不再一一点明。

5. 松肩吐劲

当弓腿进身、左掌前按、右掌后勾即将形成左单鞭之际,还要注意虚领顶劲、酥胸圆背、松肩垂肘、坐腕、中正等要诀,其中松肩垂肘一诀容易被忽略,特提请注意。因为此时内气、内劲都要通向双掌而出,肩窝是否松空是一关键,若是肩窝紧张,势必阻塞内劲的输送。所以两肩必须放松,而且还要微微一沉,用意念把内气、内劲从肩窝送达至前后两掌,这称之为"松肩吐劲"。同时肘关节也要松活舒展,推动前臂前伸,促进气劲顺畅而出。

六、实用举例

单鞭的动作并不复杂,但用法变化却比较多,今举四例:

1. 侧后反击

若有人从身后偏左处击来,可迅速向左侧旋胯转体,带动双脚向左后方碾转，左手上穿接沾粘来手，重心移寄右腿，左脚上步插裆，迅速弓腿进身，左手翻掌坐腕，向对方胸部或肩胛处反击发掌，把对方击出。与此同时，右手向右后方卷腕勾拿后伸，既可助左掌前攻发劲，又可防右后方发生意外变化。此时形似单鞭架势。

但要注意，转身、掤接、上步、发掌必须按心法一气呵成，迅速快捷，方能奏效。

若有人从身后偏右处击来，可按照上法迅速右转，形成右单鞭反击。

2. 左右开弓

若有人出右脚插我之裆，同时用右拳击我胸（面）部，可迅速松沉腰胯，右手上穿，左腕外旋，勾拿来手，同时迅速上右步，出右掌，向对方胸部按切，多半能把对方发出，此时拳式为正面右单鞭状。

如果对方向其自身后右侧闪化，我可迅即顺随其势向左旋腕转体，带动右掌内旋，向其右方挒去，同时左手执粘其右腕采之。这是单鞭变为采挒势的一种变招。此时对方插入我裆部的右脚反被我左腿管住而被绊倒。

若对方出左脚、左拳攻我胸前，可依上法，右勾，左掌反击；若彼左闪，可照上法，顺势发之。

3. 双手锁拿

若对方抓我左右上臂意图摔我，我迅速松沉腰胯，两上臂不动，随其抓拿之势，两前臂及双腕迅速向内勾手合拢（如单鞭之卷腕勾手）锁拿其两臂，随即乘腰胯松沉前进之势弓腿进身，用"双峰贯耳"心法，把对方发出；或者视对方反应，急速地旋胯转体，或左旋，或右转，把对方甩出去。

4. 首尾相应

先讲一个故事。1955年夏季的一个早上，先师杨奎山在常州人民公园内正在向我们讲解单鞭的用法变化，一位自称外地出差来常州的朋友突然问："杨老师，单鞭后面的右勾手有什么用？如果有人攻你后面的手，不是很被动吗？"

先师当即回答："单鞭好比长蛇阵，可以首尾相顾，前后呼应。"先师一边说，一边演示前后变化的动作。那位朋友问："可以试试吗？""可以。"先师话音刚落，那位朋友猝然发难，用右手抓住先师身后的右勾手之腕关节，同时左手拿住先师的右肘，并出右脚绊住先师的右脚（即后伸的右腿）外侧，欲把先师向其右侧后方捋摔出去，或绊倒先师。只见先师以迅雷不及掩耳之势，腰胯迅速松沉右旋，带动左右两脚的足踵急速右旋，使左弓步瞬间变为右弓步；同时左手回防，右臂迅速松沉滚肘，旋腕翻掌，解脱被执，反粘其腕，用螺旋寸劲顺势向其锉挤发劲，反把对方挤出，只见那人双脚离地而去。当他站定后，称赞："杨老师，好功夫！"

这一故事表明，单鞭的变化丰富多彩。为了训练此种变化的意识，本门活步快太极中，除左右单鞭外，还有活步单鞭、旋身单鞭（即180°大旋转单鞭式）、转身双鞭（单鞭可变双鞭），以及与单鞭有异曲同工之妙的"左右捧月"，即左弓步快速旋踵碾足变为右弓步双臂捧月；右弓步快速旋踵碾足，右弓步又变为左弓步双捧等。

综上所述，本篇所论的太极拳宏观心法与微观心法可以概括为如下几句话：太极之源中华文化元典，太极之道在明明德，太极之魂阴阳中和，太极法则性命双修，一招一式其法在心。

第三篇

松静篇

引　言

　　松与静，是太极拳的两大特征，亦是两大心法要领。两者互为依存，相辅相成，所以把两者合在一起为"松静篇"，以示其相融成体。

　　太极拳以松柔为本，故被称为柔性拳术。张三丰、王宗岳的拳经中，处处闪烁着松柔之理。要松到什么程度呢？即要达到"一羽不能加，蝇虫不能落，人不知我，我独知人，英雄所向无敌"的高深境界。

　　松柔原本是先天的本性，初生婴儿的满身柔美就是一个有力的明证。然而，由于后天环境的种种刺激，后来产生了紧张，不但肢体紧张，而且心理也容易紧张，忧愁烦恼也是紧张的一种反映。因此消除紧张，恢复松柔，不但是练好太极拳的关键，也是还我先天固有、保障身心整体健康的必须。

　　太极拳又是以静为体，以动为用，又被称做主静拳术，它与松柔合起来，则并称主静的柔性拳术。静到何种程度？要达到"静中触动动犹静"的境界，这是从动与静的关系上说的。动是从"静中"触发出来的，但动的时候依然犹如静，表明了静是主体。若是从静的自身要求来讲，即是"心贵静"。此"心"，非心脏之心，而是指脑、意识、思想等名词，因此心静，即脑静、意静、神静，练拳时要求大脑入静，思想集中，精神专一，心无尘念，直至虚静无为的神明的境界。至于心中一静、心神一静等，则是操练一招一式时的具体要求，如太极起势就是从虚静中开始的，而且所有招式动作、要领、心法都要在"静"态中完成。

　　松与静相辅相成，而且你中有我，我中有你，密不可分，相融成体。从松来说，大脑的入静又能推进周身的进一步放松，尤其是当心无尘念之时，就是周身放松之际，此即所谓"心静体松"也。不难想象，当妄念丛生、心情紧张时，形体能放松吗！

我们若要消除后天的紧张，恢复先天的松柔，首先要消除大脑的紧张，驱除心中的妄念，恢复心脑的宁静。从这一角度讲，似乎静在先，应是先静后松；但从大脑放松能促进大脑入静来讲，则似乎松在先，应是先松后静。若要文字表述，则可讲松静，亦可讲静松，不过约定成俗，"松静"的表述习惯了，还是称做"松静"吧。其实不必分谁先谁后，两者是互为因果的，心静则体松，体松即心静，到了虚静无为的主深阶段，已分不清谁是松谁是静了，两者融为一体了。

当然，松静毕竟是有区别的，所以本篇叙述时，分中有合，合中有分，有分有合，以示全貌。

第三篇　松静篇

第一章 放松的原理——松柔是人的本性

第一节 人体一太极

太极是阴阳未分、天地未判之前的混而为一之气,是宇宙的本原。太极分出阴阳之后,经过阴阳二气的交感,出现了太和之气,于是"和气生人",天地以"和顺"为命,万物以"和顺"为性,生生不息。

南宋著名学者朱熹在前人研究太极学说的基础上,提出了"人人有太极,物物有太极"的崭新命题,而且风行于世,流传至今,影响着各个学术领域。于是太极先贤把人体比作一太极,用以指导修道练功。《太极拳谱》中的"大小太极解"及"人身太极解"两文中,把人体内外各部位比作太极、两仪、四象、五行、八卦,并说:"人身为太极之体,不可不练太极之拳。"

太极不但是宇宙的本源,也是人的本源。太极本身是水濛濛的气体,是松柔和谐的统一体。天地是一大太极,人身是一小太极。因此,人的本性应该是松柔和谐的。

第二节 道法自然

"道法自然"是老子提出的经典性命题,历数千年而不衰。其原话是:"人法地,地法天,天法道,道法自然。"(《老子》第二十五章)

人法地,是说人应当效法大地厚德载物、安静柔和的美德。地应当效法天的恩泽万物、自强不息的美德。而道，则是宇宙万物的本源，也是天、地、人及宇宙的最高法则。道的性质是自然，故道顺应自然，听任万物之自然而然，所以称道法自然。

道家及道教均奉"道法自然"为修炼法则，太极拳也莫不以此为准。本门的练功歌诀是：

> 无形无象唯憬憬，
> 心有灵犀一点通，
> 道法自然万般松，
> 虚静无为心中空。

第三节 人之初生

崇尚"道法自然"，不仅仅因为那是老子的教导，主要是因为自然放松是人的本性，老子不过把人之本性揭示出来罢了。只要看一看初生婴儿的身体，没有人不承认婴儿的肌体是很松很柔的。例如，婴儿的手臂是小小的，假如你把它托起来，你就会感到那小小的手臂柔若无骨，而且有一种沉重的感觉。为何会这样？因为那时婴儿入世不久，尚未染上后天紧张僵硬的习惯，一切均处于放松自然的状态。松则柔，柔则和，和则沉。

初生婴儿的松柔体质，足以证明放松是人先天固有的本性。相反，不少长者身体僵硬，一不小心就会跌倒，引发严重后果，所以"老年怕跌"成了通病。但小孩子因浑身松柔而不怕跌，俚语说："孩子是跌跌撞撞长大的。"因此，"想做不倒翁，须练太极拳"。

第四节　生活的见证

尽管由于后天的种种原因，养成了紧张僵硬的习惯，但放松的本性仍然在日常生活中不时表露出来。

见证之一：下班了，带着疲劳的身心回到家里，往沙发上一屁股坐下，四肢一舒，背心一靠，顿感疲劳渐消，好舒服。这是生活中常见的小镜头，是放松本能的自然流露。为何不把这种自在的现象变为自觉的行动呢，让身心经常保持放松状态，对己对人皆有裨益。

见证之二：紧张的工作告一段落时，通常都会说"这下可以松一口气了"；或者说"大家松一口气吧"。于是，有的口衔一支烟，翘起二郎腿，悠哉悠哉，好不逍遥。这表明放松是多么需要啊！

见证之三：散步是大家喜爱的活动，有的是快步、大步，有的是慢步、小步；有的饭后百步，有的是花前月夜漫步。无论哪种散步，双臂总是松松的，随着步伐前进而自然摆荡，尚未见到过双臂僵硬式的散步。因为散步时的心情是轻松愉快的，两臂是自然下垂的，所以手臂能随着步子而惯性摆荡。这种状况与太极拳"腰胯带动两手"的原理是一致的，仅仅是表现的情况稍有不同而已。

见证之四：人处于睡眠功能态时，身心都是放松的，这似乎不需要多讲什么了，都能明白放松是人的先天本性。

见证之五：放松的原理处处可见，连政治经济活动中也时有显现。例如我国经济体制改革初期，提出的为企业"松绑"的措施，立竿见影，一放松企业就活了。

第五节 拳经的论证

有人说，王宗岳拳论中没有提到"放松"，可见练拳不一定要放松。这是对拳论没有深入研究的一种误解。

王宗岳的《太极拳论》，单看文字，通篇确实没有"放松"二字。但这仅是表面现象，如果深入一步看，就会发现该拳论通篇都含着自然放松之理。

首句"太极者，无极而生，动静之机，阴阳之母也"。就是自然放松的生动写照。想那创世之前的无极状态，就是无形无象、濛濛惚惚的自然实体，而太极则是混浑为一体的元气统一体，它们的实质都是自然柔和，所以自然放松是太极学说及太极拳的重要原理。

至于"动静之机"的动静，则是太极学说的精髓。虽然太极阴阳的变化是在动静之间发生的，但主静是传统文化的重要内核。北宋著名学者周敦颐就说过："二气交感，化生万物。圣人定之以中正仁义，而主静，立人极焉。""故曰，立天之道，曰阴与阳；立地之道，曰柔与刚；立人之道，曰仁与义。"（《太极图说》）所以太极拳也是奉"主静"学说为拳理心法。

太极拳在行功过程中，看起来似乎都在动，实际上是动中求静，以静为主，动则是静。王宗岳另一篇拳经《十三势歌》中特别提出"静中触动动犹静"的要求，明白告诉人们，静犹如动，动犹如静，动中之静才是真正的静。若要静，必须松。静与松是一对孪生兄弟，所以松静是太极拳的第一要义。

"阴阳之母"句，是说太极是阴阳的母体，阴阳是由太极产生的。这一点，"哲源篇"已有论述。阴与阳，即柔与刚。所以王宗岳拳论接着说："人刚我柔为之'走'，我顺人背为之'粘'。"自己不松不柔，怎能"走"，又怎能"粘"着对方取得顺势，又怎能"不偏不倚，忽隐忽现"呢？这不是明白地告诫我们要放松至柔吗？

拳论中最能生动体现松柔原理的一句话，就是"一羽不能加，蝇虫不能落，人不知我，我独知人，英雄所向无敌，盖由此而及也"。这已经不是一般的放松要求了，而是上升到至松至柔的松空境界了。

如果再进一步研究王宗岳拳经及其他先贤的拳经，放松之理越论越深，越令人神往。

第六节 剑道的"四空"

武当丹派第十代宗师李景林，创造性地把武当剑的剑道神韵融入于太极拳中，使本门太极独具特色。在放松要领上，要做到武当剑的"四空"，即"足心空，手心空，顶心空，心中空"。（按：黄元秀于1931年出版的《武当剑法大要》中只提到前三空，实际上应是四空）

这"四空"的功用是：手心空，使剑活；足心空，行步捷；顶心空，身眼一；心中空，与道合。四空，即无心，没有预先的设想，毫无妄念，纯任自然。前人说："无心则与道合，有心则与道违。"到此地步就能"虚灵不昧，一切事物之来，俱可应也"。

第七节 后天的紧张

人之初，全身柔美。随着岁月的流逝，那先天的柔和之美，逐渐被后天造成的紧张僵硬所掩盖，无论是身强力壮的，或是体弱多病的，紧张成了通病。一举手，一投足，莫不关节紧张，肌肉僵硬，全身拙力。尤其严重的是，遇事精神紧张，以致引起内脏器官紊乱，损害健康。所以，紧张的陋习，对于养生健康乃至为人做事为害不浅，更是修炼太极拳的一大障碍，理应消除紧张，恢复松柔。

可是听到一种观点，认为"没有一定的肌肉紧张，就不可能固定姿势"。这是一种误会。

现以弓步或虚步站立为例分析。无论是前腿负重七成，还是后腿负重七成，支撑身体大部分重量的那条腿的肌肉都比较坚实，但并不是紧张。

紧张与坚实是两个不同的概念。肌肉在特定时候的坚实，是先天的自然反映，而紧张则是后天的人为现象，两者在本质上及形态上都有着显著的差别。前者是以松柔为本、由内向外的一种膨胀之劲，其表现形态是肌肉坚实但皮肤放松。不妨做个试验，凡放松功训练有素者，其腿部肌肉虽然坚实，但皮肤都是放松的，并不僵硬。只要用手抚摸一下，就能明白此话非虚。而紧张者，其所站姿势从肌肉到皮肤都是僵硬一块。所以不能把先天的松柔坚实误解为后天的紧张。

何况，"紧张"一词已约定俗成，成为错误动作的代名词，作为"放松"一词的对立面而存在，即使冠上"必要的紧张"的美名，也与放松之理相悖，不能不弃之。

第二章　放松心法——六法

放松之法，全在乎心，其法如下。

第一节　观念放松法

思想观念是行为的指南，是什么样的观念，就会有什么样的行动。故而观念放松是放松第一法。

所谓观念放松，就要树立"松柔是人的先天本性"这一根本观念。确立了这一观念，放松就不会觉得是难事，那不过是恢复先天本性而已，并非另起炉灶搞别的什么名堂。所以我们的口号是：恢复好本性，改掉坏习惯，还我先天柔性，抛弃后天拙力。从方法来说，叫做恢复法。

无数事实证明，凡能依照"松柔是人的先天本性"修炼的，都能在短期内敲开放松的大门。远的不说，就说近期一则故事吧。

那是在2005年2月，在西雅图表尔威市社区中心的太极班上，一个白人学员问道："师父，放松为什么这样难？"这问题引起了许多学生的共鸣，都围拢来听我的解答。我说："放松并不难。因为放松是人的先天本性，我们只要恢复本性，自然能放松了。大家不妨想一想，初生婴儿的身体是那么地放松，可以说是柔弱无骨，这不是证明了人体松柔是人的先天本性吗？紧张与僵硬，是后天造成的坏习惯，不是与生俱来的。我们修炼太极，就是要改掉坏习惯，恢复好本性。"

大家听得频频点头。有人接着问："那么怎样恢复本性呢？有什么好办法？"

"办法很简单。第一，在心思、情感、意志上确立一个观念：我一定要恢复好的本性；第二，在感觉上当做自己的躯体好像不存在了。譬如说，双手不连在自己的身体上了，已经没有了。这一点很容易做到，只要思想观念上一明白，马上能见效。不妨大家做个试验，看看究竟。"

我随即托起身旁一个同学的右臂试验。首先，让他当做不是他的手臂，然后把他的右臂托托抛抛，开初，他理性上能够当做自己的手臂没有了，但感觉跟不上，手臂仍然僵硬地在他身上。

随即，我把自己的右臂让他托着，请他抛抛放放。我按照心法舍去手臂，随着他的抛放而自然起落，始终与他的手掌粘在一起，然后问他有什么感受。他说："感到师父的手臂很是松、沉，肌肉也很柔软。"我顺着他的感受说："这就是手臂没有了的效果。你只要像我一样，理性认识与手臂感觉协调一致，马上就能放松。好，我与你再试一试。"

这一次，他果然松多了。一边抛他的手臂，一边讲他的不足，渐渐地他真的感到手臂没有了。于是，我大抛他的手臂，也能随着我的抛放而自然起落了。我当即笑着说："这不是松了吗？"他也高兴地笑了："原来这么容易。"

围观的学生都被感染得眉开颜笑。我不失时机地请那位学生向同学们讲述他的成功体验。然后，我走过去给那位提问的白人学生做试验，并让学生捉对相互验证，我从旁逐一指导。大家兴高采烈，笑声彼伏此起。

下课前，我问学生：今天有什么收获？都表示：大有收获，懂得了放松，也明白了坏习惯是可以改掉的，人的善性是可以恢复的。这个小故事表明，确立恢复先天柔性的放松观念，可以事半功倍地敲开放松的大门。

可见，放松不仅可以练好太极拳，也可以修心养性，乃至恢复先天美德。

第二节 意念放松法

上述观念放松，是指确立放松的根本观念，而意念放松，则是用意念指挥身体某一部分的放松。即根据行功走架的需要，心意发出放松的指令，命令某一处该放松。练之日久，就能意念松到何处，何处即行放松，先是局部的意念放松，然后是整体的意念放松。

意念放松法与安静密切相关，尤其与大脑的安静有关。大脑安静，则心如明境，能有效地指令放松。所以此法能把神意与形体融合在一起训练，以达形神俱备、松静两佳。

第三节　行气放松法

此处所说行气放松，并非指一般气功中的灌气放松，而是指在练拳过程中的以心行气，即"心为令，气为旗，腰为驱使"，也是拳家常说的"意气君来骨肉臣"。

由此看来，意与气不可分离，意到哪里，气就到哪里，意念何处需要放松，气就行向何处，去疏通那里的僵紧部分。日久功深，就能意到气到、劲到。

在某种特需情况下，也可以用贯气法冲开僵硬的关节。例如"回身下势"及"单鞭下势"等仆步下势动作，起初难以蹲下去，感到膝关节、髋关节、大腿根部绷得很紧，甚至有酸痛感，蹲不下去。这时可采用贯气法，即撤步将要下蹲之际，吸气；下蹲之时，呼气。在呼气时，意念向僵硬酸痛的关节处贯气，但意念不可太重，只能轻轻地、松松地、徐徐地贯气。开初无甚感觉，日久就会逐渐产生感觉，而且感觉越来越好，僵硬的关节就会渐渐疏通，下蹲之势也随之逐步低下去。

第四节　忘却法

忘却法，就是忘记后天的我，唤起先天的我，忘却后天的紧张僵硬，重温先天的松柔和谐。

例如要放松上肢，就先想自己的手臂没有了，那后天的肩、肘、腕、掌、指都没有了，连僵紧的意识也忘记了、消除了。果能如此，则自然会松，再加上另一些放松法，就会去僵变松，由松入柔，由柔入和。

忘却法既是一个放松心法，又是放松的一种层次、一种境界。例如前面提到的天人合一的高深境界，也要从忘却法开始，忘去旧我，换上新我，才有可能进入那样的境界。

第五节　发声放松法

以上几种放松法，宜在盘架子过程中修炼，而发声放松法则宜单式训练。用单式之训练弥补行拳过程之不足。

发声放松法，呼气时，口微张，轻声呼出"松"字音，声音细长，由平声到去声。随着"松"字的呼声，意念全身上下依次松开。此法能否见效，在以下三点：

一是发声与行气相合。即姿势站定后，意守脐轮，鼻子吸气，脐窝微微内敛，吸气至命门穴。呼气发声时，气由命门前送，经脐轮入下丹田。随着呼吸的深、缓、细长，发声亦深缓细长，行气与发声同步。

二是发声与意念相合。即在声与气合的过程中由意念引导，口呼松字时，意念内气无微不至，将其导至僵紧之处，渐渐松开。

三是意、气、声三合为一。即以意行气，以气发声，以声促松。久而久之，三者合一，即意念"松声"一发，全身皆松。这可为今后操练发声与发劲奠定基础。

发声放松法，还可用于催眠。有些年长者，每每夜半醒来，难以再行入睡。此时可用"声松"法催眠，即放松仰卧，排除烦躁不安等不良情绪，思想集中于呼气发声。先发"松"字音，继发"静"字音，两声交替，不论次序，不计其数，连续不停。开初音量稍高，然后逐渐降低，低至只有自身听见，让自己在悠长柔细的松静声中安然入睡。

第六节　生活感悟法

若要把太极拳练得出神入化、活力四射，名师指导及自身勤奋固然是首要条件，但在日常生活中找感悟，也是不可或缺的一项重要功夫。因为生活中有太极。

从前，我老家无锡农村秋收稻谷登场后，需要"牵砻推磨"。"牵砻"是把稻谷砻成米，"推磨"是把米磨成米粉。那种劳动形象，与本门太极中的"村女推磨"一式极为相似，也近似乎于"揽雀尾"拳式的身法。

牵砻的范围较大。单说推磨，过去有一人推、两人推、三人推三种情况。一人推，石磨较小，一个人就可操作，一手加米，一手推转。二人推，磨子稍大，需两人操作，一人加米入磨，一人双手按在推磨架上进行推拉磨转。三人推，则石磨更大些，除了一人加米，须合二人之力，才推得动石磨圆转。

古式推磨器具图

这种两人推或三人推的劳动形象，类似拳式的雏形。因为推磨者的身法也是上体中正，下肢弓步，两手前按推柄，向前推，重心前移，弓腿进身；向后拉，重心后移，沉腰退身，变为虚步。由于石磨是圆形的，只是前进后退，石磨不会转动，必须同时身体左右转动，与进身、退身协调一致，才能推动石磨转动。而且，进退、旋转、推拉三者的力度要均衡，若有不当，就会"卡壳"，甚至推磨架脱出石磨，致推磨中断。不少初学推磨者常犯此类毛病。笔者早年在家时也学过推磨，曾屡犯进退失当、轻重不均等病，后来学了几年太极，才发觉"推磨"的要求，与太极拳旋胯转体、进退转换、虚实互变、上下相随、周身一家的原理吻合，所以说生活中有太极。

然而，这种古老的推磨，随着现代化的进展，如今农村中早已看不见了，但在著名的"无锡吴文化公园"展馆中还能看到，那里陈列着一套完整的老式推磨器具。笔者前往参观时曾摄影留念，以供研究（见附图）。

其实生活中何止推磨一事，还有许多类似之事。例如"手挥琵琶""玉女穿梭""弯弓射虎""李广射雁""玉女浣纱""勒马双捶"等拳式，莫不来源于生产、生活，经过先贤加以总结，融入原理，才提炼而成拳式的。

那么生活中何以有太极？因为太极学说源于生活。只要追溯太极学说的来源，就会发现它开端于原始的太极观念，而原始的太极观念，是先民们经过长期观察生产生活中的自然现象而形成的，即《周易》中"仰则观象于天，俯则观法于地"的反映。

既然太极来源于生活，就应当把学到的太极还于生活，用于生活，在生活中感觉、参悟，反过来促进太极的学练水平提高。例如"松、静"两题，在生活中的现象比比皆是，只要稍微留心，就能见到、感到、悟到。按以往的习惯，大凡向上举臂时，总是会抬肩，尤其手提重物时，更是耸肩露肘，肌肤绷得紧紧的。平时应注意这种现象，一经感觉，立即放松。至于"静"字，要把"虚静无为"的太极理义应用于生活，一旦遇到烦恼、刺激、压力等问题，即按太极要求放松情绪，静定下来，泰然处之，哪怕能获得片刻的宁静也是十分宝贵的。

总之，一有机会，就要去感觉、去参悟，直到把感觉上升为自觉，成为条件反射，一触即知，一触即变，在变中得胜。

第三章　太极放松回春功

此套功法，并非单一的肢体放松，而是融意、气、神、灵为一体的放松功法。坚持修炼，不仅能促使身体各部放松，更能使身、心、灵整体健康，长葆青春活力，故又称太极放松回春功。

这套功法是根据先师陆续传授的基础功加以归纳整理，编撰而成。式名虽为笔者所拟，但功法非本人之发明，实乃先师传授。

预备势　真人入定

此式是无极桩的变式。无极桩作为太极拳的预备势，既含无极之意，又有太极之念；而真人入定，则着眼于无极之意，两者相同之中稍有差异。

一、站姿

站姿与无极桩同。

身体自然站立，重心分置两腿，两脚尖微外撇，呈八字形，脚跟间距约 3 厘米；两臂自然下垂于身体两侧，掌心向内，松腰、开胯、松膝、松踝，五趾贴地；双目垂帘，留一线余光，内视脐窝，但视向不可执著，只能若视未视；呼吸自然，以鼻呼吸，长短不论，深浅不拘，只求自然顺畅。（图 3-3-1、图 3-3-1 附图）

图 3-3-1 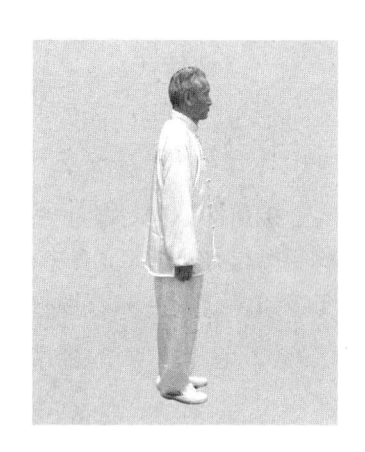　　　　　　　　图 3-3-1 附图

二、心法

"真人"，是道家（道教）对得道成神的人的一种称谓，也是对得道者人格、心灵升华的一种赞美。誉之曰"真人"，也表示人位的至高的标准。

入定，即思想、情感、意念进入无形无象、濛濛浑浑的无极境界。无极是宇宙形成前的最初的原始状态，人体同属自然一物，入定就是回归自然。我这肉体已无形无象了，一切都回归自然了，因而无思无虑、无我无他，一切皆处在自然虚灵之中，进入"天人合一"的境界。正如《无极歌》所唱："无形无象无纷拏，一片神行至道夸，参透虚无根蒂固，浑浑沌沌乐无涯。"（转自中华版《太极拳谱》）

三、功能

为放松功奠定一个身心皆松的良好开端。

第一式　老牛卸磨

一、动作

1. 放松站立

接预备势。左脚向左开步，先脚掌着地，再全脚踏实，两脚距离与肩同宽，立身中正，自然站立；目视前方。要领与预备势同。（图3-3-2）

图 3-3-2

2. 以气卸肩

随即意守脐轮，吸气时意想气由脐窝吸收，吸至命门，气由命门缘脊而上，分行至双肩，冲开肩关节，使两肩徐徐上升，尽量升高些，吸气也尽量吸得充分些，使小腹充实；吸气

时要注意自然微收阴囊，以收养生回春之效。（图3-3-3）

呼气时，双肩缓缓降落，并微微向下松沉，同时意想气降至丹田和手臂，气透指尖射向地面，宛如卸去重担，一身轻松，同时小腹放松，呼出浊气。如此一吸一呼，双肩一升一降，为以气卸肩一次，计做9次。（图3-3-4）

图3-3-3

图3-3-4

3. 前后转肩

卸肩9次后，休息数秒钟，然后进行转肩。

吸气时，以气催肩，使双肩同时向上、向前升起；呼气时，再向下、向后旋转一圈，圈幅尽量大些。此为前转肩，须转9次。（图3-3-5）

接着做后转肩，吸气时，以气催肩，使肩先向后、向下、再向上旋转；呼气时，再由上、

图3-3-5

向前、向下旋转，须往复转肩9次。（图3-3-6）

在前后转肩过程中，吸气时注意提肛、提踵及微收肾囊；呼气时注意松肛、落踵、松腹，以达上下内外一致。

图 3-3-6

4. 斜十字转肩

上势完毕，休息数秒钟后进行斜十字交错转肩。

开立步站立，腰胯松沉，尾闾下坠，双膝微屈，成高架开立步，随即向左后方旋胯转体约45°，带动双肩同时斜向转圈，即左肩下沉、向后、向下旋转至肩头偏向西北；同时右肩上升，向上、向前转至肩头偏向西南，此时成左肩在后向北、右肩在前向南的态势。（图3-3-7）

图 3-3-7

接着，向右后方旋胯转体约45°，带动双肩同时上下交错左右旋转，方法与左转相同，仅左肩及方向不同，变成右肩在后、在下向北，左肩在前、在上向南的态势。（图3-3-8）

双肩如此左右前后上下交错旋转的形状，构成了一幅交错斜十字的画面，左右互换为一次，计转9次，也可随意增加次数。

图3-3-8

二、心法要点

1. 守脐调息

在以气催肩过程中，注意脐轮呼吸。初练时只要意守脐轮就可以了，日久自会脐吸脐呼。在吸气、提肛、升肩时要缓缓地又要尽量地把新鲜空气吸足；在呼气、卸肩、落踵时，意念把污浊之气排出体外。

2. 转肩要圆

无论哪种转肩，肩头均要柔和地转成一圆满之圈，才能收到松肩活肩之效。

3. 转肩三部曲

上述斜十字转肩，并不是单单肩在转，而是三位一体地在转。即首先腰胯旋转，接着带动上体扭转，再由上体带动肩转臂转。这腰、身、肩三位一体的放松旋转，能柔和地挤摩五脏六腑，使之进新气、排浊气，增进肠胃蠕动，能防治肠胃疾病。

4. 臀部亦要转

在进行转肩三部曲时，不可忽略臀部的转动，然而这又是容易被忽略的，所以要作为重要心法提出。

臀部转动这一特殊的运动形式，不仅能促进腰胯、双肩乃至全身的放松灵活，更能通过轻微震动和挤压，调理肠胃及内分泌腺体，增强性激素，提高性机能，有强身回春之功，故不能不认真操练。

转动臀部之法有三，一是胯根松开，便于臀部转动；二是臀部与双肩同一方向做纵向立圆斜十字转圈（不是平面转动）；三是主要靠意念引导。因臀部斜十字转动不易做到，故外形难以觉察，只有靠意念及自我感觉，日久才能逐渐有所显露，而且会明显感到肠胃、脏腑及盆骨、外肾根部受到柔和的挤压按摩，从而周身内外皆松，使内脏归顺，活血化淤，驱邪扶正，元气倍增，活力鼓动。

三、意境

意境同属于心法范畴，为了引起重视，才另设一目。以下各式皆同此意，不再一一标明。

名为"老牛卸磨"，乃取象卸去老牛肩上的沉重磨担，如释重负，感到一身轻松。同时意想双肩放松了，灵活了，内内外外都得到温和的柔挤、松压、按摩，好不舒畅。

四、功能

本功法的功能，在上述心法部分已大多提及。由于它能促使全身在放松状态下调理脏腑、肠胃，提高性机能，以及具有防治"五十肩"等效能，所以是太极放松回春功的重要的一式。

五、小收功

功毕后，两手自然放置于身体两侧，随即吸气，掌心向上，两手向左右分开上举划弧，划至头前；随即呼气，两手合拢，掌心朝下，徐徐下按至小腹丹田；然后两手缓缓分开，置于身体两侧，左脚收拢与右脚并立，身正前视。

第二式　旋转太极

一、动作

1. 怀抱太极

接上式。左脚开步，略宽于肩；两臂前伸上举，与肩同高，松肩垂肘；接着松腰开胯，尾闾下坠，带动身体下坐（宛如坐凳子），双膝弯曲，成马步状；两臂随马步而下，两手转腕，掌心相对，臂呈弧形，似合抱一个太极气球；此时虚领顶劲，颈项松正，空胸圆背，腹部放松，悬头垂尾，上体中正，目视前方。其中重点是松开髋关节，即开胯松腰，以备灵活地做旋转太极。（图3-3-9）

图 3-3-9

2. 旋转太极

接着以旋胯为中心，带动上体及两手转动，先向左转至左侧约45°，再向右回转至右侧约45°，向左转为吸，向右转为呼，一吸一呼为旋转1次，计转9次。旋转的速度，以呼吸频率为准，若是呼吸缓慢深长，则旋胯转体也缓慢进行。但要注意，上体转动时，下肢的马步要稳如泰山，两腿不能受牵连而晃动。（图3-3-10、图3-3-11）

图3-3-10

图3-3-11

3. 推转太极

上动完毕，仍转向正南马步抱球状。随即再向左旋胯转体，重心移向左腿，带动右脚跟旋转内扣3°，怀抱太极之两臂随着转动。当转至面向东南时，重心后移右腿，左脚尖外撇约30°，两腕外旋翻掌，掌心向前，成斜立掌。（图3-3-12）

随即重心前移左腿，成高

图3-3-12

架左弓步；两掌随着弓步进身向前推出，成左弓步双推掌态势，此时面向偏东南。（图 3-3-13、图 3-3-14）

图 3-3-13

图 3-3-14

上动不停。随即重心后移至右腿，双手随之恢复弧形抱球状，向右侧旋胯转体，带动左脚内扣，使左脚与右脚呈倒八字型（图 3-3-15）；当转至偏西南方时，重心后移至左腿，接着重心前移至右腿，成右弓步推掌态势。（图 3-3-16、图 3-3-17）

图 3-3-15

图 3-3-16

图 3-3-17

如此左右旋转、弓步推掌为1次，计转9次。

4. 搅转太极

上动完毕，恢复马步姿势；接着两手叉腰，上体中正，松腰开胯，虚领顶劲，目视前方。（图 3-3-18）

于是，腰、胯、腹、臀、尾五位一体（简称五体），同时做平面圆旋搅转。这"五体"好似结成了一个太极球，所做的搅转是立体式的圆圈，而且全身只有这"五体"在转，其余的部位，包括四肢及上体等部位皆不参与其事，所以要两手叉腰、两膝不晃，不能受牵连而卷入。从这一点看，也可以说是五体太极球在做立体式的自转。先顺时针方向转9次，再逆时针转9次，也可自行

图 3-3-18

图 3-3-19　　　　　　　　　图 3-3-20

增加次数。（图 3-3-19、图 3-3-20）

二、心法

1. 一意四要点

上述立体式的搅转，虽然有些难度，但只要掌握其心法要诀，就能逐步学会。其要诀是"一意四要点"。一意，即明确以"心为令"的意念指挥所在；四要点，即开胯松腰为前提，尾闾轴心为意念，腹部放松为摩气，臀部转圈为形态。

"开胯松腹为前提"，是说此处的开胯松腰须提高水准，从一般要求升格至虚无状态，即两胯似乎脱离了大腿根部，可以任意转动，具备了这一前提，腰、腹、臀、尾才能毫无障碍地灵活旋转。

"尾闾轴心为意念"，是说意念上要把尾闾作为"五体"旋转的轴心，而且意念轴心要先启动，"五体"才同时转动。进一步说要意念尾闾指向地面，凌空在地面上划圆圈。这样，就能促使"五体"同时旋转，像搅拌机似地搅转。

"腹部放松为摩气"，是说用意念放松法使腹部的肌肤及内肠得到松弛，以便在"五体"搅转中利于内气鼓荡，摩合交感，按摩内肠，增加肠蠕动，日久可产生腹鸣、放屁，对于调理肠胃功能，防治便秘有特效。

"臀部转圈为形态"，是"五体"搅转的形态，它最终要在臀部的转动上体现出来。如果前面几点都做到了，则臀部自会灵活地前后左右旋转成圈。随着功深，臀部的转动会日益明显，搅转的幅度也会逐步加大，放松等整体效果亦随之步步提高。

2. 腰胯带手原则

腰胯带动手，是太极拳运作的重要原则，所以放松功法中多处要讲这个问题。在第一式中已开始接触，而本式则是典型的"腰胯带手"，无论是旋转太极，还是推转、搅转太极，都须遵循"腰胯带手"原则，尤其是"旋转太极"的姿势，则是典型中的典型。何以见得？因为它必须严格实行"手不妄动"与"腿不晃动"两条重要法则，这两条法则很能体现太极拳"用意不用力"的特征。

"手不妄动"，即怀抱太极之两掌、两臂，决不能自作主张，擅自妄动，只能依靠旋胯转体来带动两手左右转动，决不能有半点含糊。所以两手要听腰胯的话，不能有丝毫的强头犟脑。

"腿不晃动"，是说扎马步之两腿似立桩入地，稳如泰山，在旋胯转体时，双膝不能有半点晃动，始终与脚尖保持一致。这是检验腰胯是否真正放松的重要标志，如果腰胯未能真松，尤其是胯未曾松开，则旋胯转体45°时，双膝必然会受到牵连而晃动，所以这是查验开胯松腰的标尺。若有兴趣，不妨一试。

3. 步随身转

上述推转太极，是马步旋转变为弓步推掌的过程，其中有步法的内扣与外摆，这需要贯彻"步随身走，身随步转"的原则。假如向左旋胯转体并重心移向左腿时，右脚尖要内扣约30°，这个扣足动作是由左转体和换重心带动的，并非右脚擅自扣转。左脚的内扣外摆也同此理。

三、意境

遵循太极学说的原理，人人都是一太极。意想自身似乎化为一个太极了，在和谐地旋转不息，生生不已。

四、功能

此式功能在上述心法中已有提及。从放松要求讲，通过旋转、推转、搅转这"三转"，能有效地促进以开胯松腰为中心的各部位放松，对于养生、健身、回春也有显著的效果。例如"搅转太极"与第一式的"斜十字转肩"有异曲同工之妙，在前式的基础上，又加一次修炼，效果自然会提高一步。

五、小收功

同第一式。

第三式　金鸡报晓

一、动作

1. 放松站立

小开步站立，周身放松，立身中正，凝神远视。（图3-3-21）

图 3-3-21

2. 抛臂提膝

随即左臂放松，整条手臂向上甩抛而去，抛过头顶，指尖向上，掌心向右；同时，右臂松肘，随势甩出前臂，甩至与左肘同高，形成左手在上、在前，右手在下、在后的态势；抛臂的同时，左腿、左膝放松向上提起，膝盖尽量提高些，小腿自然下垂，大腿与小腿成三角形，踝关节放松，脚掌松弛下垂，脚尖垂向地面。此为左式抛臂提膝。（图3-3-22、图3-3-23）

图 3-3-22 　　　　　　　　图 3-3-23

随即双臂自然下落于身体两侧。接着做右式抛臂提膝。左右抛提为一次，重复 6~9 次。

3. 惯性甩抛

抛臂提膝，宛似拳式中的"金鸡独立"，但两者又有所不同。前者是动态报晓的形象，后者是定式亮相动作。尤其是两臂要惯性甩抛，抛上抛下不可停顿呆滞，为此整条手臂必须完全放松，才能柔和舒展地抛臂提膝。

4. 发声报晓

抛臂提膝的前三次，无声进行；后三次，可以发声，发出"松"字音，音量适度。注意声音须从丹田发出，象征金鸡啼声报晓。动作须与发声协调，故名"金鸡报晓"。

二、心法

此式旨在重点促进四肢关节的放松。上肢惯性抛提时，意在放松肩、肘、腕、掌、指五节；下肢来回提膝时，意在放松腰、胯、腿、膝、踝、足、趾七处。所以在操练时必须意念明确这十二处的放松，同时连带周身放松。

三、意境

心想自己宛如金鸡雄立高处，面向曙光，高歌报晓，神采奕奕。

四、功能

心法中已提到此式的功用，这里要说的是，此式是训练动态中的放松，较之静态放松更进一步。加上发声放松，更可促进内外皆松，气血流畅，安抚内脏；再加报晓时的神采意境，于修心养生大有裨益。

第四式 风摆荷叶

一、动作

1. 开步站立

向左开步,两脚距离与肩同宽。站势要求同前。

2. 摆臂荡身

腰胯松沉,脚掌蹬地,臀部向前复向后摆荡,带动身体前后摇摆及两臂上下前后甩荡,像池塘荷叶迎风摇摆,又像玩荡秋千游戏。

臀部前摆时,上身向后仰身,臀部后摆时,上体向前俯身;同时两臂惯性上下挥甩。摆荡的幅度由小到大,初时小些,逐步加大。可分小摆(图 3-3-24、图 3-3-25);中摆(图 3-3-26、图 3-3-27);大摆(图 3-3-28、图 3-3-29)三个层次。但要注意,如果大幅度俯身视地时,不能低头看后

图 3-3-24

图 3-3-25

图 3-3-26

图 3-3-27

图 3-3-28

图 3-3-28 附图

第三篇　松静篇

129

图 3-3-29　　　　　　　图 3-3-29 附图

方，只能抬头看前方，以防发生头晕等状况，切记。

3. 荡身甩手

风摆荷叶的过程，如果要分次序的话，应为臀部先动，身体继动，两手随动。这个"以臀促身，以身带手"的程序不可打乱，尤其是手的甩挥必须由身体带动，决不能擅自乱动。

三、心法要点

1. 摆尾为枢纽

此式的核心在于一个"摆"字，像钟摆那样，摆了才会荡来荡去。摆什么?摆臀部尾间，以臀尾摆荡为枢纽，带动腰胯转动、上体摇动、两手甩荡。如果不摆尾，不摇身，只甩双手，那就本末倒置，徒劳无效。

记得上世纪 60 年代中后期一度盛行的"甩手"健身活动，就因为不摆尾荡身，只僵硬地甩手，结果收效甚微，以致烟消云散。这表明，放松健身活动不能本末倒置，必须得法。

2. 以摆促松

摆尾荡身的目的，是为了促进全身放松，着重促进上体、手臂、腰胯、双膝、踝关节等处的放松。促进之法，可采用观念、意念、行气、忘却等放松心法，效果定佳。

例如为了促进两臂的放松，可忘却手臂的存在，两臂才能随着摆尾荡身而自然甩荡；若是大幅度的摆荡，两臂也就会有松柔舒畅之感。

三、意境

在"风摆荷叶"的过程中，要观想自身像荷叶那样迎风摆动，摇曳生姿；喻示周身轻松虚灵，神情飘逸。

四、功能

此式的放松功能已在心法及意境中说明。此处再说一点，即可以促进胸背、肠胃及骨骼的放松与自我按摩。例如，身体如果较大幅度地俯仰，大腿根部特别是坐骨神经会明显地感到被牵引按摩，起初有点酸痛感，日久会感到舒服，能防治坐骨神经痛。

五、小收功

同第一式。

第五式　西湖荡船

一、动作

1. 原地荡船

开步站立，旋胯转体，带动两手向左右甩去荡来，上体随之松沉升降。此时的形状是：腰身左旋右转，双膝微屈微伸，上体一起一降，两手一摆一荡，双目左顾右盼，宛如乘船荡漾。如此左荡右晃为1次，计6次。（图3-3-30、图3-3-31）

图 3-3-30

图 3-3-31

2. 二环套月

上势完毕后，恢复开步站立式，接着向左旋胯转体45°，再回向右旋胯转体45°，以此带动两臂向左上方、再向右上方划弧而下成一月形圆环，故名"二环套月"。此为顺圈套月，须转环9次；接着做逆圈转环套月9次。（图3-3-32—图3-3-35）

图 3-3-32

图 3-3-33

图 3-3-34 　　　　　　　　图 3-3-35

3. 活步荡船

"荡船"毕，随即向左荡，左脚随之向左横进一步踏实，右脚随着横收一步，但虚悬不落地；向右回荡时，右脚向右方横进一步踏实，右脚也随之横收一步虚悬不落地。以如此步法左右移动，重心虚实左右互换，助长飘荡之感。左飘右荡为1次，计6次。（图3-3-36、图3-3-37）

图 3-3-36　　　　　　　图 3-3-37

二、心法

1. 双环套月时，必须以腰胯旋转为枢机，带动两臂划弧转环，而两臂的转环又要以肘关节为轴心转动，所以两臂不可僵紧，两肘放松灵活，纯任旋胯转体来带动，稍有拙力，则转动不灵。

2. 活步荡船时，须做到"五合一"，即旋胯、转体、横步、跟步、摆臂五合一，方能像荡船那样轻松祥和，左顾右盼之双目神有所注。

三、意境

意想斯时宛如泛舟西湖，清风徐来，微波荡漾，随波飘荡，顾盼湖光，赏心悦目。

四、功效

促进两臂在左右摆动中放松（上式风摆荷叶是在前后摆动中松开），尤其是二环套月中的肘关节放松转动，更能养成以肘关节灵活旋转的良性习惯。

同时促进腰胯在活步"荡船"中放松转动,增强腰胯的灵活性及周身一家的协调性。更能在顾盼之间,促进心境放松,在美好的意境中修心养性。

五、小收功

同第一式。

第六式 四季常青

一、动作

此式有旋腕、抖腕、搬腕、缠腕四法。因手腕灵活,故名"四季常青"。

1. 旋腕(巧开金锁)

开步站立,两臂向前并伸,松肩垂肘,食指、中指向前,余三指微卷曲,掌与肩同高,掌心向下;随即双腕滚旋,先外旋再内翻,带动手掌滚翻圆转,初始慢旋,逐渐加快,越旋越快,至少旋转20次。(图3-3-38、图3-3-39)

图 3-3-38   图 3-3-39

但手腕的旋转，不能牵连肘关节晃动，肘尖仍应保持下垂之势，这种腕旋而肘不晃的状态，犹如拿了钥匙开门锁状，故艺名"巧开金锁"。能否做到手腕旋转而肘不乱动，是检验腕关节是否真正放松的标志，也是检验是否松肩垂肘的重要标志。

2. 抖腕（仰天覆地）

开立步变为弓步，两臂向前平伸，松肩垂肘，与肩同高，手心朝下，目视前方；随即两肘骤然下沉，双腕趁沉肘之势抖腕仰掌，仰至极点，手指尽量后翻，同时前臂竖起，使掌心朝天。（图3-3-40）

接着，前臂快速向前抖伸，促动手腕向前下方甩抖，手掌急速向下俯覆，尽量甩俯至极点，使掌心向下、向后，指尖下垂。（图3-3-41）

图3-3-40 　　　　　　图3-3-41

注意在抖腕仰掌时重心后移，成右虚步；抖腕俯掌时重心移向前，回复右弓步。如此来回抖腕仰掌、抖腕俯掌，直抖至手腕微酸为止，再换左弓步抖腕。也可以右式抖 9 次，再左式抖 9 次，以后逐步增加次数。

3. 搬腕（搬开顽石）

弓步收回，变高架马步，两臂前伸，松肩垂肘，十指松松握拳，拳心朝下；双腕向外抖旋，双拳向外搬翻，同时双肘一沉，助长搬腕之势，此为外搬腕。（图 3-3-42、图 3-3-43）

图 3-3-42

图 3-3-43

接着双腕向内抖旋，促使双拳向内合翻，此为内搬腕。（图 3-3-44）

在一搬一合的过程中，同时要求尾闾一坠一起，腰胯一沉一回，双膝微屈微伸，脚掌一松一实，上体一升一降，须来回搬合升降 9~18 次。

图 3-3-44

4. 缠腕（金丝缠腕）

马步换成右弓步，两臂前伸平举，与肩同高，松肩、屈肘、松腕，手指朝前，掌心朝下（图3-3-45）。随即手腕松开，带着手掌先内旋，再上扬，并向外、向下、再向上前方缠绕一圆周，直至手心向上，手指要松柔。

在上述掌腕向内、向上缠绕之初，重心后移退身成高架右虚步（图3-3-46、图3-3-47）；当手腕向外、向下、向上前缠绕时，重心移前进身回复至右弓步（图3-3-48）。这种退身、进身缠腕为一次，接着，旋腕翻掌，掌心向下，做第二次退身、进身缠绕，共计做6次。然后右脚收回，左脚前迈，变成左弓步，进行左式缠腕6次。

图 3-3-45

图 3-3-46

图 3-3-47

图 3-3-48

二、心法

1. 旋腕之初，意在食、拇两指，好像拿了钥匙在开锁，手腕旋转是在手指带领下同时转动的，此为以指领腕的旋腕；操练日久，再做以腕促指的旋转，越转越松，越松越活。还要注意，旋腕时不可出现手指下垂状态的"倒腕"，那样腕关节势必滞涩，旋转不灵，故手腕必须松活持正。

2. 抖腕时，意不在手腕，而在另外两处，一是在腰腿及脚底，当向上抖翻及向下甩合时，都要靠腰腿松沉、脚掌踏劲以及重心前后变移来带动；另一处是意在手指，向上抖腕时，要意想手指尽量向上、向后翻倒而去，以便掌心朝天；手腕向下甩合时，要意想手指尽量坠向地面，以便掌心俯地并向后方。

当然，此处说意不在手腕，并非说手腕无所作为，相反的手腕大有可为，因为它是抖腕，所以必须完全放松，进入"无腕"状态，才能随着腰腿等动作而抖动。

3. 搬腕的意在拇指，意念由拇指引领拳头向外抖搬，搬至拳、臂向外翻转横移，像展开折扇的扇面一挥而搬；再加上腰胯、腿足、转体等协调一致，就能使出搬开顽石之势。

4. 缠腕之法，近似擒拿术的金丝缠腕之法，要点在于训练手腕的活而有劲，松而能活，活而能转，转而有劲。所以腕关节上下的内外旋转幅度要尽量扩大，手指与掌心也要放松柔和，才能在对方手上粘之绕之。

三、意境

此处的意境，已包含在上述心法之中。

四、功用

1. 活腕四式，是武当丹派武当剑术训练手腕的基础功法。当年李景林把它移植于太极拳之中，作为加强腕力的修炼，这是本门太极的又一特征。因为在太极拳中有不少拳招都要使用腕法，如采挒、擒拿、云手、勾锁、搬拦、掩手、倒卷等，均要发挥手腕的灵活有劲，故不能等闲视之。

2. 俗语说："十指连心。"手腕与手指的放松修炼，能促使心地安宁，心情宽松，减轻心脏负担。如初学者患有心血管病，练习此式速度宜放缓，慢慢地进行，平心静气地练，则可防止偏差，效果较好。

五、小收功

同第一式。

第七式　倒卷杨柳

一、动作

1. 伸臂蓄势

马步站立；两臂前伸平举，高与肩平，双肘微屈，肘尖下垂，掌心向下，两肩放松；目视前方，蓄势待变。（图3-3-49）

图 3-3-49

2. 右卷左推

随即向右旋胯转体约 35°，带动右肘松沉滚翻，手腕外旋，手掌外翻，此为滚肘旋腕；右臂一边滚肘旋腕，一边向后倒卷，倒卷至近肋处。（图 3-3-50）

随即右前臂放松下垂并划弧而上，右掌置于右耳旁；掌心向内；目视前方。（图 3-3-51）

图 3-3-50

图 3-3-51

在右臂滚肘倒卷时，左掌乘势向前推出，此为右卷左推之势。（图3-3-52）

3. 左卷右推

紧接上动。左肘松沉滚翻，带动左臂滚肘旋腕，向后倒卷，当倒卷至左肋时，左前臂向下划弧而上，左掌置于左耳旁，掌心朝内，同时右掌乘势向前推出，此为左卷右推式。（图3-3-53）

如此左右倒卷为一次，计卷9次或增加次数。

图3-3-52 　　　　　　图3-3-53

二、心法要点

1. 意在倒卷

此式要害在于"倒""卷"二字。

倒者，即向后倒退。但此式的倒退，并非拳架中的撤步退身，而是双腿原地不动，仍是马步，仅凭旋胯转体35°以及重心变移虚实而退身。例如右式倒卷的退身，就是身右转体

35°，并重心转移右腿，这便是向右侧后方退身。

卷者，指手臂向后滚翻倒卷。仍以右式为例，右臂须随着转体而向后一边滚翻，一边倒抽，且抽中有卷绞。若要倒卷得法，必须"三者合一"，即旋胯转体、滚肘抽臂、旋腕翻卷，三者同时同步地协调完成。注意，三合一必须有序进行，即"以腰带肘，以肘领腕，以腕领指"，方为得法。

2. 弹簧升降

左右倒卷时，身体松柔，腰胯松活像坐在弹簧上，随着倒卷推掌，上体一升一降，双脚一蹬一虚，助长双臂一卷一推，轻松自如。

3. 退中寓进

名为倒卷，实为退中寓进。若有人拿你手腕，可用上述倒卷应对，既能解拿，又可把对方卷向自己右侧，使其倾斜失重或跌出。这是一臂倒卷中的退中寓进，另一臂则乘势推其肩、或拿其肘而发之。两臂均含此意，不可偏废。"拳术篇"中的"倒卷手"，是本式的发展，着重训练以退为进、退中寓进的劲意。

4. 轻若杨柳

倒卷的前提是周身放松，无论何处都不可用拙力，即使是"退中寓进"的攻防劲意，也不可用强。身心内外要放松得轻若杨柳，其一卷一推、一升一沉，如杨柳迎风，飘洒自如，方能收到放松回春之效。

三、意境

如心法所述，意想清风徐来，柳枝飘荡，絮花飞卷，心旷神怡。

四、功效

心法中已有所述。从放松的要求讲主要促进肩、肘、腕及腰、腿、足、踝等关节的放松，并灵活旋转。尤其是旋胯转体带动以肘领腕、以腕领指的倒卷过程，能锻炼周身协调、退中寓进、以退为进的劲意。而且周身轻若杨柳，那种上下左右飘洒之姿，既能调理脏腑、肠胃、内分泌等功能，又可活跃身心，确实具有放松回春之能。

第八式　狮子滚球

一、动作

预备：全身放松，开步站立，两脚与肩同宽（外肩同宽）；两臂左抱球（左手在上，右手在下，掌心上下相对），似抱一篮球；目视前方。（图3-3-54）

图 3-3-54

1. 向下平圆滚球

随即由上而下滚球，其顺序是先肩圈、次胸圈、下腹圈。

肩圈滚球，即腰胯松沉，向左旋转，带动抱球之两手自左向右沿着双肩转一大圈；呼吸为半圈吸半圈呼。（图3-3-55、图3-3-56）

胸背滚球；上动不停。小幅向下松沉坐身，成高架四平步；同时，两手腕抱球绕胸前背后滚一中圈，呼吸同前。（图

图 3-3-55

图 3-3-56

图 3-3-57

图 3-3-58

3-3-57、图 3-3-58)

小腹滚球：上动不停。继续向下松沉坐身，成低架四平步；两手抱球绕小腹尾间滚转一小圈；目视前方。（图 3-3-59、图 3-3-60)

图 3-3-59　　　　　　　　图 3-3-60

2. 返上平圆滚圆

上动不停。仍然左抱球，随即反方向，自右而左绕小腹及尾闾滚转一小圈；接着身体上升，继续滚球，绕胸背转一中圈；然后身体继续上升，双手抱球绕肩滚转一大圈；恢复开立步。

以上是左抱球狮子滚球，一次须练3遍，然后变为右抱球上下滚球，亦须练3遍。

3. 交错立圆滚球

接上动。腰胯松沉，成高架四平步，随即向右旋胯转体35°~40°，带动左抱球向右侧立圆滚球，面向偏西南，重心移向右腿。（图3-3-61）

随即向左旋胯转体35°~40°，重心渐移右腿，带动左抱球翻滚成右抱球，面向偏东南。此为左右立圆交错滚球一次，做3~6次。（图3-3-62）

图 3-3-61　　　　　　　图 3-3-62

二、心法要点

1. 意圈

上述平圆与立圆滚圈，意念上的无形之圈要与两手的有形之圈一道转动，尤其是肩、胸、腹的大小三圈，意念要十分清晰，观想双肩、胸背、腹尾的周围确有大小圈在缓缓滚转，日久自有奇效。

2. 气圈

所谓意圈，即由意念引导的气圈。一圈为一个呼吸，半圈吸，半圈呼。意想所有滚圈都有一道道气圈在流转，而这些气圈又是以脐轮调息为中心流转的。要做到这一点并不难，只要想着肚脐在呼吸就可以了。操气日久，自有气感，丹田温暖，且有腹鸣，浑身舒畅。

3. 主宰腰胯

主宰腰胯是太极拳的整体要领，此式旨在加强这一要领的修炼。无论上下平圆滚球，还是左右交错立圆滚转，都要以旋胯转体为中心来带动，两臂、两掌决不能擅自妄动，所抱之球不能在转动中压扁，始终要保持球形状态。

三、意境

意想一头瑞狮抱了珠球做挥舞滚转之状，感到浑身柔和，筋骨舒松，内气流畅，意气风发。

四、功效

此式旨在以外促内，内外皆松，按摩内脏。通过形体动作的抱球滚转，进一步促使肢体放松柔顺，同时促使内气周流，按摩关节及心、肺、胃等内脏器官。尤其是左右交错立圆滚球，能从不同的方位对肠胃、性机能等进行调理，改善功能。

五、小收功

同第一式。

第九式　雄鹰抖翅

一、动作

1. 护胸抖翅

开步站立，两脚间距与双肩外侧同宽，立身中正，空胸圆背，开胯松腰，双膝似屈非屈，目视前方。

松肩垂肘，上臂松垂不动，前臂提起，两掌交叉于胸前，掌心斜向上，松腕松指，十指自然弯曲，呈双掌护胸之势；凝神前视，脐轮调息。（图3-3-63）

随即用臀部的起伏抖动为原动力，带动躯体上下抖动，双膝弹性地抖动，连带前臂、手腕、掌指也随之抖动。抖的速度适中，每秒钟 2~3 次，至少抖动 50~100 次。（图 3-3-64）。

图 3-3-63

图 3-3-64

2. 伸翅再抖

上动抖毕，可用小收功，也可连续进行本式抖动。其身法姿势各项要求同护胸抖翅，然后两臂前伸，松肩垂肘，掌心向下，指尖朝前，然后依上动抖动法，随意抖动 50~100 次。在抖完 50 次后，也可改作掌心朝上，再抖 50 次。（图 3-3-65）

图 3-3-65

3. 飞翔抖翅

上动抖毕，可小收功，也可继续做。

随即两臂收回，步型换成马步；两臂向左右两侧平举，高与肩平，松肩垂肘，掌心向下，指尖朝两侧前方。然后依照上动抖动法做小幅度抖动数十次，接着加大抖动幅度，即加大臀部上下抖动的幅度，使全身大幅度抖动数十次。（图3-3-66—图3-3-68）

图 3-3-66

图 3-3-67 　　　　　　　图 3-3-68

4. 提膝抖翅

上动抖毕，随即两手收回，合拢于腹前；同时，马步换成开立步。接着左腿提膝，小腿下垂；同时，两手随着提膝而向左右两侧划弧上抛，并依照上述抖动法抖动一次；然后左脚落地，两手也回落，仍合拢在腹前。接着右腿提膝，两手分开上抛，抖动一次。如此左右交替提膝抖翅计9次。（图3-3-69—图3-3-71）

图 3-3-69

图 3-3-70

图 3-3-71

二、心法

1. 抖尾在先

所谓以臀部抖动为原动，实际上是尾闾先动，再策动臀部抖动。然而在外形上看不出有先后之分，主要是意念上明确先后之别。尾闾好比是中心，中心一动，全盘皆动。这一点是很重要的心法，所以操练此式时，首先要想着尾闾抖动，方为得法。

2. 内外皆抖

不仅形体抖动，大凡内脏器官、关节骨骼，甚至牙齿等等，也要随之震动，且有不同程度的震动感，从而得到有益的放松调理。为此，周身各部均要放松，不松不足以得到有效的震动与调理。

首要的是心理放松，同时放松颈、胸、背、腰、胯、足、踝等等。例如小腹放松抖动，对增进肠蠕动很为有效。

3. 检测松腕

周身是否都在放松地抖动，有一法可以测验，即以手腕是否自然抖动为验证标志。一般说，练拳是否放松，首先会从手臂上表露出来，其中最容易暴露紧张的又是腕与掌。因此，一经发现手腕尚未松净，立即用忘却等法放松之，让周身在完全放松状态下自然抖动。

三、意境

意想自己越抖越松，越松越舒畅，宛似雄鹰振翅，翱翔长空，活力无限。

四、功效

此式通过特定的抖动活动，能促进周身无处不松，且对养生健身有奇效。

1. 增进关节的松弹功能。前面八式放松功法，都有显著的放松作用，而本式由于抖动的形式特殊，更能直接增进四肢关节的韧性和弹性，尤其能增强腕、膝、踝关节的松弹功能，改善平衡状态，提高稳定能力，防止中老年人跌倒损伤。

2. 全身抖动时，男子睾丸摆荡，女子玉门荡开，有利于调整内分泌，提高性功能。本功法前面几式亦有此功效。

3. 在轻松优雅的抖动中，可以调节大脑皮质，改善睡眠。

4. 可调节微循环，改善心脑血管功能；增进肠胃蠕动，调节消化，缓解便秘。

5. 可消除疲劳，舒缓忧郁烦恼，开朗心情。

6. 可调理脊椎神经，防治骨质增生。

收势 踏青归来

一、动作

1. 原地踏步

接第九式完毕。左脚收回，成小开立步站立；两臂松垂于躯体两侧，各项要求同前；目视前方。（图3-3-72）

随即两膝交替上提下落，原地踏步；同时，两前臂上下惯性地前后甩摆，腰膝松沉，微含一沉一起之意；脸含笑意，神采蕴目。如此左右踏步为一次，须踏10~20次，也可适当延长。（图3-3-73、图3-3-74）

图 3-3-72

图 3-3-73 　　　　　　　图 3-3-74

2. 松踝轻踏

原地踏步毕，随即脚掌尖不离地面，全由踝关节上提下落，带动脚跟轻轻地松踏地面；同时，两前臂上下前后惯性甩摆，令心舒神爽。须轻踏10~20次，也可以适当延长。（图3-3-75、图3-3-76）

图 3-3-75　　　　　　　　图 3-3-76

二、心法与意境

收势"踏青归来",喻示大地回春,去郊外踏青问春,满载而归之意。带着"踏青归来马蹄香"的欢愉之情,满面春风,步履轻松,心旷神怡,走向喜乐,走向健康。

三、收势归元

踏青完毕,两手放松下落,置于身体两侧,然后吸气,两臂随着吸气向左右两侧分开上举划弧,手心向上,划弧至头前方时,掌心转向下,手指相对,会合于额前。接着呼气,两掌经脸部沿胸腹而下,按至下丹田,两掌重叠贴于丹田,左手在内,右掌盖在左掌上(女子左右掌相反)。然后顺时针方向按摩丹田9次,再逆向按摩9次,两手分开于躯体两侧,左脚收回,还原"真人入定"式。

第四章　放松的要害

——形体的二十四处部位

太极拳的放松，要求内外皆松。内者，指心脑、内脏、脉络及意念、思想、精神等等的放松；外者，指放松形体各处关节相关部位。

此处单说形体的关节及相关部位的放松，计头部五处、上肢五节、躯干九处、下肢五节，共计二十四处。

第一节　头部五处

头部是百脉之宗，任督二脉交会之所，丹道与拳家都把头脑作为修炼上乘内功的中枢要纽。故而头部的放松至关重要。

当然，头部的修炼范围很广，此处仅就放松而言，只谈顶、项、领、脸、眼五处，不涉其他。

一、顶，虚领悬顶

头部放松，头顶的百会穴应虚虚上顶，似乎被一条绳子垂直悬空拎着，以保持头部的松正竖直，不东歪西斜，不低头哈腰，也不摇头晃脑。

头部的正直，便于中枢神经系统调节全身机能活动，控制人体平衡。此种百会虚领之法，术语称"虚领顶劲"。它是一种虚虚上领之劲意，不可误会执著硬顶。

虚领顶劲还有一层意思，即百会穴与会阴穴要维持上下一条直线，这就是人体的中心线，无论何时必须精心维护这条中心线不被歪斜，保持直线。在行拳或推手中，一旦"中心线"遭受意外而将"歪斜"之际，迅即用虚领顶劲及坠尾等法及时调整。

百会穴是诸阳之气，称做"天门"。虚领顶劲有利于诸阳之气缘督脉而上，从而"神贯于顶"，也有利于人体之气与自然灵气相互交感。所以古人说要"天门常开"。

二、项，松沉正直

颈项，是头部与躯干相联结的纽带，俗称"项上人头"。因其与头部联系之紧密，故列入头部范围叙述。

颈项又是神经、血管、经络等上下的通道，因此颈项是否放松竖正，直接影响到全身机体放松及平衡协调的问题，假如颈项僵硬，则经络血气受阻，波及机能活动。所以颈项要时刻保持松沉正直。

三、颌，放松垂正

下颌与颈项直接相关，应予放松，微微内收垂正，既不可仰扬，又不可过低，以是否影响颈项松正为标准，稍感不适，即行调整。

四、脸，面容自然

面部是人体的全息图，全身诸多器官组织都在面部有对应点，故而脸部肌肉的放松与内部器官的放松直接相关。如果练拳时一脸严肃，甚至"板面孔"，势必对周身相关部分产生负面影响。应当面容自然，内含笑意，悠然自得。果能如此，则一趟拳下来，心情舒畅，效果倍增。

五、眼，凝神祥和

眼是心灵之窗，神意所在，不可马虎。行拳时，自然开目，目光祥和，随着动作前视。既不可低头练拳，毫无眼神，又不能瞪眼怒目，更忌眼露凶光。要始终保持祥和凝神之态。

第二节　上肢五节

上肢五节，包括肩、肘、腕、掌、指（含指的十四小节）。这五节合而为一，统称手臂，有时单说一个"手"字，也包括整条手臂。例如拳谚说"舍去双手都是手"的手，就指手臂而言。但有时说"手"，仅仅指腕、掌、指而言，所以"手"的概念有广义与狭义之分。不过人们在日常生活中都是约定俗成的，不必多作解释就能心领神会。譬如开会时主持人说"赞成的请举手"，此时大家举手的动作都是整条手臂，而不是单单把手掌扬一扬。

但是我们练拳就要分得细一点，除了通常的分作肩、肘、手之外，还要对"手"分作"腕、掌、指"。如果再要进一步细分，则"五指"又有十四小节之分。

为何要这样细分？因为手（腕、掌、指）是内气内劲的输出口与外气的采入口，如果此关不通，怎能"气形于指""劲贯于指"呢？所以先师授拳时一再叮嘱要分清、分细，不可笼统地说放松手，应说放松腕、掌、指。笔者体会，虽然单说放松手也未尝不可，但总感到还是分得细一点为好。

一、肩，松沉灵活

肩，是手臂的根节，是内气内劲从下肢过腰胯通向手臂的第一道关口，也是"劲催三节"之"肩窝吐劲"的要隘。所谓"催三节"，即腰催肩、肩催肘、肘催手。所以肩关节必须放松灵活。才能使关隘畅通。

然而，松肩的确是比较难的，因为在后天的生活中，肩的负担比较重，担子压在双肩上，以致患了僵紧的积习，遇事老是寒肩（耸肩、抬肩）。有鉴于此，本门放松功的"老牛卸磨"式，就是为了卸去双肩因沉重负担而引起的僵硬，使其放松灵活，疏通渠道。

在松肩的同时，还要注意肩的松沉，即两肩松松地微微下沉。尤其在"肩窝吐劲"时更要注意肩的松沉，再加上坠肘及展指，就能促进手臂的伸拔（似乎手臂延长了），而且掌指就有气感产生，气贯梢节。

还要注意两肩的持平，不能左高右低或右高左低，这在一般情况下不难做到，但在练"白鹤亮翅""玉女穿梭"等拳式时，向上举架的右臂往往会抬肩耸肩，此时必须放松沉肩，右肩才能与左肩持平。

再者，肩的灵活旋转也很重要。若对方推你两肩，可用"老牛卸磨"中的前后转肩法，半圈化半圈发，只要运用得当，配合腰腿等法，必能收效。

但是，肩的灵活旋转必须有个"度"，即以不能出界为度，其界限就是松沉平正。例如本门太极的"大捋靠"一式，虽然用肩部去靠撞对方，但肩不能越出平正的范围，只能随着重心前移进身之势去靠，方是正着。

二、肘，垂坠滚转

肘是要津，它位于手臂中节，贯通两端，为修气练劲之要津，是太极八法之肘法部位。唯其重要，更须放松，以便疏通骨道，通气过劲，灵活地使用肘法。若是肘节僵紧，势必沦为上肢的"中梗阻"，影响整条手臂的太极功能。

故而肘关节应放松下垂（坠）。是否做到坠肘，自我可作检验。即手臂放松平伸，掌心向上，肘节微屈，肘尖向下垂，肘窝朝上亮。若是手臂自然下垂体侧，则肘节微屈、肘窝朝前、肘尖向后边，是坠肘的正确姿态，反之则未能松肩坠肘。

所谓坠肘，即不但肘尖应向下垂，而且意念要坠向地面。坠肘心法，初学者不易领会，须逐步加深理解。因为坠肘对通气过劲直接相关，尤其在"腰催肩、肩催肘、肘催手"的"催三节"过程中，随着肩窝吐劲、向肘催劲时，肘尖须微微向下沉坠，使内劲催发而出。当然，此时的坠肘是意坠多于形坠，形状上仅有微小的感觉，若是刻意形坠，则适得其反，内劲反而难以催发。

坠肘与直肘、露肘相对。在松肘过程中，初学者常犯僵紧、直、露之病，乃是养生与技击的大忌。尤其是推手或散手时，直肘与露肘常常成为被攻击的死角，对方就是要设法使你的肘臂僵直，使你陷入困境。故切忌直肘、露肘。

在肘节松坠的基础上，还须练习灵活滚肘。这肘之滚翻圆转在本门太极中使用较多。例如放松功中的"倒卷杨柳"，以及拳式中的"倒卷手"，都是修炼此法的招式。滚肘之法还可用作解脱被擒拿的技法，如拳式中的"乌龙盘柱"，随着插步进身、虚实变换之势，意念被拿的肘节滚翻圆转，从而得以解脱反击。

至于太极用肘之法，有明有暗，"内劲篇"中将有介绍，此处仅从放松的角度提一下。所谓暗肘，更须注意肘臂的放松。例如拳架中的"右搬拦捶"，在右臂做搬势之前，有一短暂的横臂屈肘过程，此时肘尖朝前，随着弓腿进身而肘尖亦向前进取。这瞬间的进肘，外形不露，很难觉察，故称暗肘。如果肘臂不松，必然暴露，失去暗肘之效。再如"马后挥鞭"一式，同样藏有暗肘之法。至于明肘法，本门太极的"连环三肘"所使的马步顶、进步挑、柔绕拐三肘，就是明肘的训练。然而这三肘，外形虽有所显露，但仍然要以放松为基本保证，方为得法。

三、腕，松活有劲

腕，属上肢梢节的一部分，介乎臂与掌之间，担负着承上启下的重任。"催三节"中的"肘催手"能否奏效，全赖腕节的松柔灵活。

腕节既要松活旋转，又要松而有劲，所以要增加腕劲，俗称腕力。上一章介绍的活腕四式"四季长青"，就是既练松活又练腕劲的功法。其抖腕与搬腕二式，是增强腕力之法，尤其是抖腕一法，能迅速提高腕劲。对此，著名武术家姜容樵深有体会，他在"剑术之基础"一文中说："李芳宸先生二次来沪，复蒙指授练习剑术之基础，如练习手腕法、侧足立足跑步法、抖剑法，皆有至高至妙理法在。余练一年，自觉手腕灵活，刚柔咸宜，步法敏捷，变化多端，较二十年前所习，强十倍。"（《昆吾剑》1930年本，1987年影印重版）其中所说的"练习手腕法"，就是抖腕等法。可见，只要持之以恒，总能"手腕灵活，刚柔咸宜"。

为了促进手腕松活有劲，须经常自我查验。查验之法很简便，即在上述检验坠肘法的基础上，将腕关节内旋翻掌成俯掌，此时如果肘关节受牵连而肘尖横向外，表示腕关节尚未放松，必须做到肘关节不受旋腕翻掌的牵连，依然能保持肘尖下坠的状态，则表示腕与肘皆放松了。须常以此自查，发现不足，立即改进。

坐腕也属放松的范畴。坐腕与坠肘、展指等密切相连，亦是通气出劲的要道。坐腕之法有两层意思，一是推掌或按掌时，腕节、掌根须微微沉坐，以增发劲；二是腕部既要松活，又要含掤劲之意。坐腕也是意坐多于形坐，不可刻意追求。而且坐腕时，掌背不能紧张发僵，这是一个难点，须注意克服。

四、掌，松净圆空

掌，总体说由腕、掌、指组成，统称手掌或掌。但从放松的要求出发，宜细分为好，以便理清各自的要求，从而促进掌的总体柔和。

此处所说的掌，是指掌心、掌背而言。要求掌背的肌肤筋络放松和顺，尤其是掌心要松净圆空，不可僵硬凸掌，以便气注劳宫穴，通达指尖。掌心松空了，还能提高粘劲与听劲的灵敏度。从剑道四空的"手心空"来说，是为了"使剑活"；用于太极则使拳法活。

五、指，十指连心

指，包括指的小节，是梢节的梢节，一切练气、练劲都要从指尖上显现出来，即所谓"形于手指"也。

俗话说"十指连心"。此"心"，既指心脏等脏腑活动，又牵连肢体关节的放松，更涉及到"以心行气"是否畅通等问题，关系重大。这些问题能否圆满解决，取决于手指的松柔与否，不能不认真对待。

指是否放松，其标志应是：手指肌肉柔和，指节松活，十指舒展，既不伸直并紧，又不卷曲，呈微弧形，大拇指外撑但不拉紧。如果连同掌在内，则整个手掌的形状呈瓦形（是本瓦形。非机瓦）形成手指松、掌心虚空、掌背圆弧、虎口亦圆撑的良好掌型。有人称其为"美人掌"，这比喻是否恰当，不必论证，因它只是比喻太极拳的手掌应是松柔美观的，这非但没有错，反而表示对太极手的赞美。

由于"十指连心"，放松手指的作用是多方面的，约略说有以下几点。

1. 涉及面很广

如前所述，小小的手指牵连到心理上、生理上许多部位。譬如，练拳时手指并紧僵直，不仅殃及掌、腕、肘、肩等整条手臂的紧张，还会感到处处别扭，可谓"牵一指而动全身"。

2. 有利内脏器官的正常功能

例如医生给你量血压，开始命你手指握紧，继而要你五指放松，他才正式测量。如果你仍然把拳握得紧紧的，医生就无法给你测量，即使测量了，所测数据也不会正确。行拳时亦同此理。

中医的脏象学说，把手指与五行学说与内脏器官比拟对应，通过修炼能够对相应的器官产生理疗作用。例如练拳时，意气流注食指则有利肝胆、流注中指则有利心脏及小肠、流注拇指则有利脾胃、流注无名指则有利于肺及大肠、流注小指有利于肾及膀胱。所以放松手指、意念手指，乃太极养生之道的要点。

3. 小指可导气

行拳时一般都注意食指或中指领气，这当然不错，但有的人未能注意小指与无名指领气，未免不足。其实小指领气在一定条件下能发挥意想不到的奇妙作用。例如本门的"太极起势"练法，从两臂上举到坐身屈膝，其间有三次以指领气的呼吸，当第一次呼气手指下垂时，意念气从小指指尖通出，并一直射入地下，则很快便能使手指产生胀、热、麻的感觉。

4. 拇指能领劲

假如对方拿我右腕，此时有多种技法化解，其中一法就是搬腕发劲法，即活腕四式中的搬腕一法。此法的关键在于拇指领劲，即松握拳，松手腕，意念拇指领着松握之拳向外旋腕翻拳一搬而去，同时腰腿发劲，其所发之搬劲甚大。如果不用拇指领劲，搬劲就会大打折扣。此点屡试不爽。

5. 五指可缠可勾

五指松柔，能缠绕成勾，"单鞭"中的勾手便是一例。尚有"琵琶式"中的绕指转腕，类似擒拿术中的"金丝缠腕"，又是一例。再如本门"双峰贯耳"的练法，在两拳上举贯顶之前，有一锁拿动作，亦是一例。无论何种缠指勾拿，其前提必须松指活腕，才能成事。

第三节　躯干九处

此处所说躯干，是指大椎及大椎以下至尾闾的躯体。如果说头脑是修道练武的司令部，那么躯干则是大本营。单形体放松而言，它包括大椎、胸部、背脊、腰部、腹部、臀部、尾闾、裆等九处。

一、大椎，虚领平正

大椎位于脊柱顶端，一般把它列入颈项一起讲述，当然无可非议。但据师门传授及本人体悟，大椎对于平衡全部脊柱的中正与弹性负有主要作用，而且与悬头、项正相互影响，因此有必要抽出来单独分析。

大椎放松并不难，只要意念大椎放松正直，并且虚虚上拎即可。虚领大椎，对于维护全身中定有立竿见影的作用。假如在操练拳架或推手中，万一有失中之感，只要大椎一拎，便能立刻悬头垂尾稳定守中之势。

二、胸部，松酥虚空

太极拳界流传着"含胸拔背"之说。对此，有的同道不以为然，认为若照"含胸"的"含"字去练，势必造成"凹胸驼背"的弊病，因而主张采用"松胸"一词。但我以为，如果把"含胸"的含字理解为胸部含有放松虚空之意，就不会产生流弊了。当然，为了避免误会，还是把"含"字改为松胸或酥胸、空胸为好。

与松胸、空胸相对立的，是挺胸、凹胸、僵胸。因此，只要避免挺、凹、僵之病，让胸部听其自然，松胸、酥胸、空胸就不是难事。

然而胸部放松的难处，恰恰在这种认识上（心法上）的误差。曾见有人硬是把胸前的两根锁骨紧紧地向前拢合，误以为那就是含胸，其实这是"强伸硬拉"，与放松原理大相径庭。那样，不仅胸部受挤压而凹陷，导致心肺遭殃，而且还殃及肩、肘的放松灵活。

正确的练法是纯任自然，只要有一点放松的意念就可以了，让胸肌、肋骨等皆处于原始的自然状态。这样操之日久，胸部自然呈松松的内含之状。这只能在自然中慢慢变化，千万不要刻意追求什么，否则适得其反。

有人说，太极拳不是讲意吗，怎能不去追求呢？

不错，太极拳的原则确是"用意不用力"，正是这一原则才规范要放松自然的。再说"用意"与"刻意"不同，用意是在道法自然基础上的"以心为令"的意念活动，只是明白应该什么，并非刻意求什么，而刻意是顽固的执著，甚至是做作，违背了自然之理。

分清"用意"与"刻意"的区别，是太极拳的总体要求。此处再次重申，是因为胸部有心肺两大内脏，且有膻中要穴，可谓牵一心而动全身。所以不要刻意去"含胸"而遭致伤害，而应自然放松，让胸部处于宽舒安静的良好状态，以便胸腔宽舒，气血流畅，五脏机能正常，也有利于腹式深呼吸，减少心脏压力，提高免疫力。

胸部的松酥宽舒，还有利于拳术的走劲化劲，因为胸部本身就有虚实变化。当然这是有条件的，并非平白无故就能达到。至少须具备四个条件：一是胸肌松柔；二是左右胸肋节节松沉；三是两肩松活；四是锁骨与胸肌上端的似三角形的小窝自然放松。这样，胸部就能随着拳势的需要而虚实变化。

拳家津津乐道的"上于两膊相系""紧要全在胸中腰间变化"（李亦畬语）的拳论警句，表明太极拳运化全要靠胸和腰的变化，尤其在推手中，凡是走劲化劲的拳势，都离不开胸部虚实变化的辅助。功深者，对方来手触及己胸，就会感到似陷入深海而彷徨。当然，胸腰的变化不是孤立的，需要与上肢及下肢相连系，所以要在整体意识指令下，修炼胸部的酥松宽舒及其变化。

三、背部，自然松圆

背与胸密切相关，曾有"能含胸，就能拔背"之说，可见它们之间的密切程度。

然而，对这"拔背"之"拔"字，有人也有不同理解，认为"拔"字容易沦为刻意把背用力拔起来，陷入驼背凹胸的泥潭，违背了放松的原理。鉴于这个缘故，似乎可改用"圆"字较为适宜。圆者，半弧形也。随着松胸空腔以及虚领大椎、松肩垂肘等修炼，背部自然能逐渐呈半弧之圆。

就背部本身来说，只要不驼不挺，任其自然，日久自能圆背，不必刻意去做什么，所谓"无为"反而能"无不为"也。

这样说，并不是说背部自身一点作为也不要了，还是要有一点作为的，不过那种作为是自然地让背部肌肉放松舒展，而不是刻意地去绷紧外拔，这样就能随着领椎、松肩、酥胸及吸气，背部就会产生向外胀满的感觉，微呈后弓形的圆背。此时脊椎自然上拔，脊髓神经得到较好锻炼，并使背部肌肉及脊椎骨富有弹性。

由此看来，圆背不是孤立的，必须与虚拎大椎、两肩松活、胸部松空以及腰胯松活、内气运转等密切相连，协同动作，才能成事。

背部又是督脉行气之途，内气内劲由会阴抄尾闾而起，缘背脊而上，通于两臂，形于手指。所以拳论说"牵动往来气贴背""力由脊发"。如果说空胸有利于化劲，那么拔背则有利于发劲，两者蓄发相变，相得益彰。

而且人身的腧穴都在背部，而腧穴是人身气血的总汇。背部的放松，有利于脏腑经气通过腧穴而贯通，从而气血调和，促进消化机能、吸收机能以及新陈代谢的改善。

但是，无论是练拳练劲，还是修心养性，背部的重要作用都必须在自然松圆的条件下，才能得益。

四、腰部，柔若无腰

古人形容美女的腰为柳腰，甚至更进一步描绘为"柔腰百折若无骨"，那是何等的美妙。

太极拳对腰部的修炼，也落实在"若无"两字上，即松腰须松到柔若无腰的程度，核心是"若无腰"。何以见得？

腰处于人体的中心要位，上承躯体及上肢，下接臀部及下肢，可谓一腰而定全身。拳术的动作、虚实变换、上下相随、节节贯穿、内气流通、劲路输送，乃至化劲发劲等，均要通过腰部的"枢纽"作用来实现。所以太极先贤提出"主宰于腰"的命题，要求把腰部作为太极拳的主宰，认真修炼，达到"若无腰"的境界，具体要求是：松、沉、正、活、无五字。

1. 松腰

放松腰部肌肉，让其微微散塌，好比坐在沙发上休息时那种塌腰的状态，此乃顺应先天自然的反映。果能如此，则脐轮吸气时会感到左右两肾有温温的舒服感。

2. 沉腰

在松塌的基础上，腰部微微向下松沉。但这种松沉仅仅是只有下沉之意气，而无下沉之形状，如果一定要说外形下沉，那是与之相连的松腰、敛臀、坠尾、开胯、松膝、实腿等一系列效应的综合反映，尤其是胯的松沉协调更为重要。这在"胯"的部分将有详述。

3. 正腰

即腰脊放松而又正直，这是贯彻"主宰于腰"的一大关键。因为腰是躯干运动的枢纽，好比是轴，主宰着周身转动，并支撑八面。正如拳论所描绘的"气若车轮，腰如车轴"。因此王宗岳要求其弟子"刻刻留心在腰间"（《十三势行功歌》）此处所谓"腰间"即指腰脊而言。要求习拳者始终要留心维持腰脊的松沉正直，不弯不歪，不俯不仰，不凹不凸，不矫揉造作，不低头哈腰，始终处于松正状态，以发挥"腰如车轴"的作用。

4. 活腰

腰部松正自能像车轴灵活转动。然而转腰与旋胯密切相连，实际上是旋胯促动转腰，如果胯不松活旋转，单单转腰是很困难的。常见初学者的所谓转腰，都是扭动腰脊以上的部位，显得很别扭。因此所谓活腰至少必须具备两个条件，一是腰部自身的松正，二是胯节的松活旋转，二者合而为一，才能自如灵活。

5. 无腰

这是上述四字的结晶，是松腰的最高层次。所谓无腰，就是顺应自然，不刻意追求，即从有意进入无意。开初，由意念指令腰部松、沉、正、活；而后，那些意念逐渐淡化，直至"腰没有了"。到此地步，腰的活动并非腰自己在妄动，而是胯的旋转、腿的虚实以相关部位的总体效应，所以说"腰没有了"。

"无腰"的作用，至少应注意两方面，一是自身行功走架时，不要老是意想如何转腰；二是与人推手时，感到被"吃中"的霎那间，不要想着用腰去化解，而是要靠平时修炼的松、沉、正、活的条件反射，以及溜臀、坠尾、旋胯、虚实等等上下一家的协同，这样就能迎刃而解。

五、腰隙，命意源头在腰隙

腰隙，原本认为与腰部差不多，但由于看到经典拳论的指引，以及修炼实践的启示，感到"腰隙"在太极拳中有特殊重要意义，必须把它单列出来，以引起重视。而且上述腰部五字的最终效应，是为了落实"腰隙"所蕴含的生命修炼的主旨，所以在讲了上述五字后，必须单独讲讲"腰隙"的问题。

"腰隙"一说，出自王宗岳之口。他在《十三势行功歌》中开篇就说："十三总势莫轻视，命意源头在腰隙"。

何谓"腰隙"。隙者，上下之间或左右前后之间的孔隙、隙缝也。腰隙指左右两腰孔隙之间的部位，那是命门穴的穴位所在。先贤何为不说命意源头在"命门"？因为说命门，仅命门而已，说腰隙则两者都包括在内了。对于"腰隙"的理解，太极同道沈寿先生也有精细的描述："腰隙，腰部孔穴，这里指腰后之后部第二、三腰椎之间的'命门'，穴位，是属于督脉的最重要的经穴之一。"（《太极拳文集》）

命门之说，源于祖国医学，杨力在《周易与中医学》中说："中医借《周易》太极之理，倡举命门之学，命门乃人身性命之门，是推动人体生命的原动力。"他并追溯了命门学说的发展过程。命门一辞，首先见于《内经》，后由《难经》开启命门学说之先河。经历代发展，至明代出了孙一奎、赵献可、张景岳三位大医家，完备了太极命门理论。孙提出"命门乃两肾中间之动气"说，赵则创立"肾间命门"之说，张景岳在此基础上进一步"喻命门为太极"，提出"肾两者，坎之外偶也；命门者，坎中之奇也，一以统两，两以统一，是命门总乎两肾，而两肾皆属于命门，故命门者，为水火之府，为阴阳之宅。"（皆转引自《周易与中医学》第二版）。

由此可见，太极先贤说的"腰隙"，与医家说的"肾间命门"相符，换句话说，这正是命门学说在太极拳中的应用。

说到这里，我们可以回过头来研究领会"命意源头在腰隙"这句名言的含义了。命者，生命之谓也。意者，即心意、意念也。是什么样的心意，那是为了生命健康长存的心意以及太极拳技的心意。源头，即事物的起源，譬如江河之源，此处说的是生命长河之源。整句话的意思是说，生命健康长存的源头在腰隙，提醒人们切莫轻视命意源头的修炼。

遵循王氏拳论的教导，各家太极莫不重视"腰隙"的修炼，且各有妙法。本门修炼腰隙（命门）之法，从练气及练劲发劲两方面着手。具体说，在放松的前提下，以脐轮调息为中心，由脐窝吸气，一直吸至命门，呼气时由命门前送注入下丹田，日久功深，命门饱满而感温暖，能使元气倍增，生命活力旺盛，而且元气得培，内劲渐生，乃至命门成为发劲原动的重要所在，即师门所传发劲"九一心法"中的"命门一坐"之法。此法将在"内气篇""内劲篇"中详述。

当然，腰部的放松修炼，须与松腹、坠尾以及下肢的开胯、屈膝松腿相连，须彼此协调一致，方能臻于完美。

六、腹部，腹内松净气腾然

腹部的放松，不仅在外，更注重于内。王宗岳在《十三势行功歌》中，提出了腹部内外兼修的要求："腹内松净气腾然。"

其练法，由外及内。先放松腹部肌肉，进而注意与松腰、溜臀、坠尾等协同一致，纠正"挺胸凸肚"等弊病，保持腹部放松的自然状态。同时由外及内，腹腔内也要放松，松到

"净"的境界，净者空净也。如此才能使内气腾然，所以这"松净"两字至关重要。

能否做到松净，关键在于对意与气的处理是否得当。就意说，不可执著追求腹松，更忌刻意把气往下沉。所谓"气沉丹田"，并不是硬往下沉，而是自然地、缓慢地注入丹田。如果硬是往下沉，必然导致腹部僵硬、气血被阻，何来"气腾然"耶？所以要正确地理解气沉丹田的"沉"字。为了防止可能产生的误解，可采用"气注丹田"或"气贯丹田"，以示气注丹田，遍流周身。

腹内能否松净，还涉及到腹部的起与伏的问题。本来腹部随着腹式呼吸而有所起伏是一种自然现象，但如果刻意地"外突内吸"，则适得其反，会殃及腹部陷入僵紧而不能"松净"。所以人为的"吸腹"或"突腹"皆不可取，应顺其自然起伏，腹内才能松净，才能充实，才能修炼出弹性和韧性。

七、臀部，松敛下溜

臀部，上与腰部相接，前与小腹为邻，内与尾闾为伍，下与胯节相连，因此臀部能否放松内敛，既涉及到腰、腹、胯等部位的放松与行气，更与身法中正、稳定重心直接相关。可以毫不夸张地说，敛臀加上悬顶坠尾是"中土不离位"的一把钥匙。

敛臀又称溜臀，敛是向内收敛，溜是向下舒展。由于臀部与腰部相接，所以练拳时应将臀部与腰部的肌肉一道放松，加上脐轮吸气，命门饱满，臀部就能向下、向前、向内舒展收敛，好像把小腹托起来似的。

臀部的松敛下溜，有助于呼吸顺畅深细，有利于腹内松净气腾然，并有益于大小肠、泌尿系统、肾脏功能的改善。

与敛臀、溜臀相对立的，是凸臀、撅臀，俗称翘屁股。那样势必"中土离位"，重心不稳，甚至障碍松腰胯，身形散乱，既殃及拳术正确，又不利健康。

本门放松功法的"风摆荷叶"式，是修炼敛臀溜臀的有效功法。在前后上下"摆臀"的过程中，逐渐增强臀部松敛下溜的感觉，日久自能习以为常，运用自如。

八、尾闾，松正下坠

尾闾，即尾骶骨，细分为骶椎和尾椎骨，处于脊椎的最后一节，俗称"尾巴根桩"。它原本是自然、中正，且是下垂的，是生理上的固定姿势。但由于它与臀部密切相系，臀部的不正确动作会影响尾闾的中正。所以《十三势行功歌》中说"尾闾中正神贯顶"，既指尾闾自身，又包括臀部的松敛及神气之贯顶。

拳家对尾闾放松的要求，有的说"尾闾下垂"，有的说"悬头垂尾"。不论下垂或垂尾，都表示要维持尾闾原有的中正下垂之势，不受任何影响而始终下垂着，以便使垂尾敛臀成为躯体的支坐，让腰骶稳定，周身中正灵活。

先师授艺时，既讲尾闾下垂，又讲要"坠尾"，即尾闾不但要下垂，而且还要有坠向地下之意念，像"秤砣"那样维系着躯体的重量平衡，称为"秤砣功"。秤砣虽小，可压千斤，这一比喻反映出"坠尾"有以小见大的重要作用。

秤砣功的修炼，无论对养生长寿还是练推手防身，均有"称千斤"的功用。例如"气如车轮，腰如车轴"，似乎只是腰胯在旋转，殊不知尾闾就是这车轴的轴承下端，如果它歪了，车轴还能正常运转吗?事实上，在腰胯松沉旋转时，只要细细留意尾闾中正并下坠之意，就会感到尾骶骨与腰骶骨及整个车轴都在松直而又稳定地转动着，这是小小秤砣压千斤的功效，再连同重心前后的变化，就能稳如泰山，又灵活自如，且能专注一方，不偏不倚。到此地步，当然能立于必胜之地了。

再从发劲的程序来说，传统的说法是"其根在脚，发于腿，主宰于腰，敷于两臂，形于手指"。其中的"发于腿，主宰于腰"，与坠尾秤砣功直接相关。师门的发劲"九一"心法中，就有"尾闾一坠"之法。然而初学者往往忽视尾闾垂坠，长此以往，效果必差。

九、裆部，虚提圆裆

裆部，即会阴穴，任督两脉皆起于此，是练气打通任督两脉的要穴之一，也是人体中心线"上下一线"的下线之端，对维持身法中正至关重要。

太极拳家莫不重视裆部的修炼，有"吊裆""圆裆""提裆"诸说。说法虽异，内涵相似。"吊"与"提"，都是要求裆部肌肤虚虚上提，意思相同。裆部若能放松虚提，加之两胯松开外撑，就能圆裆。几种说法比较，笔者奉行圆裆之说，师门教导也是如此。圆裆，应是虚虚的圆裆，不可夹起来沦为人字形的"尖裆"。圆裆即活，尖裆则滞。

圆裆之法，有直接的与相关的两类。

直接的圆裆法，是裆部自身放松以及开胯、扣膝合成。开胯，即髋关节放松向外撑开；扣膝，即两膝微微内扣，但仅是意念扣膝，外形无明显迹象，所谓有扣膝之意，无扣膝之形。能开胯扣膝，自然就能圆裆。相关的圆裆法，即是松腰、溜臀、坠尾。事实上，裆部不仅与胯、膝直接相关，而且与腰、臀、尾也关系密切，必须同步协调，才能共奏凯歌。以马步为例，只要裆部放松、两胯松开、两腿向外、双膝内扣之意，加上腰松沉、臀内敛，尾下坠，裆部就宽松虚圆了。

裆部松圆，不仅能直接维持身法中正，而且还有利于步法轻灵、虚实变化以及内劲的发放。例如本门发劲"九一心法"中的"命门一坐，尾闾一坠"，须有裆劲的助势，才能得心应手。

第四节　下肢五节

下肢，既是全身的底盘，又是人体的轮子，更是内劲劲源的根底，所谓"其根在脚，发于腿"是也。故下肢的放松，实在不可掉以轻心。

下肢放松的要害部位，一般说是胯、膝、踝三大关节。据师门教授与本人体悟，笔者认为脚与趾亦应单独立项，故分作胯、膝、踝、脚（背、底、跟）、趾五处叙述。

一、胯，开胯五法

胯关节位于躯干与下肢相接处，即大腿骨的股骨上端股骨突出的部分，有"胯根""胯尖"等俗称，又名髋关节、髋臼穴。

由于胯与腰腿的关系最为密切，胯的松开成了腰腿运转的关键。如果胯关节不能松开灵活转动，则腰腿及整个身体很难相随相转。常见初学者由于未能松开胯节，以致转腰不灵，沦为上身扭来扭去，非常别扭。所以"主宰于腰"，实际上是主宰腰胯。腰与胯的关系，宛如一车两轮，缺一不可。因此师门对开胯尤为重视。先师授业时，开胯松腰常挂嘴边，反复说："当年先生（指对李公的尊称）经常训诫：胯不开，腰难活；腰胯不活，何来太极！"所以李公把"主宰于腰"改为"主宰腰胯"，足见对开胯的重视程度。

因为胯节部位是承载全身重量的头道关口，造成了松胯有一定难度。但只要方法得当，勤加操练，并不难松，开胯之法主要有五：

1. 意松法

意念让髋关节放松，胯向两侧撑开，同时微向下松沉，即松而开，开而沉，松沉灵活。这些虽然是意念上的作为，外形一时难以觉察，但操之日久，自能见效。当自己感到胯根似乎与躯体脱开了，转动时毫无障碍，才算得法。

2. 气开法

即意念把气行至髋关节，让意与气共同把胯关节撑开。

3. 襄助法

开胯不可能孤立地进行，须与松腰、圆裆、溜臀、垂尾等共襄盛举。例如圆裆的条件下开胯，可使耻骨联合与坐骨结节上的关节隙缝扩大，胯与腰腿转动的空间也随之扩大，从而促进胯关节的松开灵活。

4. 旋转法

上章放松功法中的"旋转太极"，是主要操练松胯的功法。其中"旋转太极"，是修炼原地定式时的开胯旋转。此法只要坚持，很快就能见效。

5. 猫步法

本门的"复势猫行步"功法，对修炼开胯及旋转极为有效。例如在一足支撑重心，另一足提起欲前迈时，须胯根撑开下沉，才能重心稳定，迈步轻灵如猫行，从而促进开胯松沉。此法见"身法篇"介绍。

二、膝，松活虚提

膝关节是整条腿的中节，连接大腿与小腿。拳家常说的"腰腿功夫"，通常要由膝的枢纽作用来实现。拳论所谓"有不得机处，其病必于腰腿求之"。膝关节是否松活到位，就是其病之一。可见松膝在太极拳中多么重要。其作用大致可分五点：

1. 承载体重

全身重量都由两腿承担，而以膝关节的负重最大。所以膝的动作到位，就能稳定重心，使步法稳健轻灵。

2. 开合护裆

例如弓步定式时，前后两膝适当向外撑开，能助裆部撑而圆裆；但又要内含两膝微微内扣之意，起到合裆、护裆之用，从而下盘沉着有劲，此谓"合中寓开"。然而在外形上未见显露，主要是意念上的作为，即心法的运用。

3. 输气过劲

太极拳发劲的程序是"其根在脚，发于腿……"其间膝关节必须松活到位，脚底所发的内劲，才会由下而上地经过膝节顺利输送至腿而"发于腿"。

4. 用于攻防

膝自身也有攻防作用。"金鸡独立"的提膝，既可近身提膝上顶对方腹、裆，又能以腿破腿，保护裆部及臁骨。再如推手中，双方前腿之膝也可相互沾粘缠绕，俗称"推脚"。此外还有膝打、跪膝等法，视情况而定。无论何种攻防，都必须在松膝活膝的条件下才能进行。

5. 防治关节炎

由于膝关节经常循法进行放松活动，促进了血气上下相通，有利于内气对膝关节自我按摩，有利于保持及改善膝关节的柔性活力，延缓膝关节的衰老，故能防治关节炎。如果把放松膝节用于日常生活则效果更好。例如步行时间长了，两腿感到疲劳时，可用放松功法中的"踏青归来"式，虚虚提膝，并连同松踝，很快就能产生舒感，疲劳迅速清除。

松膝之法，主要有下列几点：

1. 膝与趾合

弓步与马步定式时，须腰胯松沉，膝尖不得超越足尖，有"三尖相对"之说，即鼻尖、膝尖、足尖成一线。但是这"足尖"一辞较笼统，如果望文生义，足尖应是足趾之尖，但五趾有长有短，以哪一趾为准，须要弄清楚。

实际情况是，摆好弓步的正确姿势后，如果自己目测（不低头看，仅凭目光下视），前弓之腿的膝尖正好与大趾及二趾的趾尖相对；但是如果用标竿测量，则膝尖与大趾的第一节（二趾的第一节与第二节之间）上下对齐，即膝尖不超过大趾的趾甲后部（不是趾尖）。因此为了防止因笼统而产生的误解，须要把它厘理清楚。

如果膝尖超过大趾甲的范围，则是越界犯规，那样膝部的载荷加重，膝盖紧张，甚至产生酸痛，长此以往，势必伤害致病。

2. 沉胯提膝

当动步换势时，在一腿支撑重心，一腿前迈之际，应松腰落胯，尤其是支持重心之腿，更须腰胯松沉，另一腿才能轻松迈出。而且，迈出之腿必须放松膝节，并松松提膝，再伸脚前迈。切不能不经提膝直接出脚，那样势必滞重僵硬。所以松膝提膝是迈步轻灵的一个关键，而提膝能否提得轻松又与腰胯松沉密切相关。其诀窍是：腰胯向下松沉，膝盖轻松上提，即沉胯促提膝，尤其在意念上要明确似乎是腰胯把膝反托起来的，这才是真正的松膝提膝。

第三篇 松静篇

3. 松膝功法

上章放松功中的"金鸡报晓"及"踏青归来",都有松膝提膝之效。还有一种小功法,叫"独立抱膝",练法简易,一腿独立,一腿提起,膝盖尽量提高些,接着双手抱膝,尽量把膝部抱向胸部,紧贴胸前。独立抱膝的时间越长越好。两腿可左右互换练习。常练此式,有助于胯与膝的进一步放松,还能使踢腿踢得更高些。

4. 防止"跪膝"

跪膝,指膝盖超过脚尖,有下跪之势。这是练拳过程中常见的一种弊端。它有两种表现,一是弓步的前膝严重越位,此谓单跪膝。另一种是开步站立、屈膝下蹲时,双膝超越脚趾,膝尖显现向前、向下跪去的姿态,此谓双跪膝。无论单跪、双跪,全身重量绝大部分都压向膝盖,犯此病者,莫不膝盖酸痛,有苦难言,久则病痛丛生。

预防及纠正跪膝之法,说难不难,只一句话:前不过趾,后不过跟。以开立步屈膝下蹲势为例,正确的姿势是松腰落胯,虚领顶劲,敛臀垂尾,上体中正;身前的双膝膝尖,不超过大脚趾规定位置;背后的臀部坐在后脚跟上,即臀尾与后跟上下一条线。这样身法中正安舒,双膝轻松舒适。

三、踝,松柔灵活

踝关节,俗称"脚腕",被拳家称为下肢三大关节(胯、膝、踝)之一。它往下能影响脚的功能发挥,往上涉及到膝、胯乃至周身的放松,所以它是贯通上下的要害部位。否则,即使上面节节都松通了,若此踝关节僵滞,就会阻塞通道,产生上松下不松、上通下不通的弊端。除了这疏通上下的功用外,松踝大约还有四个作用。

1. 有利步法轻灵

踝关节的放松灵活，是步法轻灵的五大要素之一。所谓五大要素，即分清虚实以及松腰、沉胯、提膝、活踝。脚腕这最后一个要素若是不松不活，就谈不上步法轻灵。因为在腰胯松沉、提膝前迈时，若是踝节僵僵的，势必步伐滞重，毫无轻灵可言。

2. 有利于调整身形

在进步、退步、转换身形时，必须有脚的动作配合一致，才能顺利调整。例如必须有脚尖的内扣外撤或上翘下落，以及脚掌、脚跟的碾转等动作相随协调，否则难以调整到位。而这些脚的动作都牵涉到脚腕的放松问题，只有踝关节放松灵活了，脚的移动才能自然灵活。

3. 有助恢复下肢疲劳

上文提到，平时走路累了，疲劳感油然而生，尤其是膝、踝感到又酸又胀。此时只要在原地提膝松踝，就会感到很舒服，其法即是放松功法中的"踏青归来"。常练此法，还有助于防治关节炎等疾病。

4. 可用于踢脚等技法

太极拳中的踢脚、蹬脚、分脚、点足等技法，也与踝关节有关。踝关节松活了，方便脚掌轻松上翘，或踢或蹬，或点或踹都方便。总之，脚腕放松灵活了，样样方便。

松踝之法，贵在立意。练拳时，要十分明确地确立踝关节不可用力，只能任其自然的意念意识。这似乎不着边际，实际上很管用。譬如提膝向前迈步时，不要去管踝关节如何，让它随着提膝而自然提起，这样踝关节就会自然放松；脚落地踏实时，也不要管踝关节如何作为，让它随着身法及重心前移而去，踩就不会紧张。此法灵不灵，一试便知。

同时勤练放松功法，也是松踝的重要途径。除"踏青归来"外，尚有一小功法，即提腿转踝法：一腿站立，一腿轻提，提起之腿，旋转踝关节，左旋9次，右转9次，或不限次数，由少到多。踝节虽然难松，只要方法得当，持之以恒，不愁其不松。

四、趾，五趾贴地

趾，是脚的一部分，俗称"脚丫趾"。脚趾虽小，作用很大。为了引起重视，特把它单列开来，尽可能加以分析。

脚趾对稳定重心、移动脚掌、变换虚实、迈步轻灵，乃至周身放松，均有重要的反射作用。但脚趾必须放松，才能发挥它应有的作用。

松趾之法，其实只有一个，就是不用力。无论是站立的定势，还是进退的动势，脚趾都不要用力，让它处于平时的自然状态。我们的脚趾，在日常生活中很少使用，只是自身行将倾斜跌倒时，或者踮起脚掌时，才会用到脚趾。平时它总是松柔地伏在那里不动，不动自然不用力，更不会并紧僵硬。这种不用力、不紧张的状况，就是脚掌平时的自然状态，只要始终保持这样的自然状态，就是松趾了。

但是，松趾必须全面放松。因为每一脚趾都有若干小节，所谓松趾必须每一小节毫无例外地都放松。

在实践中，拳家有"五趾抓地"之说。如果这是说脚趾抓地能及时稳定重心、调整重心、防止倾斜，那是有作用的。但是这"抓"字容易误解为用力去抓的意思，若是用力一抓，脚趾就会紧扣地面，生怕一松就会失去重心甚至倒地。这种情况当然与太极放松原理相悖，但这又是很容易发生的事。为了防止误解，先师授业时把"抓"字改为"贴"字，称做

"五趾贴地"。

五趾贴地,就是五趾松展不用力卷曲、趾肚舒坦地熨贴地面（不僵硬踩地）、趾尖自然朝前（不用力下抓地面）。概括地说,就是脚趾不用力抓地,而是自然地放松粘贴着地面,连同脚掌一道熨帖于地。

五趾贴地,避免了因"抓地"引发的脚趾局部紧张。虽然说那是局部紧张,但因脚趾作为末梢神经十分敏感,很快会波及踝、膝、胯、腰,乃至周身不同程度的紧张,脚趾本身也感到紧绷绷的不舒畅。一旦脚趾松开了,熨贴于地,脚趾自身立刻舒坦,周身各部也随之松活贯通。"贴地乎""抓地乎",习者可自我试验,反复比较,择优而取。

脚趾的作用不仅止于此,它还有导向作用。例如脚掌的上翘下落,须由趾尖引领；脚的外撇内扣,应由小趾及大趾领向,才能轻松自如。再如在动步转换身法时,趾尖的导向关系到腰胯松沉及步履的正确与否。如在转身右上步时,左腿支撑重心,右腿提膝前迈,这前迈之脚（包括踝、趾在内）均应自然放松,其拇趾应自然指向正前方,这样前脚踏实时,右脚的形态就自然正常,合于规范,微微内扣。如果拇趾的指向左右歪斜,则脚型必然不正,还会影响腰胯松沉旋转,以及裆部受夹,株连身法完整。所以脚趾的朝向,应细细地把握才好。

五、脚,长青之路起自脚底

脚,又称足,它由脚掌、脚心、脚跟、脚背以及脚趾组成。如果扩散一点,还可把踝节（脚腕）纳入脚的范围,因为脚下的功能要通过脚腕才能向上发出,所以把踝连在一起讲并不为过。关于踝及趾,上文均已分别叙述,这样做并非肢解脚的组成,而是为了更细致地厘清各自的修炼要求,以便更好地完整合一。

太极拳虽然称做"拳",实际上以练脚为根本。故而太极先贤提出了太极拳"其根在脚"的命题，要求习拳者首重脚下功夫的修炼。由于"其根在脚"的命题涉及到太极拳的方方面面，故打算在"身法篇"中专题论述，此处仅从放松的角度说说要求与方法。

脚的放松，统而言之，无论脚掌、脚心、脚背、脚跟、脚趾，乃至脚底经络穴位，统统不能用拙力，只能任其自然，完全放松。其标志是：

脚掌的肌肤松软，脚跟自然熨地，脚心悬空（即足心空），脚趾熨帖地面，脚背松松隆起，两只脚好像脱去鞋袜赤了脚踏在柔软的地毯上，感到柔和舒坦；当然与之相连的踝关节亦是放松柔顺的。这些综合起来，加上心意等作用，就能合成为一双"太极脚"。

修炼脚下功夫，对促进生命活动的健壮成长，有着特别重要的意义。

因为脚是人体生命活动的重要器官，五脏六腑在脚底都有相应的反射区。有业者研究，"脚部集合着人体最重要的67个反射区，是人体全部器官的缩影。这些反射区与各脏腑相应，与五官及经络、穴位等相联系，并同人体各类系统也有密切关系"。（张力《按摩暖足助入静》）

仅以小小的脚趾来说，人体十二经络中也有其反射之位，即肝经、脾经的井位在大拇趾；胆经反射在第四趾，胃反射在第二与第三趾间。再从血液循环而言，血液从心脏输出，以达身体末端梢节（上为指尖，下为趾尖），但是脚趾平时少有活动，血液循环的功能较差，故难以畅通地把血气输送到末梢。所以医者又进一步认为，脚不仅是五脏六腑的缩影，又是"人体的第二心脏"。

可见，修炼脚下功夫，能刺激疏通脚部经络的运行，从而由脚向腿而腰地周身完整一气，促进全身血液循环，提高肝脾肠胃功能，进而开发青春活力、抗防衰老的潜力。俗语说：

"人未老，脚先老。""人老先由脚上见，驼背弯腰手杖添。"大凡未老先衰者，多半两腿乏力，步履维艰，所以识者谓："千里之行始于足下，青春之路起自强底。"

第五章 动静之机

第一节 宇宙生发的基础

太极的动静是宇宙生成和发展的基础。我们在"哲源篇"中，曾用《周易·系辞传上》的一段话："是故易有太极，太极生两仪，两仪生四象，四象生八卦，八卦定吉凶，吉凶定大业。"描述了宇宙生成的过程。其中太极生两仪是宇宙生成的基点，若无基点，何能生成宇宙。

那么太极凭着什么生出两仪（阴阳），乃至化生万物的?周敦颐在《太极图说》中作了回答："无极而太极。太极动而生阳，动极而静；静而生阴，静极复动。一动一静，互为其根，分阴分阳，两仪立焉矣。"

这说明，太极生阴阳必须具备两个条件：一是必须有"太极"这个本体（混元为一的元气），二是必须有太极自身的动静，没有太极的动静就没有阴阳，也就没有阴阳以后的四象、五行、八卦、乃至万物。一张太极图，就是太极自身动静的生动写照，它既是天地未分之前的混沌之象，即静的象征；又是静中寓动之象，即动的象征，清楚地表明了太极的动静化生了万物。

王宗岳继承这一哲理，把它作为太极拳的理论纲领，即前文引用过的"太极者，无极而生，动静之机，阴阳之母也"。我们如果能仔细揣摩太极图的奥妙，领会太极学说，则更能理解王宗岳提出的理论纲领，从而在行拳过程中把握"动静之机"，把"动之则分，静之则合"巧妙地结合起来。

第二节　阳动阴静

阳动阴静，是太极学说中的一个哲学概念，也是修炼太极拳时刻碰到的富有哲理性的理法之一。

我们在"哲源篇"中介绍了周敦颐的太极图，其图的第二圈内容，是左右相对的三层黑白相间的半环圈，白者为阳，为动；黑者为阴，为静。左边三层为两白一黑，表示阳中有阴，阴中有静；右边三层为两黑一白，表示阴中有阳，静中有动。并在左圈旁注"阳动"二字，右圈旁注"阴静"两字。这阳动阴静的两个半环形圆圈说明什么呢？周敦颐在《太极图说》中作了解释，就是上节引用的"太极动而生阳……"那段话。这段话给了我们很多的启示，除上节说的由于太极的动静才产生了阴阳外，至少还告诉我们三点：

一、太极的动静是内部自身的动静。无论动因和静因，都是内部固有的，是互为其根、互为条件的。正因为如此，才能动极而静，静极复动，无动不成静，无静不成动。所以太极的动静是宇宙万物生发的基础。正如朱熹所说："天地间，只有动静两端，循环不已，更无余事。"（《周濂溪全集》卷一）

二、动静即阴阳。阴阳是由太极的动静产生的，动就是阳，静就是阴。在周敦颐及王宗岳的思想体系中，都是动则生阳，静则生阴，所以"阴阳"两字并不神秘。拳术中的阴阳、虚实、开合等等，都是动静在不同情况下的不同反映。所谓"阴不离阳，阳不离阴，阴阳相济，方为懂劲"，也可以理解为静不离动，动不离静，动静相济，方为懂劲。当然，如果从古代的阴阳五行学说来讲，那文章就大了，我们在这里仅就太极拳范围而言，不必把它神秘化。在此可引用朱熹的一段话来说明:"盖太极者,本然之妙也;动静者,所乘之机也。"又说:"是以自其著者而观之,则动静不同时,阴阳不同位,而太极无不在焉。自其微者而观之,则冲穆无朕,而动静之理已悉具于其中矣。"(同上卷一)

三、阴阳气也。由太极动静产生的阴阳,就其自身而言,即是阴阳二气。因为太极是混元一气,一气当然生二气了,因此所谓懂劲,既要懂得动静的变化,又要懂得二气的动、变、合、生及相融相济,以及阴阳二气的修炼。这将在"内气篇"中详谈,此处从略。

第三节 两种动静

太极的动静,有"物"的动静与"神"的动静两种。周敦颐在他的《通书·动静第十六》中发挥了太极动静观。他说:"动而无静,静而无动,物也;动而无动,静而无静,神也。"这"神静"是否是不动不静呢?不是的。周敦颐为防止读者误会,紧接着说:"动而无动,静而无静,非不动不静也。"意思说动中有静,静中有动,不过那种动静的形态是极其微小的,肉眼分不清是动还是静。因为物质运动发展到高级形态时,其位置的移动微乎其微,其变化的过程是缓缓渐变的,是很难觉察的。周敦颐就称它为"动而无动,静而无静,神也",取神妙莫测之意。

对于周敦颐的动静观,当代学者梁绍辉先生颇有研究。他描述"神"的动静说:"这种形态的位移极其微小,所展现的运动与静止之间的连接极其紧密,根本无法区别。你说它动,似乎是静;你说它静,似乎又在动。不仅分别不出是动还是静,甚至也区分不出在此地还是在彼地,是此物还是彼物。"(《太极图说通书义解》海南,三环版)通过这段精彩的描述,使我们更清楚地看到区分"物""神"两种动静与练好太极拳的直接相关。

只要看看王宗岳拳论中的相关论述，就能知道其中奥妙。拳论说："动之则分，静之则合……而理唯一贯。"这动静分合的拳术形态，有显著与微细之分，即有肉眼看得见的"物"的动静，也有看不见的"神"的动静。所以王宗岳又说："静中触动动犹静，因敌变化示神奇。"他提示我们，无论练习拳架，还是练习推手，都要把握阳动阴静的细微变化。大家常说的"听劲"，就是听清并捕捉在瞬间出现的"物"与"神"的两种动静变化，尤其要听清神妙莫测的取胜之道。

第四节　主静为本

掌握"神"的动静的关键，在于贯彻主静为本的原则。主静的原理来自太极学说。周敦颐在《太极图说》中，从太极、动静、阴阳、化生万物，一直说到"圣人定之以中正仁义，而主静，立人极焉"。这是人生论的总纲，"中正仁义"是人生修养的核心内容，"主静"是人生论的最高原则。

按照传统的解释，中正仁义便是礼智仁义，是儒家修身齐家为国的核心思想，而主静则是道家倡导的核心思想。周敦颐把儒、道两说融为一体，成为颇具特色的新说。正由于两说合一，才被太极先贤引入拳术，列为修身养性、练劲防身的准则。

因此本书前面两篇提出恢复先天本性、完善人生，是太极心法的最高范畴。其实这一观点并非作者发明，太极先贤早已提出。例如《张三丰以武事得道论》中指出要"以修身为本""良能还原……良知归本"（引文同上）。再如老谱《固有分明法》中指出"因人性近习远，迷失固有"，所以要通过练拳

"还我固有"。再如流行于太极拳界的《四性归原歌》说："世人不知己之性，何能得之人之性？物性亦如人之性，至如天地亦此性。我赖天地以存身，天地赖我以致局。若能先求知我性，天地授我偏独灵。"（《太极拳谱》中华武术文库，人体版）先求知我性是前提，然后知人性、物性、天地之性，目的是为了"天地授我偏独灵"。然而，只有在静态中，才能灵光一现而得灵。

可见，练拳先修性，是练好太极拳的首要问题。事实上，不少拳友都有这方面的体会，有的改变了浮躁，有的变得温和了，有的遇事沉静了。这些体会虽然浅显，但它充分表明，太极拳可以陶冶性情，进而更能完善人生。

太极拳毕竟是拳，在注重修心养性的同时，还应把主静融入于拳术之中，以便德艺并进。

第五节　心贵静

太极拳的主静原理，在行功走架时首先体现在"身虽动，心贵静"这一心法的贯彻上。这是武禹襄对王宗岳拳论的进一步发挥。王宗岳在《十三势行功歌》中，反复指出要"势势存心""刻刻留心""仔细留心"。所以武禹襄又说："心为令，气为旗，神为主帅，身为驱使。""先在心，后在身。"表明一切身法动作皆由心中主静所驱使。

因此在盘架子时，自始至终应心中寂静，抱元守一，神气相合于心，在轻柔缓慢的过程中，细心体味"神"的动静那种意境，逐渐神而明之。

心贵静，不仅体现在驱使身法动作，还要把"静"提高到"仁者静"的高度。孔子说："智者动，仁者静。"（《论语·雍也篇》）即聪明的人能致力做好那件该做的事，而有仁德的人能在静态中考虑宏观大局。这样说，并非拿孔子的话来牵强附会，而是练拳时确实要从大处着眼。上面提到的周敦颐所说"圣人定之以中正仁义，而主静，立人极焉"，就是"仁者静"的意思。

如何达到"仁者静"呢？必须"思无邪"。这话原出《诗经》。孔子评论说："《诗》三百，一言以蔽之，曰：思无邪。"（《论语·为政篇》）教导人们要思无邪，决不能产生邪恶思想。这一理念当然适用于练拳，一面在行功走架中无邪无杂，从静中悟出主静之道，一面又要在行事为人上思无邪，做一个仁者。

第六节　静中触动

太极拳的一切招式，都是在"动之则分，静之则合"的机势中发展提高的。这动分静合如何具体把握？最有效的心法就是王宗岳的"静中触动动犹静"这句名言，它把主静为本的原理具体化了。在长期实践中，这句名言又演绎成为"静中之动谓之真动，动中之静谓之真静"两句精彩的拳谚，变得更为具体、更可操作了。

这句名言可以从"静中触动"及"虽动犹静"两方面分析。现在先从"静中触动"即"静中之动谓之真动"谈起。

静中触动，顾名思义，太极拳架是由无极桩这个静态中开始的，这容易理解。问题是在行拳过程中如何静中触动？主要的还是"心贵静"。有智者说，静为"性"，动为"意"。因此一切要在虚静中讨消息，否则不知"性"之所在，也不知"意"在哪里，极易沦为妄动，徒劳无益。

修炼静中之真动，还要在静功中求得，即要练习无极桩、混元桩、三才桩等等静站功法，以及太极静坐法等功法。这些功法以静为本，要求心如止水，但并非一潭死水，而是静中有性、有意。以"三才桩"（俗称虚步桩）为例，当桩式按要求站定后，躯体和内心都处于高度入静状态。此时静中的动意约有五点：

一、两手如合抱琵琶，后手意含金丝缠腕，前手意含旋腕粘合；两手又可含开含提放之意；

二、内视脐窝，脐轮调息，气注丹田，气灌两手掌指；

三、腰胯松沉，气贯脚心入地，蓄反弹之意；

四、意念命门微微下坐，脚掌含下踏之意；

五、上含悬顶，中含沉腰，下含重心松沉前移，裹助灌气踏劲。

这五点都须在一呼一吸、一开一合、似有似无中进行，而且只有动意，并无动作，表面上静如处子，内心却动意绵绵。此即静中之动也。

第七节　虽动犹静

说到虽动犹静，先要分清两种"动"，一是拳术形体动作的"动"，这是形动；二是上述静中之动的"动"，这是动意。此节所说的是指前者而言，即在形动的过程中，如何体现其中之静。约略说有下列几点：

一、虚静为本

太极之道原本是一，即混而为一的元气。一张太极图就是一种静的象征，虽然其中孕育着阴阳，但阴阳尚未分出之前，依然是一个太极。所以行功时应以虚静为本，才合太极之道。具体讲，一招一式，举手投足，均应从静而来，而且要把招式看成是变化中的静，刻刻不离静，静如天地未分，精气神不溢于六合之外,逐步达到"虚则无所不容,静则无所不应"的境界。

二、动分静合

任何拳招姿势,都是一动一静,一开一合,一阴一阳,互为其根。一般说,拳招的过程是动,定式之际是静,然而有两点不可忽略,一是即使动的过程中也有静,二是这种静是有痕迹可寻的,而阴阳虚实都在其中了,这才是真静。原想举某一拳式的例作分析,继而又怕挂一漏万,所以还是让同道自行体会的好。

三、得意忘形

这是一句成语,原出《晋书·阮籍传》,经后人引伸出褒、贬两种意义。一是引伸为获得某一事物的精髓,而忘其(不拘泥)形式;再一种是贬义词,讥讽小人得志而得意忘形。我们借用这句成语,是为了说明练太极拳也应透过形式而得其精髓,在动静问题上,应寻求真动真静。有位练家徐树民先生说得好:"'得意忘形',是一种精神的升华,是灵感的迸发,是悟性的产生。"此话有感而发,深刻。

四、心静气合

动中之静,贵在心静。凡练内丹功的都知道,第一道难关就是入静难。那是静坐状态中静,尚且如此多难,何况是动中求静,就更难一些了。然而虽难却并非不能,是可以得到动中之静的,除上面说的几法外,还有心静气合一法。拳家历来有"外三合""内三合"之说,其中就有"意与气合"一条。意即是心,心即是意,或者说心是意之主,意是心之从。行功时,心动则意起,意生即气生。戚继光指出:"人在此身,先有此心。气发于外,根源于心。"(《练兵纪实·杂集》)因此,心静则气正，心乱则意散，意散即气浮，故而行功时，须心、意、气三者相连相合于丹田，循环往复，清平和合，和则静，静则成，不断升华。

第六章 松静的层次

第一节 松静相融

本篇"引言"谈到，体松与心静是太极拳的两大特征，无论是练气养性，还是练劲防身，都必须在体松心静中进行修炼，才能达标。而松静又是相互促进、相融互补的关系，前面谈论的放松之道，亦是入静之路。此谓松而致静，静而致松，互相融道，彼此补益也。

尤其是心脑的松与静，简直不分彼此，头脑一松，即是心脑一静；心脑之静，亦是心脑之松，彼此互补，日益深化。原因何在？据中医师刘绪银研究，因为"放松可以消除躯体异常载荷，减少经脑干网状结构→丘脑→大脑皮质的冲动，使大脑皮质处于抑制状态，有利于大脑的有序活动和脑电同步化。脑电活动的同步化是入静的内在机制，因此，放松可以促进入静。"（《太极混元功》80页）

而且，心脑的松静，又能引导着周身处处放松。松促静，静促松，不断互融互补，直达松静的高峰境界——虚静无为的境界，那时松与静就融为一体了。

然而，松静并非一蹴而就的，而是晋阶有序，层层深入，步步提高。放松的层次，大致可分为一般松静、初懂松静、晋阶松静、心意松静、寂静无意、虚静无为六个层次。

第二节 一般松静

一般松静是指生活中的一般现象，在疲劳时需要休息一下、安静一下那样。因为人的松柔本性虽然被后天磨去了不少，但松静的基本元素依然潜在，一旦感到需要放松、安静时，松静的基本元素就会自动彰显出来。但这仅仅是机体本能的一种自在反映，尚不是自觉松静，故称之为一般松静。

第三节 初懂松静

即在"以心为令"的行功过程中开始懂得松静之理，并熟练相关松静功法，能按图索骥地逐渐放松二十四处要害部位，大脑皮质也开始能松静。但是由于对松静原理及其迫切性认识不够充分，方法还不熟练，因此这一阶段的松静呈现四种情况。一是只是局部松；尚未全部松；二是时松时不松，时静时不静；三是顾了这头，丢了那头；四是对最难放松的肩、腰、胯及四梢末节的放松感到困惑，动中求静尚未掌握，所以只能称为初懂松静。

第四节 晋阶松静

在初懂的基础上，经过一段时间的继续修炼，周身能全面松开，心意也进一步安静。其主要特征有四：一是二十四处要害部位都能一一松开，宛如"春城无处不开花"，先天的自然状态开始恢复；二是比较难松的几处部位都开始放松了；三是初步能按"气如车轮，腰如车轴"的要求运行；四是行拳时感到周身轻松舒适，始有圆活之趣，初无僵硬之态。

虽则松静已有晋阶，但自觉放松的程度还不高，放松的纯度还不一。其表现形态是，有的部位松得纯些，有的部位则较差些，而且一旦遇有外来压力，就会出现顶抗等紧张心理及僵硬状态。

第五节　心意松静

上述在外来压力干扰下出现的紧张问题，是松静不稳定的反映，需要进一步修炼，使松静向深层次发展。这一层次的主要特征是从有意有为入手，具体说有五点：

一是心脑更加安静，意识专一于放松。

二是意念放松法等功法已能习惯运用，意到哪儿松到哪儿，周身已全面松开，尤其是四梢末节更感松弛安舒。

三是心息相依，即上章"虽动犹静"谈到的心、意、气相合于丹田的静，那是动中求静的真静，是较高层次的松静。

四是能作松静的自我检验，能比较敏感地发现不足，迅速改正，所以松静的稳定性比较高。

五是遇有外力干扰，一般不再产生顶抗之弊了。

但是，由于这一层次的松静依然是从有意有为入手的，故而须"刻刻留心"，稍不留心，就会影响松静的纯度；若是偶有疏忽，则会出现顶抗等紧张情况。只有进入了更高层次的松静，才会完全自觉地（条件反射）动静分合，随曲就伸，急应缓随，虽变化万端，而唯松静一贯。

第六节　寂静无意

这一层次的松静，是从有意有为进入无意无为的松静阶段，松静层次发生质的变化，进入寂静的高深层次。其主要特征有五点：

一是无须用意。从先前的用意到这一层的不用意，就是质的飞跃，不用意才会生真意。

二是一心清静。由于不用意，心脑更加清静，无杂无妄。

三是机体内外各部分的活动能同步化。即大脑皮质、下丘脑、内脏系统及躯体之间联络，由于形体松净、心灵寂静而得以疏通，所以能内外活动同步进行，真正实现，"一动无有不动，一静无有不静"，以养蓄太极整劲效能。

四是身心愉悦。由于心脑及机体内外的同步活动，会产生一种轻爽舒适、悠然自得的喜悦。上文提到的"得意忘形"大多在此时出现；上章说的"脸容自然，内含微笑"，也多数在这阶段显现。

五是由于机体内外的通道被打通，尤其是大脑皮质的抑制，使某些感受器官及潜在调节系统开始激活。此时如果练发劲，就会松松一弹而出，感到松沉有劲。但这仅是开端，真正的激发人体潜能，须进入虚静无为的最高层次后才能练成。

第七节　虚静无为

虚静，是上述寂静的深化，是无意无为的进一步发展。在道家修炼内丹的层次上，属于练神还虚的高峰层次，再往上就"得道成仙"了。作为内丹功动功的太极拳，则把虚静无为列为松静的最高层次，它直接关系到修心养性、完善人生；修身练劲、开发潜能的程度如何，须认真对待。

虚静无为，也是老子的心法。老子说："致虚极，守笃静，万物并作，吾以观复。夫物芸芸，各复归其要根。归根曰静，是谓复命。复命日常。"（《老子》第十六章）为了便于分析老子这段话的意思，今据余培林先生《新译老子读本》（台湾三民书局版）相关注释综合作些浅解。

致虚，谓消除心知的作用，使心灵虚空净化。守静，谓除去欲念的烦恼，使心底安宁静默。"极"与"笃"两字，皆谓顶点、极端。把虚静与极笃连起来说，则谓应极尽虚静之能，使之达到顶点之极。

为何要致虚守静呢？联系老子下面的话，意思是人的心灵原本是虚静的，但往往为私欲蒙蔽，因而观物不得其正，往事不得其常，所以要恢复原初的（先天的）虚静。故曰："归根曰静，是谓复命。"命，指性，复命即复归本性。

由此我们得知，太极拳修炼虚静无为，首先是为了恢复原初的本性，即无私欲、心宁静的本性，以便完善人生。但太极拳毕竟是拳，在完善人生的同时，还要获得"拳"的理法技法。如何获得？按照老子的观点，必须掌握宇宙万物的共同规则，即"复命曰常"。常，即常道，宇宙万物行动的法则。这个法则的核心是动静的反复。即虚是有的本，静是动的根，凡是有，必起于虚；凡是动、必生于静，而最后必然返归于虚静，即复归本性。懂得了这个归根复命的常道，就能称为明智，即老子所言"知常曰明"，如果"不知常"，必然"亡作凶"。

所以修炼太极拳应以这一通则为指导。行功走架时，一切动作都要由虚而发，由静而生，又复归其根，在螺旋反复中前进，熟练地沿着变化的规则，达到虚静无为的境界。

道家对虚静无为的解释是："虚能应物，静能生慧，无为而无不为。"1989年，笔者赴武当山出席武当拳法功理功法研讨会时，曾见到紫霄殿的右侧厢房内挂着匾额两副，其一就是"虚静无为"四字及这一解释。这是对"虚静无为"的经典提示，值得深思力行。

所谓"虚能应物"，即是在虚极的状态下，能够无所不包

第三篇　松静篇

地适应任何事物，并能无所不通，趋吉避凶。

"静能生慧"，被练家和学者广泛运用。慧者，包括智能（心理）与体能（生理）两方面，不能仅理解为智慧一项。静能生慧，是说进入了"守静笃"的最高境界，就能把人体原本潜在的心理与生理的本能开挖激发出来，形成巨大的新能、新智。因为在虚极静笃的境界，大脑的清静虚无及形体的虚柔达到了顶点之极，原被抑制的各种潜在本能，由于潜意识中不再有稽查而进入了意识领域，从而得以调动开发出来，成为生命活动中前所未见的新活力、新能量。

太极拳能够延年益寿，全靠这种活力的支撑。至于拳家孜孜以求的太极内劲，也就是开发潜能所形成的奇异能量，它是体能，又是智能。南怀瑾先生说得好："在精神状态而言，'静'是培养接近先天'智慧'的温床。'智慧'是从'静'中的灵光一现。"（《静坐修道与长生不老》）事实上，灵光一现，既得智慧，又得内劲（关于内劲，将在"内劲篇"中进一步分析）。

"无为而无不为"。这涉及到老庄哲学的"无为而治"的政治思想，此处撇开不谈，只就太极拳而言。无为，即练拳从有意有为进入无意无为的高深层次，此时没有主观愿望的点滴尘埃，也没有一丝一毫的偏执妄念，处于极虚笃静之中。似乎是无为，但由于虚能应物，静能生慧，反而能在无意中练出真意真劲，导致无所不为。例如推手中的舍己从人，忽隐忽现，人不知我、我独知人等等，都是"无为而无不为"心法的写照。

当然，虚静无为，从道家内丹功来说，并非是至高无上的绝对顶点，随着修炼日深，还会继续迈向更高更深的境界。

第七章 专气致柔

第一节 柔字的字义

众所周知，太极拳是主静主柔的拳术，有时单称柔性拳术。本门的练功总诀："修阴阳中和之气，炼天地至柔之术。"把一般的柔性提高到"天地至柔"的高度。

什么是柔？《说文解字》："柔，木曲直也。"段玉裁注："凡木曲者可直，直者可曲曰柔。引伸为凡软弱之称，凡抚按之称。"段注的《说文解字》，世人公认为权威著作，但段先生是从词义上作注解的，不可能考虑到太极拳的用词。事实上，太极拳的"柔"已超越了原义。

太极拳奉行的是老子"天下之至柔，驰骋天下之至坚"的至柔之道。据此，王宗岳在《十三势释名》中，把太极八劲的首劲"掤劲"与后天八卦的首卦"坎卦"相对应，因坎卦属水属柔，从原理上确定了太极拳是至柔之术。这一点，"内劲篇"将有详述，此处只是提一下至柔的由来而已。

第二节 营魄抱一

营魄抱一，是由松入柔的重要心法之一。它源于《老子·第十章》："载营魄抱一，能无离乎？专气致柔，能婴儿乎？"

此话第一个字"载"字，是发端的语气词，相当于夫字。营，经营、经护之意。魄，魂魄，又形气为魄。"营魄"，护其灵魂使之上升长存也。"抱一"，抱，守也；一，指道，即抱元守道之意。以"一"为道是老子的一贯思想，他在二十二章、三十九章都有类似的表述。

"营魄抱一，能无离乎"这句话连起来其大意是：应当维护经营好自己的灵魂，并使之长存升华，要以"圣人抱一为天下式"的品德作为自己的楷模，坚守着大道，你能做到不离开道吗？

道家内丹功也奉"营魄抱一"为重要准则，以此修炼精、气、神，使之灵性上升，得道成为真人。

我们修炼太极拳，同样要把营魄抱一作为修心养性的心法，并作为由松静进入至柔的重要途径。在行功走架时，要心中笃静，抱元守一，即抱太极之元气，守松静的要道，在身心虚静中进入柔和状态。

第三节 "专气"解

"专气致柔"，是承接"营魄抱一"之后的重要心法。鉴于对"专气"两字曾出现某种误解，故单列"专气"一节，以备说明。

先解字义。"专"，此处指听任的意思，并非专制之意。"气"，这里指生理的本能，并非空气的气，也非使气的气。"致"，导致。"柔"，柔和纯朴。此句话的大意是，听任生理本能的自然运行而不加入心知的作用，不使精气妄乱，以此导致柔和纯朴。这与"营魄抱一"的要求相合，听任自然，也是为了抱元守一，净化心灵，这样才是致柔的正确途径。

如果把"专气"误解为"使气"，则背离了老子的观点，也背离了太极原理。因为"专"字是听任自然之意，而"使"字则是使用心知作用的意思。为此，老子在五十五章警告说："心使气曰强。"这个"强"是"柔弱胜刚强"的"强"，不是

"守柔曰强"的强。按老子的意思,刚强总是不会持久的,硬是用心使气有违自然,不合于道,很快就会消逝,非死即灭,所以主张"专气致柔"。

太极先贤心领神会,在拳论中避免了"使气"的表述,反复提出"尚气者无力,养气者纯刚""气以直养而无害,劲以曲蓄而有余""全身意在精神,不在气,在气则滞",要求在纯任自然中导致柔和。

第四节 "婴儿"解

"专气致柔"应登上何种境界?老子紧接着提出:"能婴儿乎?"意思是要达到"婴儿"的境界。

在《老子》一书中,经常可以看到老子用"婴儿"作比喻。如二十八章说:"为天下豀,常德不离,复归于婴儿。"又如二十章说:"我独泊兮其未兆,如婴儿之未孩。"再如五十五章说:"含德之厚,比于赤子。"至于这"专气致柔,能婴儿乎"则载于第十章。可见老子十分重视以婴儿为喻,而且别具深意。就太极拳而言,其深意主要表现在内外两方面:

从形体上说,躯体肌肤、骨骼关节、上下四肢乃至脏腑等器官,都像"赤子"那样柔和自然。赤子,指刚落地的满身赤红的婴儿,毫无矫揉造作,一片松谐和顺。老子说:"含德之厚,比于赤子。"含德,指德性最深厚的人,可以和天真无邪的婴儿相比。

再从内心深处来说,练拳先练心,要像婴儿那样无欲无私,纯朴自然。对于老子用婴儿作比喻,古今学者有不少精彩的解释。王弼说:"能若婴儿之无所欲,则物全而性得矣。"河上公说:"能如婴儿,内无思虑,外无政事,则精神不去也。"(王弼等语转引自余培林上述著作)老子之意不仅于此,故在"能婴儿乎"之后紧接着提出："涤除玄览，能无疵乎?"玄览，谓心体，意思是要把凡俗世界的各种干扰洗涤清除干净，以求身心清净，毫无瑕疵，就像明镜一样。这是对"能婴儿乎"的进一步深化与提高。故而道家也把"涤除玄览"作为修炼丹道的重要心法之一。当然，这也是我们修炼太极的重要心法。

道家还把"婴儿"比作真炁、肾精。如张伯端说："三家相见结婴儿，婴儿是一含真炁。"（《悟真篇》）又有《内丹还元诀》说："婴儿者，肾中之精也。"真气与肾精，都是太极拳不可不修炼的宝物。

第五节　致柔、至柔与推手

致柔，谓导致、实现柔的途径与方法；至柔，谓最纯最纯的柔，是柔的最高境界。

致柔的途径，就是上文说的营魄、抱一、专气。体现在练拳过程中，就是抱元守一，修养心灵，听任自然，由松入柔。越是能营魄、抱一、专气，就越能放松安静，越能柔顺和谐。

至柔的境界，就如婴儿的纯朴柔弱，涤除玄览，心如明镜，内外柔顺。体现在行功走架时，则心胸开阔，心无尘念，无欲无妄，柔若无骨，虚静无为。体现在推手时，越能纯任自然，就越能虚静至柔，从而洞察一切，无所不适，无为而无不为。

写到这里，记起了先师蒙眼与人推手的故事。那是1955年初秋的一个下午，我们正在先师寓所聆听先师讲拳经，一位练习别派拳术的朋友兴冲冲地前来，要求与先师推手。先师看了他一眼就问："你很久没有来了，上哪里去了，怎么今天才来？"一边说，一边站起来示意到庭前小院去，并顺手取了条毛巾。于是大家都来到小院。双方站定后，老师对那人说："今天我蒙了眼跟你推，试试你功夫长进了多少。"说完，就用毛巾蒙了双眼。两人一搭手，先师若有所感地说："你这阵子练什么硬功，真可惜……"话音刚落，那位朋友就应声跌出约一丈多远。当时，我在旁细心观察先师的神气与手势，见那人跌出去的刹那，先师发劲的手势是"提放手"的态势。

原来那位朋友前几次推手都败在先师手上，他为了取胜，特地访师练了几个月的硬功及技法，满以为有把握获得胜利，谁知徒劳无益。他惊奇地问先师，为何一上来就被识破。先师答："没有什么秘诀，仅仅松柔虚灵而已。"那位朋友离去后，先师又对我们说："最要紧的是心中空，无妄念，靠神气的感应。"所以未搭手前，先师已感知对方戾气很重；一经搭手，更知对方的拙力深浅，虽然蒙上了双眼，但手臂上传来的信息，已洞察一切，故而搭手就变，应变而发。

这个小故事表明，当松静到了至柔虚静之境，就能心如明镜，感知一切，就能如古人所说的"虚灵不昧，动时自有主宰，一切事物之来，俱可应也"。

第四篇

身法篇

第一章　身法总论

（代引言）

　　记得学拳初期，先师讲授身法时，曾反复引述李公景林关于身法的一番话，虽然是从练剑谈起的，但很多是谈拳的身法。李公说："同时学习内家拳之基础。基础既立，然后练习剑法，方得事半功倍。盖使剑亦如使拳，不外意气为君，而眼法、手法、步法、身法、腰法为臣。是故令其闪展腾拿之轻便灵捷，则如八卦掌；其虚领随顶劲，含胸拔背，松腰活腕，气沉丹田，力由脊发，则有如太极拳；而其出剑之精神，勇往直前，如矢赴的，敌剑未动，我剑已到，则又如形意拳也。（黄元秀《武当剑法大要》）黄元秀自注；李芳宸老师口授。

　　李公这番话，可以理解为是对身法总纲的概括。何谓身法？李公说："不外意气为君，而眼法、手法、步法、身法、腰法为臣。"就是说，身法不仅仅是某个局部动作，而是"君臣"相和、周身一家的整体效应；而这整体又是由各个局部组成的，所以身法有宏观与微观两种情况。宏观身法，是指在遵循太极原理的前提下，眼、手、步、身、腰五法，在意气为君的统一号令下，各从其类，各循心法，总体行动，取得和谐一致的总体成果。宏观身法就是对这个总体成果的总称，而微观身法则是指总体中的某一项而言。

　　李公提出的这一身法总纲，其内涵不仅仅限于一剑一拳，而是包括内家拳三宝及各家剑术之精，可谓博采众长，自成一家。例如太极、形意、八卦，是武当内家拳之冠，过去武林道上流传一句口头禅："太极形意八卦，三宝合一，天下无敌。"此话虽有夸大之嫌，但实有可取之处，果能取得三家之长，自能登堂入室。

而且李公又把武当剑的精义融入于太极拳,构成了主宰太极、剑道入拳、三拳合一的身法特色。仅就步法而言,既有太极拳的中正沉稳、迈步猫行,又有八卦掌的摆扣转身、闪展腾挪,还有形意拳的进步必跟、勇往直前,更有武当剑的足心空,行步捷,身如游龙,而且诸步融合为一,自成特色。

更有要者,这一特色不仅止于外形,而且是内外双修,神形俱佳,既有眼、手、步、身、腰等外形之法,更有意、气、神、劲、灵等内在心法,内外贯通,合成妙法。

据师门相传及本人感悟,今草拟太极身法总诀六组二十四句如下,供同道批评。

太极身法总诀六组二十四句

(一)

道法自然万般松,
虚静无为心中空。
剑道入拳三家长,
太极一气中和通。

(二)

意气为君骨肉臣,
虚领大椎顶心空。
提顶吊裆线一条,
酥胸圆背节节松。

(三)

脸含微笑祥和气,
松肩垂肘手心空。
开胯松腰车轴转,
上身护肫下裹裆。

(四)

其根在脚不倒翁，
迈步猫行足心空。
五趾贴地涌泉穴，
松膝活踝上下通。

(五)

尾闾中正神贯顶，
刻刻留心在命门。
若能脐轮调息顺，
阴阳中和不用问。

(六)

一虚一实分清了，
闪转腾挪似神通。
敛臀秤砣压千金，
太极身法妙无穷。

第二章 其根在脚
——太极脚

太极拳名虽为拳，实际上以脚为根，从脚练起。从这一意义上说，太极拳即太极脚也。所以先贤提出了"其根在脚"的命题。这一命题的提出，在理论和实践上发展了太极拳术。这是谁提出来的？原先看到的资料，以为是武禹襄的著作，后来《中国道教气功大全》《东方修道文库》及《武当赵堡太极拳小架》等书刊转载了上世纪70年代台湾自由出版社的《道藏精华》中关于《张三丰太极炼丹秘诀》，才知道这是张三丰提出的命题。其《秘诀》计十五篇，其中第四篇"太极拳法诀"提出了"其根在脚"。对照武禹襄的相关著作，除个别文字外，内容完全相同，今据《武当赵堡太极拳小架》所载引录如下："一举动，周身俱要轻灵，尤须贯力（武文为"串"）。气宜鼓荡，神宜内敛，毋须完整一气。向前退后，乃得机得势。"（下略）

这一段以"根"为中心的论述，内涵丰富，大致可分述几点：

1. 太极拳应从脚下功夫练起

提出"其根在脚"之前的那段文字，概括了太极拳的总体要求，包括动作、身法以及意、气、神等要求。接着说的"其根"，是指实现总体要求的"根"。根在哪里？在"脚"。其过程是由脚而上，而腿而腰，直至手指，而且无论遇到何种情况，总须保持自脚而上的"完整一气"，才能得机得势。

既然太极拳的"根"在脚，而且发劲过程也是由脚开始的，毫无疑问，练拳应从脚下功夫练起。事实也是如此。例如第一个动作"太极起势"，就是左脚向左开步，然后才陆续展开身手的。这个简单的事例，正好说明了从脚练起的原理。当然，随着动作的深入展开，对练脚的要求也随之提高。

2. 指明了内气内劲的运行路线

太极拳的养生与防身，都需要内气内劲的修炼。"其根在脚"这段文字，表明了气与劲的修炼过程及其走向。气与劲从脚底而起，经踝节，过双膝，缘腿而上至腰胯，再抄命门而上，循背脊至肩窝，敷于两臂，形于手指。以"太极起势"为例，当两手缓缓上提，意想气由脚底涌泉穴起，攀缘而上，直达手指，这是自下而上的行气路线。当然还有自上而下的行气路线，详见"内气篇"介绍。

3. 脚下功夫的涵义

修炼脚下功夫，与修炼太极拳的总体要求一样，离不开一个"松"字。所谓太极脚，就是脚掌、脚背、脚心、脚跟、脚趾，乃至脚经络等无处不放松柔和，故能上通四肢百骸，内连心意脏腑，下达重心底盘，稳定如根，又富于变化。简言之，太极脚就是上下、前后，内外完全放松了的柔和之脚。无论站立、动步、活步，还是转身，始终是放松了的柔和之脚。

4. 松脚的标志

脚如何放松？最简单、最有效的方法，就是脚的任何部分都不用力，一切任其自然。由于情况不同，松脚的标志也不完全相同。主要有双脚站立、单脚支撑、动步变换等三种情况。

双脚站立，包括开步站立、弓步、虚步、马步等在内，都要两脚放松踏地，脚背、脚底、脚跟的肌肉经络都是松松的，不挂一点拙力，宛似赤了脚踏在松软的地毯上感到柔和舒坦。脚趾当然也是松和舒展地粘贴（说熨帖亦可）地面，不是用力抓地，而是松粘贴地；与之相关的踝关节，也是松松灵活的。一般来说，双脚站立时的脚下放松，比之后面两种情况要相对容易些。

单脚支撑，是指独立状态以及转身提膝迈步之际的一腿支撑的态势。此时松脚的标志是：单腿支撑之脚，与双脚站立一样地平稳踏地，且要注意中心落点的位置及膝尖不超过脚尖，一旦越界，就会牵连脚底紧张用力。

动步变换身法时的松脚，较为复杂一点。例如右弓步转变为左弓步时，其间有五种情况要注意。

（1）先是重心后移转身撇脚，这种撇脚动作不是脚自身的动作，而是由重心变化及腰胯微向右旋转带动的，若是刻意将脚外撇，则容易造成脚部紧张。

（2）当右脚单腿支撑、左脚收回至右脚里侧（不落地）时，右脚放松踏地的要求与上述单脚支撑情况相同。

（3）至于悬垂的左脚，不但全部要放松，而且膝、胯、腰等都要放松，尤其是踝关节必须松活才能自然下垂。若是脚尖刻意向下垂，那是一种紧张的表现。

（4）接着左脚向前迈步时，意念是由腰胯的松沉把脚送向前去的，同时要松膝，才能迈步轻灵如猫行。为此，师门传有出脚三催法，即腰催胯，胯催膝，膝催足。

（5）接着左脚跟先着地，随着松沉进身、重心前移而全脚徐徐踏实，若是单单用脚去踏实，势必紧张。

5. 脚下的变化

脚的放松，目的是为了用脚。上述松脚之法虽然都已包含着用脚的内容，但是用脚之法是多种多样的，需进一步讲一讲。

仍以右弓步变换左弓步为例。上节所言松脚功夫的标志侧重在"松"字方面，此处则着眼于脚下的重心变化，即虚实之变。当右弓步站定时，右脚为实，左脚为虚。两脚所占重量的比例，一般情况是前七后三。虽然右脚为实，但只是七成实，另三成是虚，此为实中有虚；左脚虽为虚，但只占七成虚，另三成为实，此谓虚中有实。

这种虚实状况尚容易理解，问题是右脚所占的七成实中，仍含有虚意，此中奥妙非细心揣摩不可，否则难明其意。拳论说："虚，并非全然无力，气势要有腾挪，并非全然占煞，精神要贵贯注。"可见定式时脚下的虚实虽然"定"，但"定"中有不定，其虚实变化在意不在形。正如李公景林武当剑"四空"的是心空那样，虽然形状上踏实了，但意念上脚心脚底皆是空的，故而能变化快、行步疾。

即使在弓步变虚步、虚步变弓步的变化过程（渐变）中，仍然要意、气、神来疏导脚下的虚实变化。尤其在一脚单脚支撑、另一脚悬垂欲迈之时，虽然身体重量百分之百由支撑之脚承载，但在意念上脚下并非完全占煞，仍应含虚虚上提之意。关于脚下的虚实变化，郝月如先生解释得比较清楚，他说："虚，非完全无力，着地实点要有腾挪之势。腾挪者，即虚脚与胸有相吸相系之意，否则便是偏沉。实，非全然占煞，精神贯于实股，支持全身，要有上提之意。如虚实不分，便成双重。"（郝少如《武式太极拳》人民体育出版社版）

6. 脚踏入地

无论是双脚站立还是单脚站立，还须注意脚踏实地，这至少要注意两点：一是脚踏地时，要有陷入柔软的沙地之感，操之日久，脚既能松柔，又能宛如入地为桩，桩步稳固。二是意想脚心涌泉穴与大地接通，导致大地灵气由脚底而上，贯通周身。此两点对于修炼脚下的反弹劲息息相关。

7. 蹬脚反弹

其根在脚的作用，首先是从发放太极内劲的程序上提出的，即"其根在脚，发于腿，主宰于腰，形于手指，由脚而腿而腰，总须完整一气。"就是说太极发劲的"根"在脚，首先从"根"发起。那么如何从"根"上发起？简单地说：脚掌一蹬，用蹬脚反弹之劲发起。

太极劲是整体弹簧劲，其弹簧安在何处？师门传授有三层弹簧，第一层安在脚底，第二层安在腰隙（命门），第三层安在肩窝。脚掌（不是脚跟）一蹬，第一层弹簧发动，由下而上，三层弹簧几乎同时弹发。本门发劲的九一心法中，就有"脚掌一蹬"一法。但脚掌并非单单自猛蹬，而是由其他几个因素综合促成的。所以虽然脚掌一蹬发出反弹之劲，但脚掌自身依然是松的、平实的，假若是脚掌僵硬、脚趾卷曲蹬地式的蹬脚，则通道受阻，反弹之劲难发，发了也通不出去。

促成蹬脚反弹的其他几个因素，主要是腰胯一沉、命门（腰隙）一坐、尾闾一坠、重心一移等心法、劲法。所以蹬地发劲既要脚的自身放松，又要周身完整一气，才能进入佳境。

8. 脚底功夫的养生功能

修炼脚下功夫，对促进生命活动的健壮成长有特别重要意义。这一点在上文放松要害部位的介绍中已作说明，即长青之路始于足下。此处从略。

第三章　舍去双手满身都是手

——太极手

手法、手势对于拳术的极端重要性是不言而喻的，但为什么要"舍去双手"呢？一句话就可回答：为了用意不用力。

用意不用力是太极拳的重要原则。所谓不用力，就是不准用拙力，可是人们的习惯却老是用拙力。凡是手的任何部分，或肩、或肘、或腕、或掌与指，只要一用拙力，就不能做到"用意不用力"。所以必须放松，而且要完全放松，松到双手都舍去了才算合道。双手如何放松，"松静篇"作了详细介绍，这里只着重谈一个"舍"字。

"舍"者，即把原来属于自己的东西舍弃掉，不要它了。正如李公景林所言："手法者，即言全臂运用之法。肩节要卸得下，肘节要变得快，腕节要灵活而有力。"李公的一个"卸"字诀，道尽了舍去的真谛，不是一般说说的卸，而是要把它从身上卸下来，一旦卸得下，当然就没有了。自己的双手好像没有了，似乎已脱离了肩膀。那么它挂到哪里去了呢？

当然，舍去双手，并非真的手没有了，而是指一种完全放松了的意境，即意念上的"有手若无手"，以及实际上的"手松手空似无手"，这是一种"松空若无"的境界。此种意境并不玄乎，可以从下列四点摸得着、感觉到。

（1）两手由松入柔，积柔成刚。此刚非刚硬之刚，而是纯柔成刚，刚则柔，柔则易变、易随、易无。

（2）行拳时，意念两手有即有，意念无即无，即忽有忽无，忽隐忽现，完全是随机而生。

（3）出手时两手似乎不是从肩膀而出，而是由腰胯带着转动；若要出劲，则似乎从丹田而出。

（4）只要时刻保持"有手若无手"的松空若无境界，就能在任何情况、任何角度、任何方向用手，即所谓"于无手处，处处皆手"也。

一旦产生了"松空若无"的感觉，就能愈练愈精，直至阶及神明，得心应手。行文至此，觉得太极名家郑曼青先生对"有手无手"的描述比较精彩，兹引录如下："……不化自化走自走，身似行云打手安用手，浑身是手手非手，但须方寸随时守所守。"（《郑子太极拳自修新法·体用歌》香港新联出版社出版）

第四章　腰胯如轴气如轮

——太极腰

太极拳主宰于腰，实则是主宰腰胯，在上文"放松的要害部位二十四处"中已有所述，这里再从宏观（总体）身法的角度谈谈腰胯问题。

此处仍须援引李公景林的论述："身法者，变化进退四方法之表现，即补助手法、步法之不足者也。其最重要之部，如含胸拔背，如脊梁中正，如活腰转身，如气沉丹田，皆称之曰身法。"李公指的"活腰转身"，就是以腰胯的松活，带动周身的转动，腰胯对于全身的转动起到主宰的作用，像车轴带动车轮那样，故而它是太极拳身法中最重要的部分之一，因而人称"太极腰"。

构成太极腰的重要因素是在心意为令的前提下，有松、活、沉、转、稳、进、劲七字。

松，即把腰胯松开，其法上篇已述。

活，即灵活、圆活，所谓意气须换得灵，腰胯须转得活，乃有圆活之趣。

沉，不但松而活，且要松而沉，故本门有腰胯松沉旋转法及松沉进退法。

稳，即稳定，中定。大凡活腰转身，必须持守中定，否则中轴歪斜，必危及身法之中正。故须在松沉的基础上加以稳定。

转，即腰胯左旋右转，带动身法灵活旋转，我们称之为"旋胯转体"。假如腰胯的转动作为公转，四肢的转动作为自转，必须以公转带动自转。当然，这不是妄动，也不是浮转，而是松沉旋转，此乃太极腰的一大特征。

进，包括退，要松沉进退，而且须与松沉旋转相伴进行。进则松沉弓步进身，退则松沉虚步退身，如果是撤步退、上步进，则须步法相助。进退并非直线进退，其中深含车轴之意，不可忽略。

劲，即发劲。发劲必须善于用腰，所谓"其根在脚，发于腿，主宰于腰"也。李公指出："能用腰者，其力久而旺，不然，以两臂之力袭人，终不能贯彻目的也。"李公虽说的是用剑之道，但其义与行拳相通。

除这七字外，尚须与行气相融，故拳家常把腰如车轴与气如车轮相提并论，或说气如车轮腰如轴，或说腰如车轴气如轮，武禹襄则说："气如车轮，腰如车轴。"（武禹襄《太极

第四篇 身法篇

213

拳论要解》）总之，活腰转身，主宰腰胯，都与"气如车轮"，密切相关，不能偏废。"内气篇"中将介绍气如车轮之法。

第五章　中和一体圆弧形

——太极身

第一节　总体身法

　　太极身，属于宏观身法的总体要求，它包括意气为君、手眼步身腰五法为臣，以及微观身法的转换进退等四法，再加意、气、神、劲、灵等内在心法的升华，合成了形神俱佳的总体身法。

　　主宰其间的变化之道，即一阴一阳之道，也就是"心法篇"说的阴阳中和之道、太极之魂。正由于阴阳中和的作用，才使内内外外众多因素包括太极脚、太极手、太极腰等因素，融合为中和一体的太极身法。进一步说就是身、心、灵（或说灵、魂、体）中和为一，三位一体，从而完善人生，且生生不息。至于内劲、技法，亦须由此为源头，才能如活水奔流。

　　关于太极之魂、阴阳中和等问题，"心法篇"已有介绍，这里只是总的提一提，并对前文尚未说到的太极身法的圆弧形运动作些说明。

第二节　曲则全——太极拳的圆形运动

　　太极拳是松柔主静的圆形整体运动。它的一招一式莫不走弧形、曲线、圆形，所谓"中和一体"，实质上是圆弧形的中和体。这就是太极拳的主要特征。

一、圆形运动的源头

探根究底，太极拳的圆形规律来自《周易》及其开创的太极学说。一张太极图就是圆转不息原理的象征，表明宇宙的法则是没有直线的，万物的成长都是走的圆弧曲线。《周易·系辞上》说："曲成万物而不遗。"意谓宇宙万物都是圆曲的，宇宙间的一切都是由曲线完成的（曲成万物），都是"曲成"之功，连我们的生命也在这个圆圈之内，而且无处不曲，没有一处会有遗留的了。对此《周易正义》释道："圣人随变而应，屈曲委细成就万物，而不有遗弃细小而不成也。"由此可见，以太极为原理的太极拳更加不能有一点遗留。故而太极先贤循此原理，规范了太极拳是内外相济的圆形运动。

圆与方是相对相依而存在的。《易经》六十四卦就有一幅方圆图，中间是方图，围绕四周的是圆图。圆图，指时间，代表宇宙运行的法则；方图，指空间，代表事物的方位方向。圆图作为法则，能影响方图，故方与圆虽然分明，但同时圆中有方，方即是圆，圆即是方，方与圆简直可以划上等号，因为"曲成万物而不遗"。

二、无圆不成拳

见之于太极拳，更是明显的圆中有方，方即是圆。一招一式的法则是圆弧形的，其落点的方向方位又是方直的。例如"左搂膝拗步"，下搂的左手走的是圆弧形，到落点落在左胯旁时就是直落的了；其上推的右手也须划弧经耳旁向前推出，划弧是法则，推到目的处则是方位。这比较容易理解，问题是还要注意方中有圆，即落点虽然是直线动作，仍然要受到弧形法则的制约。即在左搂右推的过程中，手臂的松肩垂肘和掌指的变化均含圆弧形，即使到达目的时的直，其中仍含圆曲之意。所以说太极拳处处皆圆，圆中有方，方即是圆。

再以发劲为例，螺旋劲、缠丝劲等等，皆是劲自圈中生，劲自圈中发，无圈不成劲。从理论上说，宇宙间的一切是没有直线的，所谓直线是曲线切断，再加一些人为因素，名之曰直。一旦直线用老，仍恢复为圆曲的了。发劲亦是如此。蓄劲时是圆弧形的，发劲时从起点到终点的过程98%~99%的时间是圆弧线，只有达到目的的瞬间才是直的，而且此"直"仍是以圆为后盾的直。何况一发即变，不论发劲是否奏效，迅即变以圆曲的虚无蓄劲态势，继续待机而动。再从内劲的性质来说，它是中和一体的整劲，不是某一局部的劲，而中和一体，是在一阴一阳的圆形变化中实现的，即在大圈、小圈、形圈、意圈，乃至气圈等内外诸种弧圈中实现的。可以说，无圆不成拳，无圈不成劲。

三、曲则全——人生的启示

而且，我们通过练拳还要练人性，要品味"曲成万物"的原理对拳术、对人生的启示。因为太极拳是性命之学，应性命双修，若是练拳不修性，就是以偏概全，舍本逐末。"心法篇"已反复说明了这个根本问题，现在我们再来看看古之圣贤如何把"曲成万物"原理应用于人生的。

老子说得更加简洁响亮："曲则全。"这是"老子二十二章"的标题，非常醒目。该文说："曲则全，枉则直，洼则盈，敝则新，少则多，多则惑。是以圣人抱一为天下式。"曲若，曲线圆弧也。喻行事为人不能一味追求全、直、盈、新，而应该曲一点圆一点，即曲、枉、洼、敝，反而能够达到全直盈新，所以圣人抱一（紧守着这个道）而做天下的楷模。古往今来的我国传统文化中，诸家论述修心养性虽然说法用语不同，但都有"曲则全"的内容。发展到后来，方圆之于人生的论述更加完备，形成了"圆道方德"的认同，即办事情、想问题不可太直，应圆曲老练，随机应变；而待人接物则应耿直待人，刚正不阿，爱憎分明，如古人所言："智欲圆而行欲方。"孟郊将这一处世之道入诗："万俗皆走圆，一身独行方。"

作为太极人士，要"曲则全"，作为行拳之术，又要把它列为处世之道，通过拳术的圆形运动，时时体味"道圆德方"的人生哲理，逐渐养成"曲则全"的思想、意志、习惯。人们常说太极拳能够陶冶性情，这就是陶冶性情的重要一例，说说比较容易，做起来就比较困难了。笔者早年不谙世道，办事欢喜直来直去，故每每事倍功半，甚至碰壁不得不转弯。后来长年在太极拳圆形运动及"曲则全"思想陶冶下，虽有改进，但仍然不如习惯于曲线办事的人为高。继而一想，有改进总是好的，哪怕一点点改进。

第六章　身法精功五式

此处说的身法，仅指"身法者，变化进退之四法"。为了促使身法中正，进退合度，变化有道，促进中和，师门传有"身法精功"五式，作为基本功修炼。

第一式　童子蹲墙

【动作分解】

1. 站墙

全身放松，面向墙壁近处站立，两脚间距不超过内肩宽度，两脚并行，两脚尖离墙壁的距离初练时可宽些，约5厘米，熟练后逐渐缩小。两臂自然下垂，松肩垂肘；两掌合拢，掌心朝上，结太极手印于下丹田处。注意提顶、坠尾、敛臀、身正。（图4-6-1）

图 4-6-1

2. 蹲墙

承上动。随即臀部下坠，双膝随之缓缓屈曲，上体慢慢地下降，一直坐身至两大腿平行，宽如四平步状，面向墙壁而蹲。注意双膝不能触碰墙壁，膝尖与脚尖上下垂合；臀部不可翘起，与后脚跟上下相对，方为合度。蹲墙的时间，初时可甫蹲即起，以后逐步延长数分钟，蹲的时间长，功力增长多。（图4-6-2）

图 4-6-2

3. 起身

然后缓缓起身,直至恢复蹲身前的原状。接着,再往下蹲,再起身,升降的次数为3、6、9次及9次以上,逐步增加。

4. 背墙

面壁蹲身熟练后,可改练背向墙壁蹲身起降,练法同上。要注意臀部不可触及墙壁,否则为犯规。(图4-6-3、图4-6-4)

图4-6-3 　　　　图4-6-4

【呼吸行气】

(1) 下蹲时呼气,起身吸气。呼吸与身体升降须徐徐地一致进行,不急不促。

(2) 意守脐轮。身法总诀说,脐轮调息育丹田。吸气时意为脐轮在吸气,呼气时意为由命门向前送气。

【心法要点】

1. 开胯坐身腰松塌

修炼这一精功的标准，是面壁蹲墙时，脸、胸、手、腕、膝等绝不能触及墙壁，其中最易碰壁的是双膝。因为初学者蹲身时常常会犯"跪膝"的毛病，即其双膝像下跪的姿势，故称"跪膝"，这是身法不正的重大弊端，而且极易使膝关节受伤。克服跪膝的关键，在于两胯松开，腰部松塌，以便臀部下坐，像坐椅子那般往下蹲坐，使双膝屈而不跪。

2. 提顶吊裆一条线

下蹲及上升时，头顶百会穴似有一线虚虚上提，此线向下直贯会阴穴，似乎把裆部微微吊起，促进周身之提携。这样的上下一线贯穿，好像是一个圆柱的中心，保证了蹲墙时躯体直线下坐，不歪不斜、中正平稳地蹲着。

3. 酥胸圆背节节松

躯体升降过程中，胸部须放松酥柔，背部自然圆撑，全身关节要节节放松，才能顺利正确地蹲墙，切忌挺胸叠肚，以免影响关节放松而且势必"碰壁"。

4. 敛臀坠尾千斤压

还要注意敛臀坠尾的心法。当开胯、松腰、悬垂、中正平稳地下坐时，还须注意臀部向下并微微向前内敛，同时尾闾向下坠去，并含有向前托起丹田之意，这样才能保护臀部内敛，更能像秤砣压千斤似地维系脊梁竖起，立身中正，从而做到前面不"跪膝"，背后不"翘臀"。

【功效】

修炼这一精功,能使腰胯及胸、背、脊、膝、踝、足等关节得到全面的放松柔性锻炼,从而使身法中正,趋向完善,及至完全合度,至于防止和克服"跪膝"弊端更不在话下了。

从养生的角度看,更能疏通全身关节,尤其是腰、胯、膝、踝等关节得益更多,能有效地防止关节炎,改善平衡能力,增强下肢功能,稳定自身重心,既利健步,又可防跌。锻炼虽有难度,实则大有益处。

【意境】

名为"童子蹲墙",则在蹲墙时,意想自己宛似孩童在做蹲墙游戏,关节松柔,升降自如,唤起童心,好玩儿得很。

第二式 旋转太极

此式在"松静篇"的放松回春功中已作介绍,此处从略。不过要指出一点,即此式与上式有承前启后、相互促进的关系。两式同样是修炼开胯松腰,不同在于"童子蹲墙"主要是练的躯体直线升降时的开胯松腰,而"旋转太极"则主要修炼左右旋转,而且是在马步状态下,两腿不得晃动的前提下开胯旋体。明白了两者的主要不同点,更利于正确修炼,获得效果。

第三式 脚踩风轮

此式旨在锻炼弓步进身、虚步退身之法,即腰胯松沉进退法。

【动作分解】

1. 松沉上步

面向南，像无极桩那样站立，接着腰胯松沉，带动上体下坐，如童子蹲墙（下蹲度数随各人情况而定），两手自然下垂于体侧；随即向左旋胯转体约25°，带动左脚外撇约30°，重心寄于左腿，接着右膝提起，右脚向右前方上一步，先脚跟着地，上步的跨度初练时小些，约以一脚半的长度为宜（以自己的脚掌大小为度）。此时面向偏东南，重心存左腿，右腿为虚；上体中正，双目前视。（图4-6-5、图4-6-6）

图4-6-5 　　　　　　图4-6-6

2. 松沉进身

承上动。随即腰胯松沉，敛臀垂尾，重心向前移动，意念由臀尾、命门催动重心前移，带动躯体弓步进身，右脚渐渐踏实，同时左腿后蹬，成右弓步。前弓的腿必须成90°角，使膝尖与脚尖上下相合。此时重心前后的比例是前七后三。两手随着进身而自然前摆。面向正南，中正前视。（图4-6-7）

3. 松沉退身

承上动。随即腰胯松沉，肚脐吸气，臀尾后移，两胯回收，带动重心向后移动退身，退至重心约七成在左腿，变为左腿实，右腿虚，成右虚步。此时必须留心左膝与左脚上下相合，左膝尖不可超过左脚尖；同时臀部与左脚上下基本相对，不可"撅屁股"。两手随之退身而摆动；中正前视。（图 4-6-8）

4. 踩轮进身

接着再松沉进身，松沉退身，循环往复，须 9 次以上。

当松沉进身、退身熟练后，须进入踩轮进退的练习，即脚底好像安装着滑轮，进退均是踩着轮子滑前滑后，速度可稍微加快些。其滑行的幅度须按一定的比例讲行。以前脚（右）为例：脚掌划分五个区域，以第二趾尖为一号位，从趾尖到趾根为二号位，趾跟至涌泉为三号位，从涌泉至脚跟前沿（即脚底中心区域）为四号位，从四号位至脚跟后沿为五号位。（图 4-6-9）

轮子安装在三位与四号位间，向前踩轮时，滑行至二号位

图 4-6-7

图 4-6-8

图 4-6-9

第四篇 身法篇

223

边线；踩轮后退时，滑退至四号位边线。如此循环往复地踩轮进退。两手随着踩轮进退而上下前后惯性摆动，须中正前视。进退的次数为9次或9次以上。须左右互换练习。

【呼吸行气】

松沉进身为呼，退身为吸，吸气时须脐轮内敛，呼气时由命门送气。

【心法要点】

1. 意在腰胯

此式旨在锻炼腰胯松沉进退法，进退之间全靠腰胯之松沉及躯体的进退，故须刻刻留心在腰隙，以便中正稳定，沉着进退；进则沉稳有劲，退则安舒有度。

2. 踩轮踏劲

由于是踩轮，故必须在腰胯松沉的同时，心意脚底沉粘着轮子，若是脚底轻浮，就会被摔下。脚下沉粘的同时，意念前脚掌（约三号区域）向前、向下踏劲，即腰胯一沉、尾闾一坠、重心一送、脚掌一踏、身法一进，两手随之惯性一摆。此种踩轮踏劲可为练习发劲打下基础，因此即使缓慢进身时虽无踏劲之形，亦应含踏劲之意。

【功效】

修炼腰胯松沉进退法，既能促使酥胸圆背、脊梁中正、气注丹田、松活腰胯等身法趋向正确，又能锻炼腿、膝、踝、足等下肢部位，从而使之上下相随，周身协调，气血畅通，疏通关节，还可以内修踏劲之劲意，对身法、养生、练劲均有良好的功效。

第四式　村女推磨

此式是以上三式的晋级训练，不仅训练旋胯转体、松沉进退，而且进一步把进身、退身与旋胯转体结合起来全面锻炼。虽然"松静篇"曾作为"生活感悟法"一例作过简介，由于它是修炼身法及内劲的重要精功，故特予详述。

【动作分解】

此式有右弓步推磨与左弓步推磨两种情况，练法相同，唯左右方向不同。现以右弓步为例介绍如下。

1. 磨圈的轨迹

前文提到，此式因其形状像农村推磨那样，故名村女推磨。其动作须推拉磨转的圆转一圈，并循环往复，圆转不已。为了行文叙述方便，先把圆转的轨迹列图说明。（图 4-6-10）

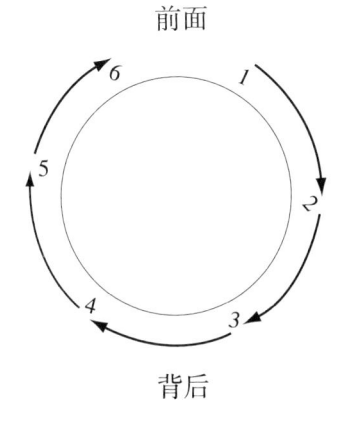

图 4-6-10

2. 预备作势

右弓步站立，两手上提，与肩同高，掌心向下，宛如两手搭在推磨架上；上体中正，弓步站稳，周身放松，目视前方（图4-6-11）

3. 退身右磨

承上动。随即腰胯松沉，微向右旋转，重心微微后退，右胯微微右旋，左胯微微向左后收，身法随之微退，形成一个小幅度的半弧形退图，从一号位退至二号位，同时带动两手向右侧后微微磨转，两肘微屈，身正前视。（图4-6-12）

4. 坐身磨转

承上动。不停顿地重心继续后移，移至七成重心寄于左腿，成右虚步；同时两胯后收，左胯并向左旋转带动两臂屈肘，使两掌在胸前做弧形磨转，由二号位转至三号位。此时面向偏东南，立身中直，向左微侧，双目前视。（图4-6-13）

图4-6-11

图4-6-12

5. 旋胯过裆

承上动。紧接着命门与尾闾像轴承那样向左旋转，右胯后收，左胯边旋边前伸，使尾闾呈现一个旋转的小弧圈，让劲意从右向左过裆换劲，并以此带动上体微左转，由面向偏东南转为稍微偏东北。其态势由三号位转至四号位，但两手须磨转至将近五号位，目视前方。（图4-6-14）

6. 进圈推磨

承上动。随即腰胯松沉，向右（正南）旋胯转体，一边旋转一边向前松沉进身，带动两手经五号位向六号位推磨而去，似"揽雀尾"中的按式，回复到"预备势"状态。（图4-6-15、图4-6-16）

紧接着循环往复地进行旋转推磨，顺圈练习9圈以上，然后改为逆圈推磨9圈以上。再调换左弓步练习，其法与右式同，唯左右方向不同。

【呼吸行气】

图4-6-13

图4-6-14

1.推磨一圈为一次呼吸。退圈为吸，进圈为呼。

2.注意脐轮呼吸，吸气时，意想气从手指及脐窝吸入；呼气时，意想气从命门缘脊而上，通于两手，从手指呼出。

【心法要点】

1. 推向中和一体

上述第五章说的"中和一体圆弧形"——太极身，是宏观

图 4-6-15　　　　　　图 4-6-16

身法的要求，而本功法则是这总体要求的载体，宏观上阴阳中和的诸要求均须落实在这一具体功法中，并把它完善地体现出来。因此"中和一体"是本功法的灵魂。在修炼过程中，应把松腰开胯、松沉中正、旋胯转体、进身（进圈）退身（退圈）、提顶吊裆、松肩垂肘、敛臀坠尾、虚实变换、根在腿足，以及内在的精气神等，按照阴阳中和之道总体融合为一，周身一家。其中的关键是旋胯转体与进圈退圈有机地结合为一。从这一点上说此式练的是"腰胯松沉旋转进退法"。若把这一式练熟了、练像样了，太极拳的身法可以说基本过关了。当然还须细心揣摩，愈练愈精。

2. 公转带动自转

形式上是两手在推磨转圈，实际上是腰胯的左旋右转以及身法的前后进退，带动着两手磨圈。关键要以腰胯为轴，不仅双手要由腰胯带着转，就连重心前后变化也要由腰胯驱动。如果说把腰胯旋转作为公转，那么四肢则为自转，必须以公转带动自转，方为得法。

3. 分清劲意

上述推磨一圈之中，内含掤、捋、磨、过、挤、按劲等各种劲意，必须分别清楚。

掤：当弓步站立、两臂上提前伸时，手臂均含掤意，而且在推磨全过程中，无论手臂如何变动，均掤在其中。因为掤劲是太极八劲之首，乃内劲之本，也是各种劲别的后盾，故谓掤劲不可丢。

捋：上述推磨圆圈从一号位转至二号位是捋化劲；

磨：从二号位至三号位为磨转劲；

过：从三号位至四号位为换裆过劲；

挤：上述过劲中的后半部分，双手磨转至将近五号位时为挤；

按：经五号位，向六号位进身推磨时为按劲。

4. 留心磨圈过裆

圈中之劲意，要数过裆换劲最难捉摸，因其换劲的动幅较小，而且有左旋转换及右旋转换两次互换，易被忽略，所以要特别提请注意。具体说，分解动作的坐身磨转及旋胯过裆是左右两次过裆换劲，虽然分解说明，实际上是紧密相连，幅度很小，稍不留意，就会一滑而过，差之毫厘，失之千里，故须细心感悟。

5. 弄清上下三圈

推磨转圈，形似一圈，实则有三圈。两手臂随着公转而捋磨换推为上圈；腰胯为中圈；尾闾及裆部呈现的小圈为下圈。其中最易被忽略的是小小的下圈。这是左右换裆之圈，无论是行动走架还是推手，小圈都有不可忽视的重要作用，必须弄清楚。

6. 所难中土不离位

中土不离位，就是在进退圈的推磨过程中要持守中土，这是太极拳很重要的心法。老拳谱说："定之方中足有根，光明四正进退身。"由于此式不仅练退身，还要把进退身与转圈融合为一，变成进退圈，其中进圈的难度比退圈更难一些。所以拳谱又说："退圈容易进圈难，所难中土不离位，退易进难仔细研。"可见中土不离位是关键。

中土，即中定，就是太极十三势中的"进步、退步、左顾、右盼、中定"的"中定"。持守中定，是太极拳的重要心法，要求练拳者时刻维护自己的重心稳定，并乘机破坏对方的重心稳定。其法详见下一章"中定的原理"。

第五式　一指通玄

此式与上式"村女推磨"的形体动作基本相同。既然如此，为何还要把它作为身法精功呢?主要原因是内功心法上有更高的要求，当然形体动作也有不同。上式是双手推磨，此式是一手一指领着转圈，其余皆相同。今将相同点从略，不同点介绍于后。

1. 竖起食指

仍以右弓步为例。上式分解动作之一的两手提起搭在推磨架上，改为右手上提，右食指竖直，指尖向上，其余四指合拢，拇指贴在三指上；左手屈肘平置在左侧前，中正前视。(图4-6-17)

2. 一指领圈

接着像村女推磨那样，身法进退旋转，但不是双手推磨，而是单手一指在转圈，即右手食指领着身法步法在旋转。也是顺转9圈，再逆转9圈。然后调换左弓步一指领圈。（图4-6-18）

3. 四忘一空

至于心法，除上式"村女推磨"的六点心法适用于"一指通玄"外，还有一个最主要的不同点，即从有意进入无意。

"村女推磨"，是用意不用力地推磨运转，那是用意。而"一指通玄"则要从有意进入无意之境，那是无意，即从用意过渡到无意。

这是一个渐进的过程，首先要将推磨式练得娴熟无比，能够得心应手。在此基础上再经历"四忘"，然后达到"一空"，即忘手、忘形、忘意、忘念，达到虚空之境。

图4-6-17

图4-6-18

忘手：即上文介绍的"舍去双手"，似乎"我的手没有了"。本来不必赘言，因手臂最不听话，总喜自作主张，擅自行动，不能跟随公转而转，所以须重提一下，忘掉手臂的存在。

忘形：即在一指领着进退转圈时忘掉身形的存在，似乎不是自己的形体在转，而是一个太极在旋转不息。

忘意：即忘掉一指磨圈时的各种劲意。我们应该知劲、懂劲，但不可被劲意困扰，须逐渐超越劲意，化劲意于虚静无为之中，然后才可能无为而无不为。

忘念：即忘掉种种杂念，心神归一。

在"四忘"基础上，进入"虚空"之境。所说虚空，并不是一点也没有的空，而是指清心无虑，即"万念俱泯，一灵独存"的虚空。这"一灵"就是太极之灵。只须心系太极，不管其他，一切变动皆是太极之变，一切旋转都是太极之圈，从而使身、心、灵（灵、魂、体）归聚于一，进入太极玄妙之境，故称为"一指通玄"。

第七章　中定原理

中定，就是维护自身重心之中正稳定，属太极十三势中的"进步、退步、左顾、右盼、中定"之范畴。

地球引力作用于人而产生人体重量，而这重量有个中心点，大家一般称它为"重心"。它维护着人身的正常活动，无论是站是坐，也不论是散步、跑步或者跳跃，都必须维持重心的稳定，才能"定之方中足有根"，才能成行，还能做个"不倒翁"。尤其是拳术的进攻防卫，更须稳定自身的重心，否则会陷入被动，所谓"守中则成，失中则败"。因此，持守中定是练拳的起码要求，而且随着练拳水平的提高，中定的要求也会随之提高，特别是进入高深境界时，须在瞬息万变中维护中定，其要求与难度就更高了。

为此，须弄清楚中定的原理、修炼心法及相关问题。其要点是：

一、中定，是中和之道对身法的要求

阴阳中和之道的"居中"原则，就是"中定"的原理，在六十四卦中，第五卦的"居中"之位，是亨、利、贞、吉的象征，故而拳术之"中定"，就是取胜之道。总体说，太极身法是圆弧形的中和一体，中定则是其中的中心点，像圆圈之中心垂直点，不论圆圈如何转动，圈中之中直一点须随着圆转而不断调控，始终持守着那中空一点。所以说，没有中和，便没有中定。

二、中定即中土，是变中之定

王宗岳在《太极拳释名》中，把"中定"比为"金、木、水、火、土"的五行学说中的"中土"。他说："进步、退步、左顾、右盼、中定、即金、木、水、火、土也；此五行也。"据此，拳谱才提出了"进圈容易退圈难，所难中土不离位"的论断。用"中土"比作中定，意思是中定好比是立地生根，不可动摇。但不要误会"定"在那里固定不变了，而是说"定"的时机必须落地生根，拳势一旦变化，就必须随着形势的变动而变移中定的位置转入安全之区。所以中定是变中之定，即"定、变、定"的循环不已之中的"中定"。当"定"之时，应落地生根，毫不动摇；该"变"之机，则应敏捷迅速地随变而变。这点是阴阳中和之道的"时中"原理的反映，能时中，就能守中。

三、人体重心的分辨

我们通常说的重心一般有三种情况。一是常说的重心，即人体重量的中心点；二是人体中心垂直线，即身法总诀说的"提顶吊裆一条线"；三是中心线的落点（即落实之点）。这三种情况既要弄清楚，又要能融合，可以把它们统称为重心中直落点，简称中直落定（或中心落定），那便是中定（中土）之位，即稳定重心的安全区域。

分辨重心的三种情况，是为了更好地弄清重心之点，以利于稳定中土之位。常见初学者做虚步时，只注意把重心落在实腿，不知道还有个中心落点该落在哪里，常把中心落点落在实腿的外侧边缘，结果中心线歪斜，连带上体倾向一侧面，以致失中。此时如果有人将他轻轻一拨，很容易被拨倒在地。

四、静态与动态之中定

由于中定是变中之定，故在"定、变、定"的过程中呈现两种形态的中定，即定势的静态中定与变势的动态中定。静态中定比较容易把握，动态中定的难度较大。

静态中定：以太极起势的开立步站姿为例。此时人体重量分置左右两脚，重心在脐下丹田处；人体中心线在百会穴与会阴穴的上下一条直线；其中心落实点在尾闾下坠的地面，即两脚之间的中心地面的那一点，那便是中定之位。

再如虚步，中心直落点在后脚（实腿）的脚心至脚跟之间的中心区，不可偏侧至脚的边缘。如果是弓步，则中落点在前腿与后腿之间位置，以尾闾下垂指向地面的那点为准，其前弓之腿的重量落在脚下四号位与五号位之间。

无论站立、虚步、弓步等，均须辅以立身中正，才能稳住中定。

动态中定：由于拳术运动是式式变化的，尤其推手的变化更多更快，所以变化的动态中定比较困难一些，它要在升降起伏、移位换形、左旋右转中适时调控中直落点，的确难度大一点。难在何处？这不是一般的难，而是难在中直落点看不到，只能感觉到，一旦看到了，就失中跌倒了。故而必须在刚刚感到"中土"受威胁时，迅速敏捷地予以调控。为此，师门传有中坠转移调控法。

五、中坠转移调控法

中，中心落点；坠，坠尾敛臀；转，松沉旋胯转体；移，把对方加在自身的力点移开，转移至安全区域。此法的动作过程大致是：行拳时，意想某处被对方制压，有失中之虞，迅即悬头坠尾，旋胯转体，变移重心，把受制之点转移开去（即空其劲），调整中心落点至安全区域。

在此过程中，须特别注意领椎、提吊、悬坠、移点八字。其口诀是：大椎一领身中正，提顶吊裆中心线，悬头垂尾神贯顶，坠尾敛臀压千斤，重心变移得中定。为便于操作，可归结为八个"一"：警讯一现、头顶一提、大椎一领、精神一振、尾闾一坠、腰胯一旋、重心一变、中定一稳，就能化险为夷。当然这八个一不是机械分开的，不可有先后，应同时同步地一气呵成，才能奏效。上述"村女推磨"中的"坐身磨转"及"旋胯过裆"的动作，亦属于调控中心落点之法。

但是，这仅是意念调控法，应经过长期修炼，养成条件反射，进入无意之境，才能虚灵不昧，一触就转，一转就空，一空就稳，稳了就可以进。

六、中定与内劲及养生的关系

中定作为原理，在太极拳中是无处不在、无时不现的，既是太极身法的总体要求，又是一招一式的具体要领，尤其对修炼内劲有着重要作用。别的不说，仅就与内劲密切相关的人体重力来说，平时分散在各个部分（上体、四肢、体外、体内等），一旦急需，可以迅速集中起来，集合于某一点发出，此即所谓"整劲"。此种整劲并非局部的人体重力，而是人体的总重力，而且不仅是肉体的总重力，还包括意、气、神、劲在内的内外合一的总劲力，这是太极劲与众不同之处。

整体总劲力在训练、养蓄、聚集、发放的过程中，都离不开"中定"。不难想象，如果躯体前俯后仰、左歪右斜、摇头晃脑，能够练出功夫来吗？只有时刻持守中定之法，身法中正，重心稳定，才能在圆弧形的中和一体中激发潜能，练出内劲，并把内外合一的内劲发出去。

中定一法，更利于养生保健。因为太极拳的任何招式都离不开重心稳定，只有持守中定，才能中正安舒，周身协调地进行技法和心法的修炼，取得性命双修的美好效果。

第八章　步法精功六式

步法也离不开中定原理，所以"中定"一章安排在身法精功与步法精功的两章之间，以示上下皆通之意，无论何种步法、步型，都应贯彻圆心之中直落点，才能步履沉稳，步法轻灵。

第一式　五行进退步

【释名】

五行进退步，简称五行步，它是太极拳十三势中的重要基础步法。王宗岳在《太极拳释名》一文中，把太极拳的掤、捋、挤、按、采、挒、肘、靠八势八法比作八卦，把进、退、顾、盼、定比作五行。他说："进步、退步、左顾、右盼、中定，即金、木、水、火、土也；此五行也。合而言之，曰十三势。"可见，五行步是太极拳十三势的五种步法。它与五行学说相对应，即进步为火，退步为水，左顾为木，右盼为金，中定为土。进退为水火之步，顾盼为金木之步，中定为枢机之土，怀藏八卦，脚踩五行，一派太极风韵。因此练好五行进退步，既是太极拳的入门功夫，又是登堂入室的晋阶之途。

为了方便介绍练法，先列图标明五行步的态势：

	进步 （火）	
左顾 （木）	中定 （土）	右盼 （金）
	退步 （水）	

五行步势图

【分解动作】

1. 松沉迈步

按无极桩身法站定，然后腰胯松沉，微向右移约15°，右脚尖外撇约10°，略微坐身，重心移寄右腿，屈膝坐实；随即左腿松膝提起，高度约与胯齐，左小腿下垂，左脚经右脚里侧向左前方迈去（迈步的幅度量力而行）。须用腰胯松沉法助送左脚前进，先左脚跟着地，此时重心大部分仍在右腿，两臂自然下垂体侧，上体中正，目视前方。（图4-8-1）

图4-8-1

2. 进身弓腿

承上势。腰微向左转，用腰胯松沉法边转边沉，边重心前移，弓左腿，蹬右腿（不可僵直），向前进身，成为左弓步，左脚尖内扣2°~3°，后脚尖外撇约10°。前后腿的重心比例为前七后三。中心直线在尾闾下坠之地面，前脚的重心以4号位为中心，前移不超3号线，后移不过5号线。前后脚之间横向距离至少10厘米，不能踩在一条线上。两条手臂随着弓腿进身而自然移动。此时面向正南，上体中正，双目前视。这是第一次进步。（图4-8-2）

图 4-8-2

3. 松沉右迈步

承上动。左弓步定位后，随即腰胯松沉，向左微转，带动左脚尖外撇约10°，重心全部移寄左腿；接着松右膝、提右腿，右脚收回左脚里侧，脚尖虚垂地面（初练时可脚尖点地片刻），随之向右肩前方迈进，重心逐渐前移，进身成右弓步。具体要求与左弓步相同，这是第二次进步。（图4-8-3）

图 4-8-3

4.再进左步

按上述要求向右微转，右脚外撇，重心寄右腿，接着按左

进步要求，提左腿向左前方迈进，为第三次进步。然后练习退步。（图4-8-4）

5. 提膝悬足

承上动。左弓步，腰胯松沉微向右转，略沉身，重心全部后移右腿，屈膝坐实，变成过渡性的左虚步；随即放松左膝，提起左腿，把左脚收回右脚内侧，小腿自然下垂，左脚尖虚悬向地（不落地），宛似独立势，上体中正，两臀下垂，双目前视。（图4-8-5）

图4-8-4

但要注意这单腿悬足之势，初练时可一提就撤，虚悬短暂，功深后应适当延长悬足的时间，以便加强腰腿功夫的锻炼，又可修炼灵活用脚之意。因为虚悬之足可进可退，可上踢也可下踩，还可插裆套脚。此式虽是练的退步，但进退在一念之间，故须适当延长悬虚时间，以增进用脚的劲意。

图4-8-5

6. 沉腰退步

承上动。随即松沉腰胯，左脚经右脚里侧向左后方撤退，须用腰胯松沉之势，助送左脚后撤。左脚从上势的收脚悬足，到此势的后撤，其行经的线路宛似是三角形状，称三角退步。先脚尖着地，继而脚掌、脚跟着地，此时重心前后的比例为前

六后四，前脚尖仍然向右外撇，后脚尖向左外撇，前后两脚有点像错综八字步。上体中正，两臂下垂，目视前方。（图4-8-6）

7. 坐身虚步

承上动。重心渐渐后移左腿，坐腿屈膝踏实，右脚微微内扣约5°，变成右虚步。此时前后腿占重的比例在前三后七之间。虚步的膝关节须放松自然，不可挺直，略含屈意，脚掌放松粘地，脚尖虚伏。虚步的中心落点，见前"中定"一章介绍。此时上体中正，虚灵顶劲，尾闾中正下垂，实腿的膝尖与脚尖上下相合，臀部要与后脚跟上下相合。（图4-8-7）

图 4-8-6

图 4-8-7

8. 连续退步进步

承上动。当"坐身虚步"坐实之时，即为第一次退步完成，接着退右步，再退左步，连续退三步，练法与要求同上。然后再进三步，再退三步，循环往复地练习三回、六回、九回以上（进三步退三步为一回）。

【心法要点】

1. 左顾右盼

顾、盼是五行步中的两法，因其无明显的外形动作，全是神意的反映，故列入心法叙述。

所谓顾、盼，是指眼神的视向，向左为顾，向右为盼，即左顾右盼。而眼神则是双目之光与神意之光的合称，它能反映一个人的精神状态与拳法的深浅。双目神光炯炯与眼神暗淡无光，表示了两种截然相反的内在神态，可以从眼神上看出练拳者的功底如何。因此，训练神光之顾、盼，不单是步法所需，而且是太极身法的总体要求。

如何顾盼？不是摇头晃脑，东张西望，而是用眼神及神意顾盼，并且顾中有盼，盼中有顾。例如进步时，双目前视，但前视之中有顾、盼，即用左右两目的眼梢再加神意向左顾，向右盼；退步时大体与进步相似。至于进退转身之间的顾、盼，则须时时留神，随之所视，切忌低头看手，更忌目光散乱，神情呆滞。

顾、盼的训练更与意气神劲密切相关。练至功深，应进入目之所视，就是神之所至、气之所到、劲之所达的境界。

2. 时时处处中定

中定，是互行步法之重要一法，其原理及心法，前面"中定"章中已有详述，此处不再重复，照上章所述修炼。不过要说明一点，中定不仅是五行步之中定，而且是行拳及推手全过程中的中定。为了节省篇幅，以下篇章中有关功法、拳招，凡涉及中定之处，除非特需，不再一一说明。

3. 进退须有转换

五行步的进退之间有着转换的过程，即左右之间的转换，其实质是虚实间（阴阳）的相互转换，转换的关键又在于主宰腰胯。以迈左步为例，在松腰松胯、身法中正的前提下，右腰及右胯微向右松转，并用右腰眼微微托起左腰眼（意念性的），使左胯、右腰微微向前送去，助送左脚缓缓迈出，柔顺落地。

迈右步也是这样，唯左右不同。左右两胯及两腰眼一上一下、一前一后、一虚一实，以虚托实，虚实相济，使步法转换灵活。而且进中含有退意，虽进蓄退；退中含有进意，虽退犹进，亦即虚中含实，实中含虚。例如虚步的前脚虚中含有实意，后腿虽实但并非完全，而含虚灵腾挪之意。其变化全在内，不在外，进退不拘泥于某一脚，而须有随机应变之意。

第二式　复势猫行步

【释名】

"迈步如猫行"，是太极拳的重大特征之一，各家太极拳莫不重视这一步法的训练。本门的这一精功则另具特色，不但步法要像猫步那样轻柔，而且在进退之间须有虚实变换的进身、退身的转换，并有明显的旋胯转体动作，还须手势相配合，更要模仿猫行扑鼠的神态，双目须炯炯有神，所以称之为"复势猫行步"。

初学者分不清猫行步与五行步的区别，常把五行步误认为猫行步，这是必须分清的。

【动作分解】

1. 合气坐身

面南自然站立，两脚跟靠拢，脚尖八字形；左右两臂皆松肩垂肘，同时向外、向上划弧，平举于左右两侧，掌心向上，意想劳宫穴采集自然灵气。（图4-8-8）

图4-8-8

接着，两臂毫不停顿地向内合拢，意想向眉心灌气，两掌沿胸前而下，合气于丹田，同时微微屈膝坐身。（图4-8-9）

接着腰胯松沉，向左旋胯转体约30°，转至面向偏东南，蓄势待变。（图4-8-10）

图 4-8-9 　　　　　图 4-8-10

2. 上步蓄势

接上动。随之腰胯松沉，重心移寄左腿，右脚向前上一步，成右虚步，面略偏西南，此时两臂下垂，中正前视，蓄势欲进。（图4-8-11—图4-8-13）

图 4-8-11 　　　　　图 4-8-12

3. 转腰撇脚

上动不停。腰胯松沉，向左旋转约20°，腰转身随，带动左脚外撇10°~20°，此时面略偏西南，重心仍寄左腿，两臂自然下垂体侧。（图4-8-14、图4-8-15）

4. 移重转腰

上动不停。腰胯右转5°~10°，

图4-8-13

图4-8-14

图4-8-15

同时重心前移，右脚踏实，后脚（左）随着转腰移重之势，脚掌碾转（称前轮转），脚跟微离地，准备提起。此时随重心前移而将前臂略微提起，置于腹前，手腕放松，五指下垂，似猫儿提爪状，做势欲扑，身法中正，前视。（图4-8-16）

图 4-8-16

5. 坐胯提膝

上动不停。腰胯松沉下坐，后腿（左）乘势提起（防止上体抬起），意念先提膝再提腿，接着左脚提至右脚里侧，左脚尖虚悬下垂；两手趁势微微上提至上腹部，凝神前视。（图 4-8-17）

6. 迈步猫行

紧接着腰胯松沉，提起左膝

图 4-8-17

左腿，用腰胯下沉之势，把左脚送往左肩前方，向前迈进。其过程是：先提膝，再动小腿，随之大腿跟进，左脚落地要特别注意不能直落下去，必须用松膝之法，似猫足那样轻柔落地，先脚跟着地。在此过程中两手同时随势上提至胸部上方，仍松腕垂指，目视前方。（图 4-8-18）

紧接着，松沉转腰弓腿，重心前移至左腿，催动左脚掌缓缓踏实，后脚掌随之碾转，成弓步。同时，两手随着弓腿进身

图 4-8-18

之势，模仿猫爪前扑，肘不过膝。此时面正南，中正前视。（图 4-8-19）

7. 左右猫行步

接着练右进步猫行，练法与上述分解动作 1~5 相同，唯左右方向不同。然后再左进猫行，左右互换，循环练习。前进步数视场地而定，到了头再返回练习。

图 4-8-19

【心法要点】

1. 慢而不断

上述分解动作较多，整个猫行步的过程连绵不断，动作虽然慢，但须慢而不断。

由于猫行步进退转折较多，稍不注意就容易出现停顿现象，故须更加留心各个动势之间的连续衔接，无论分解动作多少，均不可有丝毫停顿，应绵绵不断，一气呵成。这一点是整套拳术的共同要求，以后各招各式均要注意遵守。

动作的连绵不断，主要靠意念上的生生不息作保证。太极拳是"用意不用力"的运动，各动作之间的衔接，全靠意念相连，这就叫做"形断意不断，劲断意可接"。只有靠意念的绵绵不息，全套拳式才能无停顿、无断续地融为一体。

2. 螺旋圆转

这是太极拳的核心原理，在"曲则全——太极拳的圆形运动"一节已作详解，前述的"村女推磨""一指通玄"等都是实践这一原理的精功。至于复势猫行步，不但左右转动的幅度较大，而且退身与进身之间也须圆转。例如分解动作之二的"上步蓄势"，应腰胯松沉做螺旋型旋转，边转边移重心边后坐，不可直线往后退；接着做转腰撇脚、移重转腰以及转腰弓腿进身时，都要运用腰胯松沉旋转法，在旋转中蓄势，在旋转中进退，才能练好步法，练顺内气，练出内劲。

本门太极内劲的特征是螺旋寸劲，即劲自圈中生，劲自圈中发，要特别注重螺旋圆转的训练。

3. 往复须有折叠

进退须有转换，往复须有折叠，这是太极拳的重要法则。由于"复势猫行步"进退往复的转换幅度较大，尤其要注意往复之中的折叠。

折者，曲折、折合之义；叠者，重叠之义，即有层次的折合重复。折叠，就是把一个或两个以上的东西折起来使之重叠相合。太极拳的折叠，运用在两个方面，即自身练拳中的折叠与推手对抗中的折叠。

自己行动走架时，动作呈圆弧形及曲线，劲走螺旋，并把

第四篇 身法篇

两个以上的劲路有层次地折合在一起，使之相合统一。

折叠用于推手，主要是呼吸（蓄发）、开合、虚实的变换，都出自内气、内劲的变换，在内不在外，外面看似未动，而其内已有变化折叠，所变极其细微。太极截劲往往使用折叠。使用截劲时的拳势呼吸较为短促，我甫感来劲，即将彼力吸入并迅即变化为发人之劲，所谓"借力打人"是也。至于手法上的屈肘弯肱，则是外形上的一种折叠，它也是随意而动、由内及外的。

4. 中定不可丢

中定是普遍的法则。此式的中定，要特别注意在转换中的摇晃情况。因为在转身撇脚、移重转腰、沉身提膝等动态过程中，很容易重心不稳，上体晃动，故要特别留心中定之位，无论如何中定不可丢也。

5. 练步又练神

猫行步，不仅迈步要像猫步般轻灵柔和，而且要有灵猫捕鼠时的那种神态。即使在平时，猫的眼神不怒而威，威而不凶，给人以神和之感。练猫行步就应练猫的神态。太极十三势中的左顾右盼，就是对神态的要求。

6. 遵守内外三合

内外三合是形神俱练的总体要求，每招每式均须做到。前边已作了一些介绍，此处借复势猫行步作进一步说明。

"内三合"，指意、气、劲相合，即意与气合、气与神合、神与劲合；"外三合"，即手与足合、肘与膝合、肩与胯合。前者是内功的要求，后者是外形招式的要求。外三合又包含着步法、手法、身法等要素。以猫行步的右弓步为例，须身法中定，右肩与右胯上下相合，右肘与右膝上下相合，右手与右足上下相合。

所谓相合，就是要上下对齐，不能歪斜，不能越位。其中最容易犯的弊病是膝盖前冲，超越脚尖，以致牵连肩胯不合、肘膝不合，并危及中定。这些问题，初学者要特别引起重视。

扣足转膝，是防止和克服膝盖越位的有效办法。所谓扣足，就是前弓之腿的脚尖微微内扣，所扣幅度 2°~3°。所谓转膝，即弓腿之膝盖必须放松，并微微外转，使膝盖中心与脚尖中心对齐，可防止歪斜和越位。同时后蹬之腿的膝盖也应与后脚的中心对称，前后两膝均不能歪斜，保持节节贯穿。

因此在进身、进步、弓步、退步、虚步、中定以及转换过程中，都要刻刻留心这内外三合，使步法绵绵，一气呵成，进似猫行般轻柔，退似撵车般稳健，定似山岳般屹立。

第三式　进退猫洗脸

【释名】

猫洗脸，就是模仿猫用前爪洗脸的动作，两手在脸前做弧形掩面的姿势，同时配合进退等步法身法，形成上肢猫洗脸与下肢猫行步相结合的上下相随、进退相宜的独特风格，是本门独具一格的精功之一。它有进步洗脸，进退洗脸、换步洗脸等态势。兹分述如下：

【动作分解】

1.进步洗脸

（1）预备势：面南右弓步站定，两臂自然下垂于躯体两侧。

（2）收脚举手：腰胯松沉，重心向前全部移寄右腿，左脚

收回至右脚内侧，左脚尖虚悬不落地；同时右手上举至右脸外侧，手腕外旋，掌心向外，中正前视。（图4-8-20）

（3）左弓步右洗脸。承上动。左脚向左前方迈进一步，重心逐渐移至左腿，向前进身成左弓步；在弓步进身的同时，带动右手腕内旋，经右脸向左脸做掩面洗脸状，须掌心朝脸（掌与脸相距约10厘米），弧形旋腕而洗，此为左弓步右洗脸，中正前视。（图4-8-21、图4-8-22）

图4-8-20

图4-8-21 　　　　图4-8-22

（4）右弓步左洗脸。紧接着，松腰沉胯，重心全部移至左腿，同时右手弧形下落至小腹前，左手弧形上举至左脸外侧；继而右脚向前迈进一步成右弓步，左手旋腕洗脸。练法与右洗脸同。（图4-8-23、图4-8-24）

（5）连续进步洗脸。接着再做左进步右洗脸，左右交替进

图 4-8-23　　　　　　　　图 4-8-24

行。步法与五行步相同，唯手法不同。进步次数可多可少，但至少须三次。这一精功可直接应用于拳术。本套路第十七式"进步搂膝"就是连续进步洗脸掩手的运用。

2. 退步洗脸

（1）仍以右弓步为预备势。

（2）退身右洗脸。腰胯松沉，左手上举至右脸外侧，向左侧旋胯转体，重心约七成后移左腿，向后退身，似将成右虚步，一边退身，一边左手内旋从右向左掩面洗脸，左手暂置左颊下，右掌置左胯旁，面向偏东北，中正前视。（图4-8-25）

图 4-8-25

（3）撤步举臂。承上动。随即腰胯松沉，右脚收回，经过左脚内侧斜向右后方撤步退身，重心后移右腿，成左虚步，但脚尖依然外撇，尚未内扣。

第四篇　身法篇

251

同时右手经右侧上方弧形下落至右腹前，左手弧形上举至左脸外侧蓄势。此时仍然面向偏东北，中正前视。（图4-8-26）

（4）转体左洗脸。承上动。随即松沉腰胯，向右侧旋胯转体，带动左手旋腕从左向右洗脸。右掌置腹前，左脚尖内扣。此时面向略偏西南，中正前视（图4-8-27）。此为一次退步右洗脸。

（5）接着撤左步，举右臂。练法与动作3相同，唯左右方向不同。

（6）接着转体右洗脸，练法与动作4相同，唯左右不同。这是第二次退步洗脸。接着再做第三次退步猫洗脸。

（7）然后练习进步猫洗脸，也是连进三步，练法与上式进步洗脸相同。前后计退三、进三猫洗脸，可反复练习。

图4-8-26

图4-8-27

（8）变化应用：这种进退步洗脸法在套路中应用较多。如第38式退进步指裆捶，就是先退步洗脸两次，再进步洗脸两次，然后做指裆捶动作。它还可以变为换步洗脸，如第17式换步搂膝，就是先跟上半步洗脸，再退一步洗脸，接着进一步洗脸，同时做搂膝推掌。

【心法要点】

1. 中轴旋转是关键

练好进退猫洗脸的关键，在于中轴能否正常灵活旋转。若能以中轴旋转带动手势洗脸与步法猫行，则两者便能同时同步地协调动作，从而使手势与步法齐运，洗脸与猫行一体。

何谓中轴？拳家都说是"腰如车轴"。不错，这是经典性表述。但练拳时，不能停留在字面上，应深入下去品一品。这"车轴"的范围有多大，圆周的中心及其中心落点在哪里？转动时是怎样的情状？这些问题具体化了，才能心中有数，运转自如。

据师门传授及本人体悟，腰与胯的前后左右一圈就是车轴的圆周范围，圆周的中心便是上自百会穴下至会阴穴的一条中心直线，其中心落点就是尾闾下坠之处。中轴旋转，就是中心直线及其落点在旋转，从而使腰胯的圆周形旋转能灵活自如。我们常说的旋胯转体带动四肢运行，换个说法，就是中轴旋转带动四肢动作，这样便能上下相连，周身一家，且能一动无有不动，一静无有不静。

如果说太极拳主宰于腰胯，那么"中轴旋转"便是主宰的主宰，适用于太极拳所有拳招功法，现在将猫洗脸提出来重点叙述，是因为这一精功能把"中轴旋转"生动地显现出来，有"一叶知秋"的作用。先前介绍的"村女推磨""一指通玄"等功法，也都是以中轴旋转来带动的。当然，中轴旋转能否带动四肢运行，尚须以四肢放松为条件，否则"带"而不动。

2. 旋腕划弧巧洗脸

猫洗脸，顾名思义是模仿猫洗脸的动作。仅从手势来说有两个重点要注意：

一是洗脸时必须手腕旋转。其过程是（以右手为例），右手从下面上举至右脸右侧时，手腕外旋，掌心向外，指尖向上；当向左做掩面洗脸时，手腕须内旋，应一边内旋、一边掩向左脸洗去，掌心朝脸，指尖向上，这就称做"旋腕洗脸"。如果不旋腕，仅仅用手移过面前，那不属于洗脸动作。

二是手势须上下划弧成圈。从右手上举，经洗脸而下，须在胸前、脸前划一圆圈；接着左手上举，经洗脸而下，亦须在身前划圈，从而使两手左右上下交替划弧洗脸。从攻防意义上说，这样能使身前形成连绵不断的保护圈，加上身法的进退转换，攻守进退皆相宜。当然还须内气、内劲的协同，才臻完美。

3. 提腿必须先提膝

进退之间，若要步法轻灵柔和，必须提腿先提膝。当腰胯松沉、一腿支撑、一腿提起向前迈进之际，必须膝关节放松，意念先把膝盖松松提起，带动提腿，小腿毫不用力地悬垂着，然后由腰胯松沉之势向前迈出，这样步法才能像猫行似的轻灵。如果仅用大腿直接提迈，势必举步滞重。

退步更应如此，后撤之腿必须先提膝带动提腿，再乘腰胯松沉之势，由松膝助小腿后伸而撤，才能轻灵着地，沉稳退步。因此，大凡动步，不论进退，均应在松腰沉胯的同时，提腿先提膝，才能迈步如猫行。

第四式 动态虚实步

【释名】

动态虚实步这个式名鲜见于他派太极拳，乃为本门独特之步法，常用于练劲与发劲的训练。本套路第23式"换步云摩弹"用的步法就是典型的动态虚实步。

弓步为实（含虚），虚步为虚（含实）。动态虚实步，就是弓步、虚步在动态下快速变换虚实的一种步法。由于它定势亮相的姿势常常是虚步，故又简称动态虚步。

动态虚步，有原地与活步两种形态。原地者，即站定姿势后在原地做虚步与弓步的快速变换。活步者，有逢进必跟的进步；先退步、后进步、再跟步的换步；还有后腿蹬、前脚跃进、后脚跟进的跃步式动态虚步等几种情况。这些都是本门太极拳常用的步法。

【动作分解】

一、原地动态虚步

1. 小弓步站立

依照弓步要求站定，不过跨度比一般的弓步为小，前后距离约一脚半（35~40厘米）。功深后可以逐步加大跨度。（图4-8-28）

2. 磨圈发劲

随即按照"村女推磨"式练法双手推磨，先顺向磨5圈以上，待感到身、心、气及腰、胯、腿等顺遂时，即弓腿进身发劲。（图4-8-29、图4-8-30）

3. 实即变虚

图 4-8-28

上述进身发劲另有心法介绍，这里主要讲步法。当弓腿踏劲进身发劲时，在踏劲的瞬间为弓步，为实，一旦内劲发出，

图 4-8-29　　　　　　图 4-8-30

重心应迅速后移，瞬间将弓步返回虚步。此种由实返虚的速度要快，以前脚踏之势，一踏而返，干净利落，无任何滞重之象，以体现出在急速的动态之中变换虚的特色。而且迅速再由虚变实、由实变虚、虚实互换地进行磨圈，磨了再发，发了再变，循环不已。这快速变换虚实，就是动态虚步的主要特色。

注：上述"磨圈发劲"与"实即变虚"的过程十分快速，难以用图片表示，只能附一幅动态虚步的定式图片。（图4-8-31）

二、活步动作

1. 逢进必跟步

承原地动态虚步之势。当发劲将发未发之际，前脚向前迈进半步（功深后步子可大些），身法随之迅速平稳前进，前脚落地时迅即踏劲，带动两手按劲发出，后脚乘势跟进半

图 4-8-31

步，亮相时仍为虚步，此谓逢进必跟。逢进必跟的虚实还有另一种情况，即跟步之后不变虚步，重心仍在前腿，后脚离前脚约半脚或一脚之距，且脚掌踏实，脚跟虚虚似落地而未全落地。（图4-8-32）

2. 进退互换步

即前脚（例如右脚）先退半步（或一步），左脚向前进一步，右脚再跟上半步，亮相时仍变为虚步。但可视招式需要，跟步之后，重心仍在前腿，仍是前弓后虚。（图4-8-33）

图4-8-32

图4-8-33

3. 向前跃进步

以右虚步为例。后腿（左）蹬脚发劲，前腿（右）向前跃进一步，左脚乘势跟进一步，定势亮相时仍为动态右虚步。此式的关键在于前脚跃进时是由后脚蹬脚之劲送出去的，且要拔腰腾身，才能跃得快、跃得远、有劲道。若是仅前脚用劲，是跃不远的，也没有劲道。（图4-8-34—图4-8-37）

【心法要点】

此功法旨在练习步法的动态变换，至于磨图等法，以上述"村女推磨"为准。动态虚实变换的精髓，在于静、稳、轻、

图 4-8-34 　　　　　　　图 4-8-35

图 4-8-36 　　　　　　　图 4-8-37

快、弹等五字。

1. 静，即虽动犹静

在变化虚实的动态之中，必须"虽动犹静"。"动"，指两手磨圈及进退虚实等形体动作以及内气运转等机能活动，皆属于"动"。"静"，即指在动态之中要让心静下来，让大脑放松，使之处于良性的抑制状态，思想入静，精神安详，进而进入"致虚极，守笃静"的境界，能静中触动，虽动犹静，虚实相宜。

2. 稳，即身法中正沉稳

在动态变化过程中，任何时候都应腰胯松沉，身法中定，下盘稳妥，在"稳"中应付变动，应有"任凭风浪起，稳坐钓鱼船"的气势，以收"万变不离其宗"之效。

3. 轻，即举步轻松灵活

不论原地之法，还是活步之法，均应举步轻柔灵活。关键在松沉腰胯的前提下要提腿先提膝。没有膝盖及踝关节的放松，便不能轻松提膝，若不提膝只提腿，终不能迈步如猫行。

4. 快，即快速动态变换

此处所说之快，是指虚实步法变换时应快速地返回虚步，不能出现丝毫的呆滞。

5. 弹，即一弹而发，一弹而回

这是动态虚步的核心动作，向前发劲时把内劲一弹而出，此时前腿为实，为弓步；紧接着，几乎在同一时刻，趁前脚掌一踏发劲之势，仍由脚掌之踏劲把重心反弹回来，迅敏地由弓步恢复虚步。

这里要注意，弓步之发劲是一弹进身；虚步之返回亦是一弹而退身。其间的弹出、弹回是一瞬间的短暂过程，粗心的人看不出来，还以为是虚步发劲呢。

这种动态虚步的弹发内劲，常见于"云摩弹"拳式，而"云摩弹"则是李景林当年练劲发劲的至尊一式，"拳术篇"将详作介绍。

上述五点融合为一体后，动态虚步便能进入佳境，即起步于无形，变换于无状，待到亮相看见定式时，已经"功成身退"（指由实变虚）了。

第五式　八卦摆扣步

本门太极拳步法中，借鉴了八卦掌的一些步法，尤其是活步架、游身架用的比较多。游身八卦太极拳就是主宰太极，步行八卦，身如游龙，许多招式都在八卦走圈中完成。本书介绍的武当太极拳大架，虽然用的不算多，但仍有一定比例，主要用的步法是摆步、扣步、三角步，以及摆扣转身、回身等步法。简介如下。

一、摆扣步

1. 摆步

自然站立，两脚跟靠近，脚尖均外撇，成八字步，腰胯松沉，微微屈膝坐身，上体中正，目视前方。接着左腿微提膝，脚掌平行提起，向左前方弧形外摆落地（脚尖外撇约35°），左腿微屈，右腿也微屈，右脚尖向右顺直，重心比例为前（左）四后（右）六，两脚跟距离半步。此为左摆步。上体中正前视（图4-8-38）。

若右脚在前外摆，左脚在后顺直，即为右摆步。（图4-8-39）

图4-8-38

图 4-8-39

2. 扣步

以左摆步为例。右脚提起，向前、向左弧形内扣落地踏实，与左脚尖相对，两脚尖距离约半脚或一脚，两膝内合，膝盖相平（亦可两膝相接），松腰坐胯，此时两脚形成倒八字状，重心分置两腿（亦可视需要调整比例），上体中正前视。此为右扣步。若左脚内扣，便是左扣步。（图 4-8-40）

图 4-8-40

3. 摆扣互换练习

依照上述摆扣步法，当右扣步后，随即左转身，右脚弧形外摆，此时两脚形成错综八字步（图 4-8-41）；向右转身，带动左脚向右脚尖附近内扣，成倒八字形，这是第一轮摆扣。随即进行第二轮摆扣练习，即左脚外摆，右脚内扣，然后做第

三、第四轮的连续摆扣，直到场地尽头，再转身回头继续进行。

此种连续摆扣，须与身法转换配合协调进行，做到步随身走，身随步转，把步法与身法结合起来训练。

二、摆扣转身进步

以高架右虚步或右弓步为例。当拳势需要向右转身时，左脚向右脚前扣步，扣步的幅度比上述扣足的幅度要大，须扣成丁字步（即左脚横形、右脚竖直）（图4-8-42）。重心移向左腿，向右后转身180°。右脚辗转，视右后方（图4-8-43）。随即右脚向前迈进一步。此为左扣步右转身。本套路的"马后挥鞭"及"翻身撇身捶"等均采用这种步法。也可以右扣步、左转身，左右交替练习。

图4-8-41

图4-8-42

图4-8-43

三、摆扣回身马步

以面向南方、高架右虚步右转为例。

腰胯松沉，向右转体，带动右脚跟原地向外碾转（此为后轮转），右脚尖外撇约90°（亦可提起右脚外摆），右脚尖指向西；接着提起左脚向右后方弧形大跨一步，约扣180°，使左脚尖指向北，同时转身面北，重心移至左腿。（图4-8-44、图4-8-45）

图 4-8-44 　　　　　　　　　图 4-8-45

接着继续右转身，右脚趁势向南横撤一大步踏实，同时左脚内移顺脚，左脚尖斜向东南，重心迅速移向右腿，坐胯沉身，形成面向东的大马步架势。若要手势配合，则两手在摆扣转身过程中合拢于胸前（左上右下），当撤步成为马步时，两手左右分开，弧形向两边下按，置于两膝旁，中正前视，形成白蛇伏草式。（图4-8-46）

接着，摆左步，扣右步，向左大转身撤左脚，成面向西的马步伏草式。可左右交替练习。本套路第45式"回身连环三肘"就是采用这种步法。

图 4-8-46

四、摆扣走圈

这一步法也是从八卦掌移植过来的，常用于本门的活步太极拳及游身八卦太极拳。其练法是：屈膝坐身，用摆扣蹚泥步行走一圆圈，每圈 8 步。先左行，再右行，其间用扣步转身法转换方向。走圈次数多多益善，但至少左右各走 4 圈。其走圈线路如下图：

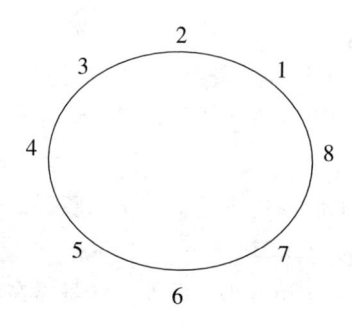

第六式 三角步

三角步步型如下图：

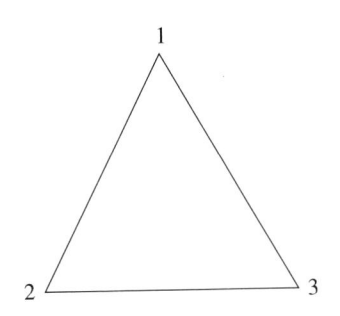

```
        1
       / \
      /   \
     /     \
    /       \
   2─────────3
```

练法：以右弓步为预备势，右脚在 1 号位，左脚在 2 号位。

（1）右脚后退至左脚 2 号位处，但不停留，立即向右侧的 3 号位横移开步踏实；

（2）左脚随之向右横移，经过 3 号位，与右脚内侧踝关节磨蹭，不停留地向 1 号位进步踏实，成左弓步；

（3）左脚随即从 1 号位撤回至 3 号位，不停留地向左侧 2 号位横移横进踏实；

（4）随即右脚提起，向 2 号位横移横进，与左脚内侧踝关节磨蹭，不停留地向 1 号位进步踏实。如此左右交替三角进步。

以上步法精功六式，说是步法，实际上也有身法在内；在身法精功中也有步法的成分，所以身法、步法相映成一体，只是各有侧重而已。练习时，要有整体意识，不能截然分割。

第九章 步型、步法、腿法

武当丹派太极拳的步型步法，既有各派武术的共性，又有本门的特性，本篇前几章尤其是第八章已作了介绍。但那是分开来说的，这一章里再集中起来作一介绍。

第一节 步 型

1. 并立步

两脚跟靠近，间距在1厘米以下，两脚尖外撇，间距约20厘米，呈八字形。如预备势站姿。

2. 开立步

两脚开步，与肩同宽，两腿自然站立，如太极起势等。

3. 四平步

两脚横开，与肩同宽（不超过外肩范围），脚尖均朝前，屈膝坐身，两腿四平八稳，又称小马步。

4. 马步

两脚左右横开，超过双肩，间距约0.6米，屈膝坐身，两腿平稳坐实，重心在两腿中间。

5. 半马步

前腿屈膝，脚尖稍内扣；后腿半蹲，脚尖外撇，两脚间距约 0.6 米，重心偏于后腿。

6. 弓步

有正弓步与侧弓步两种。正弓步是正面向正前方，侧弓步是侧身向前方。

正弓步是前腿屈膝前弓，膝与小腿垂直，全脚踏实，脚尖微内扣；后腿自然伸直（勿挺直），脚尖外撇约 40°，身体正面向正前方，如搂膝拗步的步型。

侧弓步的练法与正弓步相似，唯上体不是面向正前方，而是微有侧转，如斜单鞭等。

7. 虚步

有高架与低架之分，两者姿势相同，仅架子高低有别。其步型是：一腿在前，另一腿在后；后腿屈膝半蹲，全脚踏实，脚尖外撇约 40°，重心大部分在后腿。前腿脚掌着地，膝微屈；或脚跟着地，脚尖微微上翘。左腿在前方为左虚步，右腿在前为右虚步。

8. 丁字步

有两种情况，一是后腿屈膝半蹲，前腿脚尖近距离点地，如白鹤亮翅的前脚点地。另一种是一腿屈膝半蹲，另一腿脚尖不点地，而过渡时是虚悬在后脚内侧，如进退转身的抱球悬足蓄势状态。

9. 歇步（坐盘步）

一脚摆步横落在另一脚前，两腿交叉屈蹲，后腿抵在前腿的小腿处。如半蹲，称半歇步（半坐盘）。

10. 仆步

后腿屈膝全蹲，臀部靠近脚跟，脚尖外撇；前腿伸直接近地面，脚尖内扣。两脚都要全脚着地，脚跟不可离地。如左右翻身下势。

11. 独立步

有三种状况。一是一腿稳定支撑全身重量，另一腿松膝垂直提起，膝盖尽量往上提，提至胸口前上方，此谓高提腿独立。另一种是低提腿独立，仅提膝至另一腿的膝上方。再一种是一腿稳定独立，另一腿不是垂直提起，而是斜横提起，如独立打虎的独立提腿态势。

第二节 步 法

1. 上步（迈步）

后脚向前进一步，称上步，又称迈步。

2. 进步

左右两脚连续向前各进一步，即连续进步，也有连续进三步的。如本套路的进步搂膝，就是进三步。

3. 垫步

前脚向前进步，脚尖外撇，脚型斜横，为后脚的进步铺垫，故称垫步。

4. 退步

前脚后退一步或半步，或两脚依次后退，称退步。

5. 撤步

一脚后退一步，留在前面的脚随势后撤一步。

6. 跟步

一脚前进一步后，另一脚迅速跟上半步或一步，落于前脚的后侧踏实。

7. 横移步

双脚依次向左或向右横开一步或半步。如云手的双膝移步。

8. 扣步

前脚落地时，脚尖内扣，与后脚前后相对。

9. 摆步

前脚落地时，脚尖外撇。

10. 碾步

以脚跟或脚掌为轴旋转称碾步。脚跟碾转，称后轮转；脚掌旋转，称前轮转。

11. 踩脚

前脚提起，向前横脚着地，与腿法中的踩腿同时作用。

12. 插步

一脚提起，向支撑腿后侧横脚插落。

13. 盖步

一脚提起，横脚落于支撑腿前。

14. 交错八字步

一脚在前摆步，一脚在后，脚尖外撇，两脚距离接近，似交叉八字步形。

15. 换步

两脚前后互换，即一脚退步，一脚进步，此为一退一进的换步。还有一种是后脚先跟上半步，前脚再退一步，然后后脚向前上一步，此为一跟二退三进步。如换步搂膝等。

16. 连环退进步

退一步（或左右连续各退一步，计退二步），垫一步，再进一步。但退步、垫步、进步须连续不断，连环进退。

17. 动态虚步

详见步法精功第四式。

18. 行步

腰胯松沉，双膝微屈蹲身，两脚连续行进，或直行、或斜行、或摆扣走圈，轻灵飘逸。这是李公景林要求把武当剑的行剑步法用于太极拳。李公说："步法要项有三，其一速、其二稳、其三轻。"此种步法常用于本门活步太极拳及游身八卦太极拳之中。

19. 三角步

详见步法精功第六式。

20. 跳步

双脚蹬地,身体腾空,双脚于原位落地,或换位置落地。

21. 纵跃步

双脚蹬地,使双脚离地向前跳跃进步。或前脚蹬地,后腿前纵;或后脚蹬地,前脚向前跃进。

第三节 腿 法

1. 蹬脚

一腿稳定支撑,另一腿屈膝提起,脚尖朝上,用脚跟(脚底)向前蹬去。

2. 分脚

一腿稳定支撑,另一腿屈膝提起,用脚尖向前方伸出点击。

3. 踢脚

一腿稳定支撑,另一腿提起,用脚尖由下而上直线上踢,劲贯脚尖。

4. 拍脚

一腿稳定支撑,另一腿提起上踢,同时顺势以一边的手掌拍响上踢之脚的脚面。

注：上述四法都是高腿，踢蹬等脚的高度皆在腰膝以上部位。以下介绍的寸腿、踹、踩等法，所用脚的高度均在腰胯以下，称为低腿。

5. 寸腿

一腿稳定支撑，另一腿提起，小腿下垂，发螺旋寸劲，用脚尖向前快速点踢，高不过裆。

6. 踹腿

一腿稳定支撑，另一腿提起，脚型斜横，脚心朝前，向前横踹、踹向对方膝盖或以下部位。

7. 踩腿

一腿稳定支撑，另一腿提起踩出。踩法与上述踹法相似，但有两点不同，一是所踩部位略低，主要踩迎面骨；二是踩法一经着的，迅速顺着迎面骨向下划踩，或踩向脚面。

8. 摆莲腿

一腿稳定支撑，另一腿提起，先向内侧上踢，接着不停顿地向外侧摆脚，呈扇形外摆腿态势；同时，两掌拍响外摆的脚面，啪啪连响两声。

9. 二起腿

双脚蹬地，身体腾空，两脚上踢（略有先后），左右两掌分别拍响左右两脚，或单掌（右掌）拍击，须拍出声响。

第十章 "机在目"

——眼功四法

第一节 "一目五调"及推手中的眼神视向

眼睛是人类心灵的窗户。道家十分重视眼睛在修炼内丹中的重要作用，认为"下手功夫在双眸"。道家经典《阴符经》有一句名言："机在目。"机者，事物发动的枢机也。人的神在于心，心之机在于目，即目为心之先锋，目之所至，心亦随之；心之所至，气亦至焉。因此得道真人感叹："一部玄功，观为主体。"

太极拳作为道家内丹功的动功，当然很重视眼神的修炼，而且各有各的妙法。本门练眼之法主要围绕"机在目"进行，弄清巧运双目与调心神、调意念、调身法、调劲气、调手势的相互作用，叫做"一目五调法"。先师从两方面教导我们，一是结合每招每式的动作及推手演习，解剖眼神的运用与作用，二是传授眼功四法。前者主要弄明白如何修炼眼到心到，心到意到，意到气到，气到劲到，重点是弄懂眼神的作用。为此，先师反复讲解并演示眼神在推手中的奇妙作用。

先师说，推手发劲时，眼神内视对方下盘（注：意念上的内视，并非低头下视。下同），能使对方双脚离地，腾空跌出；眼神视其胸、腹，对方就直退或向后跌出；若眼神上视（意念，勿抬头），对方就会仰身后跌或侧身倒地。为了让弟子们体验这上、中、下三种眼神的不同作用，先师就与我们推手做试验。为了消除我们的顾虑，先师说只让我们有感觉，不把我们发出去。果然，一试之下我就有感觉。当我两臂在身前欲挤出时，先师双掌按着我两臂说这是下视，话音未落，我就感到血气上升，胸腔似乎被推着往上，双脚亦似有离地之感。接着试验平视及上视，均有相应的感觉。先师说，这眼神的作用，必须细细体会，才能练出味道来。

第二节 眼功四法

此外，师门还传有专门训练眼神的四个功法。

一、极目远视法

找一视野深远之地，最好远处有绿色草本。面向不拘，只要宽广有绿就行。其法是：

1. 开步自然视立，全身放松，两臂下垂，松肩垂肘，立身中正，尤其要注意"提顶吊裆神贯顶"，双目凝视前方。

2. 凝视的双目，不是运用全部眼球晶体，而是使用眼角（鼻梁两侧），要凝神于左右眼角，由眼角极目远视；而且两眼角的视点，在远处要汇集成为一点，这一点愈视愈远，愈远愈好。

3. 目不转睛。远视的眼神须专注一方，目不转睛，而且只能向前，不能退后（收势除外）。即使在转换呼吸时，也只能稍微收缓一点，不能退回，直到收势。

4. 呼吸自然。在极目远视的过程中，呼吸任其自然。就是说只管向前看，不管如何呼吸。结果，无意呼吸反而成为有节奏的配合，即呼气时极目远视，随着呼气的深远，眼神看得更远；吸气时，目光停留原处（或稍微缓一缓），仍然是凝视前方。但不要管这，一管就不自然了。

5. 适时收功。按两种情况处理，一是定时练功，则需时间长一些，至少2~3分钟。收功吸气时，两臂托掌上举，划弧向胸部合拢；呼气时，两掌沿腹而下至丹田，然后两手分开，恢复原状。此种两掌上托划弧合气的收势动作，至少做一次，最好做三次。另外一种情况是不定时练习，即随时随地，只要能远视、有时间就可以练习，时间长短不拘，随时可收劲。

二、眼睛呼吸法

1. 自然站立

站法与极目远视法相同。

2. 双吸单呼

此法与上一法不同，上一法不管如何呼吸，而这一法不但要注意呼吸行气，而且是眼睛要呼吸。吸气时，眼角与眼梢同时微微向内收敛，意念由眼角、眼梢同时把气吸入，此为双吸。呼气时，由眼角呼出，随着呼气极目远视，此为单呼。就是说，吸气时眼角与眼梢双双吸气，而呼气时只须眼角单独呼出就行了。但要注意远视的眼神不能变，无论是吸还是呼都必须向前远视，这样，才能在一吸一呼之间，使眼睛得到按摩与锻炼，提高视力，防治老化，加强眼神。

3. 脐轮调息

就是以脐轮为中心的呼吸行气。其法有多个层次，此处只须一个层次，其余在"内气篇"及相关篇章中详谈。

此处的脐息，即在吸气时，脐窝及眼睛同时吸气，吸气至命门；呼气时，命门与眼睛同时呼出，命门呼气注入丹田，眼角呼气前视远方。这样就把眼睛呼吸与内气运行结合起来，随着功深而逐步加深。

4. 适时收功

情况与要求与远视法相同。不过，这两法的练功地点均宜在室外能够远视之处，如果在室内，须在能远视的临窗之地。

5. 功效显著

这两个功法一学就会，只要坚持，功效卓著，不但能提高视力，加强眼神，而且能调理五脏六腑的精气。中医理论认为，五脏六腑之精气，皆上注于目。《黄帝内经》说："五脏六腑之精气，皆上注目而为之精。精之窠为眼，骨之精为瞳子，筋之精为黑眼，血之经络，其窠气之精为白眼，肌肉之精为约束，裹撷筋骨血气之精而与脉并为系，上属于脑，后出于项中。"这清楚地说明了眼睛与五脏六腑的对应关系，五脏的精华皆发于目。修炼这两法及下面两法，确能调理脏腑精气，使周身感到舒坦，而且元神充实。一些内丹经典还把脏腑比拟五行生化原理，把五行分别比作五脏，从"机在目"入手修炼，就能攀登"五气朝元"的神明境界。当然，单靠眼功四法尚不足，还须进一步深层次修炼。但是眼功四法可以奠定较好的基础。

三、左右移球法

1. 站坐两便

此法可取站势，站法与上述两法相同；也可取坐式，可以平坐凳子上，也可以打坐（自然盘、单盘、双盘均可），比较简便。

2. 出指预备

右臂上提屈肘，前臂斜立于身前，坐腕立掌，食指竖立，其余四指屈指合拢；食指尖高度与印堂同高。此为预备势，然后开始向左右移动。

3. 以指领眼

双目凝视食指，食指向左侧缓缓移动，两眼的眼球跟随着食指移动而移向左侧，一直移视至左侧极点；然后，食指原路返回至中线（印堂处），两眼球也随之返回至起点处，此谓左移眼球。

接着食指向右侧徐徐移动，两眼球也随之右移，一直移视至右侧极点，然后食指领着眼球返回至起点处，此谓右移眼球。如此以指领眼地来回移动，从左至右往复为一次，须移动9次以上。

4. 眼动头不动

无论站姿或坐姿，须上体中正，魁首正直，两眼左右移动时，头颅切不能摇来摇去，必须保持中正姿态，此即谓眼动头不动也。笔者体会，眼动头不动是此法的关键，只有在头部毫不动摇的条件下，才能逼使眼球大幅度移动，特别在移向左右两端的极点处时更能加大眼球的移动幅度；最后必须用眼睛的余光才能看到手指，这余光十分重要，练拳中的所谓"左顾右盼"，都是用眼角余光顾盼。

5. 呼吸与速率

眼球向左移动为吸，返回起点为呼；向右移动为吸，返回起点处为呼。

以指领眼移动的速度应当是缓慢的，呼吸越是深长，眼球移动的速率越慢，不能操之过急。

6. 双目自动

手指领着眼球移动熟练后，可以免去手指带领，由双眼自行移来移去，效果不减，反而方便。

四、眼球转圈法

在左右移动眼球的基础上练习本法。

1. 打坐为佳

此法取站姿、坐姿均可，但笔者体会，以打坐（单盘或双盘）为佳。坐定以后，两手合拢结太极手印，接着调整身形，须头顶虚领，酥胸圆背，脊椎松直，不可弯曲。须思想安静，周身放松，双目平视，意念在双目，然后开始转圈。

2. 眼球大转圈

先要说明，运转眼球的前提是头项正直，既不可左右摇移，又不能低头，更不可仰首，不论双目如何运转，头部巍然不动，在此前提下才能开始运转眼球。其法是：

双目直线下视双掌，意念双目一直透视至地面，随即目光沿着地面向左移视，眼球也向左转动，一直移至左侧极点处；接着两眼从左侧向上移动，眼球在眼眶中缓缓向上、向右回转，转至中间起点处。此段过程是由下而左、再向上、向右转左面半个圆圈。

紧接着，两眼不停顿地向右、向下转右面半个圆圈，方法与转左半圈完全相同。总的说，两眼的转圈幅度愈大愈好。向上看时，两眼似乎要插入头颅中去了；向下看时要直视地面，这叫上天入地。向左右移视时，要顾盼东西两端，这样上天入地、左顾右盼，就能使眼球转一个大圆圈。

转圈的次数，以"9"的倍数计数，9、18、27、36、45、54等均可，视情况而定，但至少9次。左转次数满后，再换右圈，左右圈数须相等。

3. 脐轮调息

此处的脐轮调息，只是指意守脐窝，吸气由脐吸入，呼气以命门向前下注丹田。但练到一层次，就不必管他如何呼吸，只要留心脐窝就可以了。

呼吸的节律以缓慢为好，左半圈为吸，右半圈为呼；缓缓地呼吸，慢慢地转圈，一面转眼球，一面养气，气以直养而无害。

4.不忘不妄

不忘，就是专心一致地眼球转圈，精神不能分散，更不能忘乎所以。

不妄，就是不要生杂念。特别在身体发生自发震颤现象时，更不能妄生他念，仍然一心一意转眼球，不论出现任何现象，都不要去管它，更不能追求什么，只能任其圆转眼球。

第三节 奇妙的效益

眼动四法，尤其是眼球转圈法，功益不仅仅在眼，而且布泽全身。

《仙道正传》说："目之所至，心之所至；心之所至，气亦至焉。"就是说，眼功有立竿见影的奇妙作用。这里姑且不说双目在内丹功中的"观为主体"的重要功效，只说眼功对练好太极拳的重要作用，就笔者体验所得，转眼球等四法有五大功效。

一、提高视力，延缓老化

眼功的直接效益是提高视力及防治视力减退、延缓老化，无论是青少年及老年人都能身受其益。以白内障来说，是老年人的通病，笔者长期伏案写作，亦难逃此症。但是近二十多年来，白内障并未多大发展，如今年届七十九，视力仍保持在左0.6，右0.7，其原因主要是练太极眼功得法。

二、目之所至，神采奕奕

初期练拳时，老是低头看手，以致产生屈背的弊病，常被先师批评。经先师循循善诱，得到两方面的改进。一是练拳时目视手的前方，并关顾左右。目视前方就要像眼功"极目远视法"那样凝神前视。至于关顾，是指用眼睛余光顾盼，似"左右移球法"用余光看两端。这样就能目之所至，心之所至，手势亦到，神与气亦随之到位。另一方面改进，就是练眼功，眼功的修炼，直接起到心神与手法、身法相随的作用，能促进练拳架时眼到心到手到神气到，使心神与拳架、真气与招式浑然为一，造成一种神采奕奕的气势。

三、心息相依，冲开双胯

转动眼球能直接使"目之所在，心亦随之，气亦随至"，逐步进入心息相依的境界。由于一心一意在转眼，心无旁骛，故能渐渐进入定静。此时内气周流不息，能冲开僵硬的关节。例如练眼球转圈法（打坐），练功到一定火候时，我第一个反应是双胯的髋关节被疏通了、冲开了，并左右旋转。眼球向右转动，胯就向右转，眼向左转，胯亦左转，亦步亦趋，眼与胯同步旋转。

而且旋胯带动躯体转动。此时的转体是头顶以下、双胯以上的躯干整体性旋转，好似手与胯以下的下肢脱节了，因为盘膝坐在那里，下肢不可能被胯带着转，胯只能带着躯体转，这才是真正意义上的旋胯转体。太极拳的"腰胯带手"的原理，必须依靠这样的旋胯转体才能真正实现。

但是，当以胯旋转体的景象出现时，不可留意它。若是留意转胯，胯就不转了，只能你转你的胯，我转我的眼，才会眼亦转，胯亦随之转。

当然，就打坐练功使身体旋转来说，据说练到高深层次，整个身体包括盘膝的双腿在内才能一齐转动。不过那是一种精深层次的功夫，就大多数练拳者来说，修炼眼功已受益不浅了，是否还要深下去呢，似乎无此必要。

四、心目相依，激发活力

目之所至，心神随之，能促使渐渐进入静定境界，练到一定火候，就能静极忽动。上文说的旋胯转体就是静极忽动的一种反应。另外还有两种动态，一种是身体颤动，包括结手印的两手突然自发散开甩出去，近似手势发动；再一种是下丹田或海底轻微跳动，海底（会阴）甚至连续跳动。这两种动态亦属正常范围，不必惊慌，亦不要贪恋，还是上面说的那句话，你跳你的动，我转我的眼，做到"来者不贪，去者不追"，效果反而好。

附带说明一点，"海底"跳动是好现象（但不要贪）。海底是人身的生命基点，一旦开发出来，就能常葆青春活力。尤其是中老年人更需要修炼。张三丰《无根树道情二十四首》的第十五首中说的"一任洪波海底翻"，就是说要激发海底能量像洪波般翻浪，然后才能"返老还童寿命长"。当然，眼功仅仅是初步功夫，要达到"海底翻浪"，必须按太极心法，潜心练拳练功，"内气篇"将有详述。

五、安神醒脑，增强记忆

眼功还有一个日常性的功能，即醒脑安神，增强记忆。今举两例，足以佐证这种功效的神奇。一例是本人的经历，另一例是科学的研究。

当我伏案笔耕时间长了时，有时会感到脑子有些发胀，思路有些受阻。此时,我只要搁笔练一练转眼功,立刻就好转。办法很简单,坐在原来的位置上(或者移坐至窗口),依照眼球转圈法练功,只消转9圈,两边太阳穴一下就有松弛下来的感觉,再转9圈脑子就清醒了,心神也安静了。于是再转9圈或者闭目休息一两分钟,又能继续奋笔疾书了。这办法屡试屡中,速效神奇,好像服了一贴速效醒脑丸。

另一例是英国科学家的研究。2007年6月,我看到一则报道,说英国曼彻斯特都市大学的研究人员发现,眼球运动能促进左脑、右脑之间的互动,可以增强记忆、提高记忆的准确性。这项研究报告刊登在最新一期的《脑与认知》杂志上。报告说,研究人员给102名学生播放了一段录音,包括20组单词,每组单词15个。随后他们要求三分之一的学生左右移动眼球30秒钟,另外三分之一的学生上下移动眼球30秒钟,剩下的学生保持眼球处于平常状态。然后,研究人员测试这些学生对录音中单词的记忆,发现前两组学生记住的单词比第三组多10%。主持这项研究的安德鲁·帕克说,研究小组将进一步研究眼球运动与增强记忆的关系,以便详细阐明其中的奥秘。

六、心目领劲,发劲似神

只要把眼功与拳架中的眼神结合起来修炼,并且持之以恒,日久功深,就能目之所至,心之所至,达到眼到心到手到,劲气神统统都到,用之于推手就能得心应手,产生奇妙作用。第一节提到的先师示范的眼神在推手中的神奇功能就是明证,这叫做心目领劲,发劲有神。

可见,无论是练内丹还是练太极,都是"机在目""下手功夫在双眸"。连日常生活中也常常藏有"机在目"。例如,一位智者说:"眼中有形势,胸中有决策。"这就是"机在目"的生活化。

第五篇 内气篇

引 言

　　2006年秋，西雅图BCC社区大学的太极拳秋季班已进入期中。那天上课前，一位美国学员兴奋地说："先生，我感到气的存在了。"他扬了扬右手说："只要按先生教的练，手指很快就会感到热、胀，胃里也比原先舒服一些了。武当太极拳真好。谢谢先生。"同学们听了，都笑嘻嘻地说有同感。

　　原来这位学员开初听我们讲内气问题时，他根本不相信有内气，他说他是学科学的，看不到气，也感觉不到，气在哪里？经过一个多月的练习，事实改变了他对气的认识，从不信气到确信气的存在，而且已经感到了，这不能不说是一大进步。

　　太极拳是"修阴阳中和之气，炼天地至柔之术"的拳术。练太极，不能不练气；练气，则先要认识"气"。

第一章 气的概论

气，是中国传统文化中的重要概念。只要考察一下气概念的产生、发展、衍生、应用的过程，就不难发现，自古以来我国关于气的概念有三种类型，一是哲学概念的气；二是人体修炼之气；三是世人广泛引申运用之气。

第一节 哲学概念的气

古代哲学家认为宇宙是由元气生成的。最早完整提出"气"概念的是《周易·系辞传上十一章》，说："是故易有太极，是生两仪，两仪生四象，四象生八卦，八卦定吉凶，吉凶生大业。"此即说明，宇宙之始，唯有太极元气，元气经过运动变化，生出两仪（阴阳二气），从而化生天地万物。可见太极元气是宇宙的本原。哲学家们称这种观点为元气本原论，又称元气一元论。

在汉代，元气本原论普遍流行。东汉的哲学家王符，对元气本原论作了系统论述，不但论证了混而为一的元气及阴阳二气，还进一步论证了"和气生人，以统理之"，说明其中最重要的气是"和气"，由和气生出人类。王符那精彩的论述，我在"哲源篇"中已引述，此处从略。

发展到宋明时期，出现了气本体论，又称气一元论。元气本原论与此时的气本体论，两者都是古代的哲学精华，不过后者比前者更抽象、更概括。后者认为气是宇宙的本体，宇宙万物本质上都是气，看得见摸得着的东西都是气聚合成的，空间也充满着气，天下只有一种单纯的气，气随时都在聚合而成万物，同时万物也在消灭而复归于气。学者周桂钿认为"王符是元气一元论的系统论述者，而张载是气一元论的体系创立者"。(《中国传统哲学》1990年7月版)

与太极拳密切相关的周敦颐《太极图》及《太极图说》，在前人成果的基础上，发扬了元气本原论。这是太极拳把培育太极元气作为练拳核心的源头。

历代学者对于哲学概念的气，有许多精当论述，也提出不少精辟的观点，因本书非哲学专著，不可能一一引述。总之，气是我国古代哲学的重要概念，不了解气，便是不了解我国古代哲学。

第二节 人体修炼之气

古代哲学家，把宇宙生成论与人生论结合起来，认为人类也是由"气"生成的，有着无穷的潜力，因而《周易》开创了生命无穷论的哲学观，站在"生"的一端看待宇宙人生，肯定人生有"参赞天地之化育"的功能，建立了"生生不已谓之易"的生命观。

于是，我国古代两大文化主流儒家与道家，便从生命无穷的哲学观出发，创立了练气为内容的一套养生理论及卓有成效的修炼方法。

道家认为人的生命可以与"天地同休（龄），日月同寿（命）"，为此建立了修炼精气神为核心的内丹学说。儒家的养生之道，发展到孟子时，他直截了当提出了"吾养吾浩然之气"的目标及修炼程序。及至佛教传入中国，其修炼之道也有与道、儒相通之处。道家的所谓气，即佛教的息（呼吸），道家的服气法，与佛家瑜伽术的修气方法有异曲同工之妙。本人未曾练过瑜伽，在此特借南怀瑾先生的说法作一表证："这些炼气方法的最后目的，都是凭借呼吸的作用，由此而引发生理潜能的'真气'……所谓'真气'，也只是无名之名的代名词，在瑜伽术中又有别称它为'灵能'，或者形容它是'灵蛇'。至于西藏的密宗，则别称它为'灵力'，或名为'灵热'。总而言之，借用现代语来说，它就是生命的本能。"（《静坐修道与长生不老》48页，复旦出版社）

可见，儒、道、释的养生之道，纵然有思想修养、品德修养、意志锻炼乃至灵性修炼等内容，但都离不开气的修炼，而且都以激发生理潜能为终极成果。至于祖国医学，更离不开气。《内经》《难经》根据周易原理，将气的概念作为中医理论，用气来解释中医的生理、病理及治疗，创立了颇具特色的中医气学说，并与阴阳学说相结合，构成了中医学的重要理论，为中医学的永存与发展作出了不朽的贡献。（参见杨力《周易与中医学》第十二章，1990年版）

可以说，离开了气的概念，便不成其为中医了。

再说武术，何尝能离开气。招式的千变万化，都是气的蓄聚与散发，尤其是太极拳，更不能不练气，更不能不懂气与劲、气与养生的关系。王宗岳《十三势行功歌》，从头至尾都是讲的意与气，明确提出"意气君来骨肉臣"，就是要把意与气作为拳道的"君皇"，而骨肉等招式皆是臣子，必须服从君皇的号令，练气练招，才能练出效果，达到"延年益寿不老春"，否则"枉费功夫贻叹息"。

综上所述，经儒、道、释、医、武五家的倡导与实践，关于练气的学说与方法，得到不断发展，日趋完善。我们在上节提到，若不了解气，便不了解中国古代哲学；中医若离开了气，便不成其为中医。如今，同样的道理，似乎可以问一句：若不了解气，算是了解太极拳吗？

第五篇 内气篇

第三节　人世广泛运用之气

气的概念被抽象出来以后，成为无形的物质概念，于是人们把一时看不到原因但有显著变化的现象，当做气的作用所致，从而多方引申、广泛运用，成为人们生活中不可或缺的概念。

除了上文谈到的哲学概念的气、人体修炼的养生之气，及中医的宗气、原气、真气、荣气、卫气、先天气、后天气、水谷气、病气、戾气、肾气等外，气之说俯拾皆是。

用于自然界，有空气、大气、天气、地气，以及春夏秋冬四季变化的节气、气候、气象，还有寒气、暑气、冷气、热气，再有山气、泽气、沼气、湿气、瘴气、雾气等等。

用于人文，有预测者、堪舆者使用的阴阳二气、五行之气、八卦卦气，配以天干地支等术数，测人有福气、运气、喜气、祥气、吉气、手气等，或说人遭遇晦气、邪气、鬼气、恶气等，须要破戒。

人们常用正气、忠气、节气、骨气及邪气、流气、奸气，来评价人品的正忠奸邪。

人们还劝诫亲友，不可有骄气、娇气，不能趾高气扬，不可老气横秋、神气活现，要减少火气，不能常发脾气。受了挫折，不可泄气，受了委屈，不要怨气冲天。不能轻易生气，更不可满腔怒气。军队要鼓舞士气，公司员工也要精神上打气，气可鼓而不可泄也。

形容两人爱好相同或利益一致，会说"气味相投""臭味相投""一鼻孔出气"。

人贵有志气，要发扬朝气，克服暮气；鼓足勇气，不可泄气。

人们还把"一团和气""和气生财""平心静气"作为处世之道。平时注意说话的"语气",探听人的"口气"。

衡量人的素质,常常用天赋禀气,以及气质、气度、气宇等概念。在古代甚至用气来区别圣人与凡人的不同,说精气中有更加细微的和气,那是区别圣人与凡人的主要材料。甚至提出更高级的光气,则是天子所独有之气,即皇家之气。

总之,气文化已成为我国传统文化的重要一脉,无论在哲学的殿堂上,还是在云房书斋里,抑或在日常生活中,气的影子无时不在,无处不现。

第二章 上药三品精气神

道家内丹功,以"炼精化气,炼气化神,炼神还虚"为修炼的不二法门,并把精、气、神作为炼内丹所需的内药,而且是上上好的内药,称为"上药三品精气神",进而把它作为内三宝。张三丰说:"精、气、神为内三宝,耳、目、口为外三宝,常使内三宝不逐物而游,外三宝不透中而扰,呼吸绵绵,深入丹田……此金丹大道之正宗也。"(《道言浅近说》十二)、于是,"天有三宝日月星,人有三宝精气神",成了练功者的口头禅,也成了内家拳锻炼的重要内容,人们孜孜以求的太极内劲,便是精、气、神的结晶。

然而,对什么是精、什么是气、什么是神?传统解说较多,但万变不离其宗。例如《心印妙经》说:"上药三品,神与气、精。"《心印妙经注》注解说:"灵明知觉之谓神,充周运动之谓气,滋液润泽之谓精。以其分量而言,则神主宰制,气主作用,精主化生,各专其能。"(转引自刘绪银《太极混元功》),传统的解说通俗性稍差,所以当代学者及练家,都尝

第五篇 内气篇

试用现代语言解释，其中南怀瑾的解释堪称精明。他说："如果用今天的复杂词汇勉强借来描写一下，那么所谓的'精气神'就好像现在人们心中的'光热力'。"他接着说："所谓气，是一种生命能。所谓精，是一种生命力。所谓神，就是一种生命之光了。但请大家千万不要误会，这种说法只不过是一种比喻的解释，使我们比较接近明了而已。"（《道家密宗与东方神秘学》第二部分第八章）南先生又在另一部著作中说："我们就引用宇宙物理的'光''热''力'来作比方。'精'是生命的'热'，'气'是'力'，'神'便是'光'。人生的生命，如果失去了'光''热''力'的功能，那便是死亡的象征。"（《静坐修道与长生不老》）

我们再从古代关于气字的三种写法来分析。

一是"炁"字。这是古文的气字，由上下两个字组成。它上面的"无"字，即是无字的古体，与今天简化的"无"字相同。下面四点就是火的变体，意思是说，"无火"便是"炁"。何谓无火？五行学说中，心属火，即现今俗称的心火，必须息心清静，无思无妄，才能进入真"炁"蕴蕴的境界。

二是"气"字。也是古文的"氣"字，与今天简化了的"气"相同。此气是代表自然界的灵气。

三是"氣"字。是繁体字的气字，即简体之前通用的气字。

道家与中医认为，这是人们服食米谷之后而有生命呼吸作用的"氣"，所以在下面加了个米字。

道家炼气，就是利用呼吸的屈伸起伏，按照一定的经络穴位运行，修炼成能开发生理潜能的真气。何谓真气，简言之，真气就是生命的本能。不过，这种"本能"的能，并非物理学上的"能量"之能，也不是生理上的"本能"之能，而有特定含义的"能量"之能。南怀瑾先生说"暂名之谓'生命的本能'。"而生命的本能，便是人的"潜能"，所谓太极内劲，便是人体潜能的开发与利用；一旦人体潜能被开发出来，就会涌流出无穷的青春活力。

第三章 修阴阳中和之气

修阴阳中和之气，是本门的练功总诀之一，更是太极拳之魂的第二个要素，在"心法篇"中已经提及，现作进一步介绍。

从总体上说，阴阳中和之气属于"一阴一阳之谓道"的范畴。也就是说，阴阳中和之气的修炼，来源于《周易》开创的太极学说，所以要分析中和之气，必须以太极学说及道家内丹功为依据而展开。

第一节 周子太极图的启示

周敦颐的《太极图》，既是一幅宇宙生成图，又是一幅阴阳中和之气的运行图，尤其是该图的第一层圈和第二层圈，具体描述了中和之气的运行状态。

该图第一层圈，是一个白色圆圈，表示无极之虚圈，由无极而进入太极。第二层圈，由四个小圆圈组成。外围较大的第一圈半黑（阴）半白（阳），第二至第三圈也都是半黑半白，不过黑白的位置有变动，相互调换了位置，即白的变到黑的那边去了，黑的变到白的那边去了。最有意思的是居于当中的一个小白圈，非常惹眼，引人深思。

外围的大中小黑白三圈，表示阴中有阳，阳中有阴，而且二气相互交感，周流无碍，圆活无方，不凹不凸，放之则弥于六合，卷之则退藏于密。当中最小的一个全白的小圈，象征是中和之气，由此气而生万物。对修炼者来说，这个小小的白圈就象征人的真元之气，习练太极拳就是要修炼这一白点的中和之气。

中和一气，即太极一气。孙禄堂前辈在谈到这个问题时说："太极即一气，一气即太极。""人自赋性含生以后，本藏有养生之元气……所谓中和之气也……开合像一气运阴阳，即太极一气也。"这一气在哪里？孙公接着指出："开合自然，皆在当中一点子运用，即太极是也。"又说："即太极拳起点腹内中和之气，太极是也。"（孙禄堂《太极拳学》自序及"太极拳之名称"）如果把孙公的"当中一点子运用"及"起点腹内中和之气"的论点，作为周子太极图中那个小白圈的注解，则能对两者豁然感通。

行文至此，需要解释一点，为何多次引录孙公论著。因为李景林与孙禄堂是莫逆知己，1929年（民国18年）杭州打擂比武大会期间，李、孙两公彼此命自己的徒弟拜对方为师，一时传为武林佳话。先师当然拜在孙公门下，先师生前经常勉励我们要重视孙公的著作。由于这个缘故，笔者一再引用孙公之言来说明问题。

第二节　阴阳交感而成和

所谓中和之气，是阴阳二气相互交感而化成的和气。其修炼过程是，通过行功走架，把体内的阴阳二气进行交感而致中和，融合为一，仍返归太极一气；还要与自然界的精灵之气内外交感，中和为一，并且循环往复，生生日新，不断优化，以培植元气，炼成真气，把隐藏于人体内部的潜能（体能与智能）开发出来，激发新的生命活力。

追根溯源，阴阳交感妙合，是太极学说的基本观点。认为太极生出阴阳二气后，必须通过阴阳妙合才能化生物。假如一气归一气，阴阳二气归二气，各不相干，互不交感，怎能化生成万物呢？所以周敦颐在《太极图说》中详细描述了宇宙的生成过程，有六个序列，即无极——太极——阴阳——五行，乾男坤女——化生万物。

在漫长的宇宙生成过程中谁起了关键作用？周敦颐指出是"无极之真，二五之精，妙合而凝""二气交感，化生万物"。这让我们清楚地看见，无极的真谛，加上阴阳二气及五行的精髓，非常奇妙地凝合为一，于是生出了天地万物。

道家内丹功的炼精化气，炼气还神，亦是炼的阴阳中和之气。张三丰在《太极行功法》中指出："太极行功，功在调和阴阳……其息自调，进而吐纳，使阴阳交感，浑然成为太极之象……若才得太极拳法，不知行功之奥妙，挚直不顾，此无异炼丹不采药，采药不炼丹，莫道不能登长生大道，即外面功夫，亦绝不能成就。"又在《太极十要诀》中说："太极拳者，其静如动，其动如静，动静循环，相连不断，则二气即交，而太极之象成。"

可见，阴阳二气必须在行拳过程中相互交感，才能成太极之象，这是太极拳体用兼备的必由之路。

第三节　返归太极一气

阴阳中和之气，并非一加一等于二，而是中和成为新的一，即返璞归真为新一轮的太极一气，并且不断升华。何以见得？

从人的生成来说，人也是通过阴阳交合、中和为一而生成的。周敦颐在《太极图说》中说："惟人也，得其秀而最灵，形既生矣，神发知矣，五性感动而善恶分，万事出矣。"在天地万物的生成中，人得到上天的恩宠，获得"秀而最灵"的灵气，然后才能形神俱备，成为有生命的人。

张三丰则从另一个角度说明这个问题："父母始生之时，一片灵气投入胎中，此太极时也。""嗣后，父精藏于肾，母血藏于心，心肾脉连，随母呼吸，十月形全，脱离母腹。斯其时也，性浑于无识，又以无极伏其神；命资于有生，以太极育其气。"（《大道论》）可见，人的生成乃是阴阳中和以后复归太极一气而成的。

从培本固元来说也须中和为一。人之初生，元气充盈，阴阳和合，生命旺盛。但由于后天失调，阴阳失和，元气日损，以致疾病缠身。为了防病治病，常葆青春，儒、道、释、医、武诸家，无不重视恢复太极元气，培本固元。就本门来说，通过行功走架及静功的修炼，使先天元气与水谷之气中和，从而体内的阴阳二气中和，而且又与大自然的灵气中和。这三个中和，合成一团太极元气，以便开发潜能，常登寿城。

从炼气层次来说，太极拳的炼功层次，由低到高，由浅入深，即从分清阴阳，到阴阳平衡，进而阴阳中和，中和为一。其中阴阳平衡与阴阳中和是两个不同层次的过程，不可混淆。练太极拳当然要分阴分阳，求阴阳平衡，但还不够，不能到此为止，应当更进一步，迈向中和之美景。因为阴阳并非凝固不变，而是变动不居的。即使是使用阴阳动态平衡的概念，仍不能充分地完整地反映阴阳变动不居的本质。事实上，阴阳的动态变化，并非一直停留在平衡的层面上，而是经过平衡又向前发展了，产生了新的气质，即产生了新一轮的太极一气，并且循环往复，不断螺旋升华。道家经典《太平经》，干脆把阴、阳、和三者作为三种气质来看待，主张三气中和为一。它指出："阴、阳、和，三者和合，上应天理，下合人伦。"

再从太极拳的懂劲来说，也要中和为一。王宗岳在拳论中描述了懂劲的全过程："由着熟而渐悟懂劲,由懂劲而阶及神明。"怎样懂劲呢?他进一步说:"须知阴阳……阴阳相济,方为懂劲。"这说明阴阳相济是懂劲的必由之路,而且是别无他径的要道。阴阳在太极拳中含义较为广泛,但首先指阴阳二气,人无气而不生,劲离气而不成。那么阴阳相济如何理解?济者,渡也、和也;相济,即相互济渡到对方里面去。因此王宗岳说的阴阳相济,可以理解为阴阳二气相互济渡到对方里面去,和合为一团太极之气,即三者和合之太极一气;不能把阴阳相济理解为五阴五阳的平列,若是一半阴,一半阳,各自平立,怎能练成妙手呢!

王宗岳提出的懂劲过程分为六步走,一是着熟,二是知阴阳,三是阴不离阳、阳不离阴,四是阴阳相济。这第四步是最关键的一步,这一步练成了,才能进入"懂劲后愈练愈精,默识揣摩,渐至从心所欲"的第五步;最后进入第六步的"阶及神明"。

所以,无论是炼气层次,还是懂劲过程,乃至修心养性、练劲防身等等,都必须认真修炼阴阳中和之气。那么如何修炼呢,有何妙法?有。师门传有脐轮调息妙法。此法简便易行,行之有效,故特设立一章,详为介绍。

第四章 脐轮调息法

——中和之气的修炼要道

第一节 脐轮调息的由来

脐轮调息是内丹功的范畴,与胎息密切相关。胎息术曾是一种单独的修炼术，后来被内丹功吸收，成为内丹功的重要内容，其法比较深奥。

张三丰在《道言浅近说》中提出了简便的入手功夫。他说："凝神调息，调息凝神八个字，就是下手功夫。"又说，"心止于脐下曰凝神，气归于脐下曰调息。神息相依，守其清净自然曰勿忘，顺其清净自然曰勿助。"清楚地说明，脐轮调息，神息相依，是内丹功的入手功夫，当然也是太极拳的入手之处。

后来武当丹派第九代传人宋唯一在《武当剑谱》中，概括为"揉转玉环，鹤息归脐"的心法。及至第十代传人李景林，继承发扬了这一心法，总结出易知、易炼、效果好的修炼法——脐轮调息法，故而师门传有"太极一气中和通，脐轮调息命根旺"之诀。

其实，道家早就把脐轮作为修炼要道。邱长春（处机）真人说："金丹之秘在一性一命而已。性者，天也，常聚于顶；命者，地也，常潜于脐。顶者，性根也；命者，命蒂也。"（《大丹直指》）可见，脐轮调息，修炼命蒂，能使天地相会，可收性命双修之效。

脐轮，俗称肚脐眼，穴名神阙。它是人处母胎时赖以呼吸的脐带，出胎后脐带虽断，但元阳一点（元气）尚存，输气血、通百脉的功能犹在，故是人之"性根""命蒂"，成为内丹功的修炼要穴，亦是炼中和之气的入门要道。

第二节　脐轮调息的层次

脐轮调息（以下简称脐息），有打坐静功的修炼与练拳动功的修炼两种情况。此处说的主要是行拳过程中的脐息，静坐炼功中的脐息将在后面介绍。这两者虽然原则上相同，但具体操练有所不同。前者是在静态中练，后者是在动态中练，情况不完全相同。行拳中的脐息，其修炼过程，细分有七个层次，由浅入深，逐步晋阶。

一、意守肚脐

守肚脐内部深处约寸许。如上所述，此处是人体太极气化、气机升降出入的总枢，它与五脏六腑相通，又直接与奇经八脉的任、督、冲、带等四条经脉相连接。我们练拳时若能自始至终守此肚脐深处，则有利于激发脏腑经脉气血的运行，促进阴阳平衡乃至阴阳中和。先贤说："常守肚脐，寿与天齐。"

但是，所谓守脐，只是若有若无的守，用意不可强烈，更不可执著。尤其是初学者，练拳之初，只要有一点意思就可以了，不去管他是否脐轮在呼吸，还是鼻子在呼吸，只要想到肚脐就算得法。待练到一定火候，就会有感觉。各人情况不同，有的一两个月就有感觉，有的要练了三四个月才会有感觉。无论时间长短，只要静心修炼，就会渐入佳境。

二、吸气敛脐

吸气时，意念肚脐眼微微向内收敛；呼气时，意念内敛的脐窝自然向外散开，一吸一呼，即一敛一散。起初，只是意念上的敛与散，肚脐自身尚未曾动，练之日久，意念一到，肚脐也就动了，能真正地一吸一敛、一呼一吸了。当然，这是缓慢的、自然的，不是执意的做作。

由于脐轮与心、肝、肺、脾等经脉相通，是"心肾之门户"，所以守脐、吸脐能刺激肚脐（神阙穴），调节脏腑血气，防治多种病变。

三、脐轮命门两相通

在上述基础上进入第三层修炼。即意念肚脐吸气，脐窝内敛，小腹自然内收，吸气一直吸到与肚脐背后直对的命门穴，使命门表层微微外撑，逐渐呈现饱满状态。命门处平时有一条凹陷的沟漕，此时被气填平了、充满了。起初我们对此毫无认识，后经先师示范讲解，让我们摸他的命门处是否饱满，果然一摸之下，发现先师的命门处圆满舒坦，使我们大感惊奇，开始有了认识。这是指的吸气。

呼气时，气由命门前送，下注丹田，带动小腹自然地缓缓放松（不是挺腹），这样脐轮与命门就前后相通。由于脐轮又称前丹田，命门又称后丹田，故这前后相通又叫做"两田相会"。因为命门属火，心肾属水，所以两田相会、命门饱满，能促使水火相济，生发真气。

这两田相会的呼吸，实质上是以脐轮、命门为出入门户的腹式逆呼吸，是太极拳特有的调息法。

说到此处，须说明一个与此相关的问题，即吸脐与吸腹的问题。上述吸气时带动小腹自然内收的现象，是由吸脐、敛脐自然带动的，并非是一般说的"吸腹"。如果硬要说"吸"字，那是"吸脐"，不是"吸腹"，两者有很大的不同。笔者反复做过试验，感到确实以吸脐为好。再说呼气时小腹缓缓放松，那是松腹，不是挺腹。松者，是腹部皮肤自然之理，如果挺来挺去，必受其害。

四、命门输气两臂贯

在两田相会的基础上进入第四层，即呼气时，意想气由命门缘脊而上，过夹脊，贯两臂，敷于手指。

以练习"左搂膝拗步"为例。当左手开始下搂、右手向前推掌时，意想气由命门而上，贯于两肩，随着手势移动而徐徐通向肘、腕、掌、指，当上下两手的手势到位时，气从掌指吐出。吸气时，仍是脐轮吸入，贯通命门，若要做第二次搂膝拗步时，方法同上。初练时，可能无所感觉，练之日久，就能气透掌心手指，手指的麻、胀、热等气感油然而生，久练下去，自能气满劲足。

五、涌泉脐轮同吸呼

接着,修炼第五层。意念脐轮吸气时,涌泉穴亦同时吸气(吸地气);脐轮吸气至命门,涌泉吸气也至命门(其线路是,由涌泉沿大腿内侧而上,过会阴,抄尾闾至命门),两者在命门会合成为一气。呼气时,这会合之气由命门而上,通贯两臂,从掌指吐出。其实这层功夫并不复杂,只是在第四层功夫上加上涌泉吸气而已。方法虽不复杂,但作用很大。

涌泉吸气一法,源自丹道。张三丰在《大道歌》中说:"蒙师指我一段功,先将九窍关门通。九窍原在尾闾穴,先从脚底涌泉冲。涌泉冲起渐至膝,膝下功夫须着力……"此处说的虽然是静坐的练功心法,但基本精神同样适用于练拳,涌泉吸气就是此话的具体运用。

此法练之日久,确能脚底涌泉冲气而上,会同脐吸之气,形成拳架中的内气内劲。仍以搂膝拗步为例,在迈步屈肘蓄势吸气时,脐轮与涌泉同时吸气至命门;在弓腿进身搂膝推掌呼气时,气由命门而上,从掌指吐出。此时要特别注意在搂膝推掌达到之际,有三点不可忽视:一是脚掌一踏,即涌泉向下踏劲,地气上冲;二是命门微微往下一坐,气上两臂;三是坐腕吐劲,劲气由掌心指尖吐出。这三点须同时同步到位,不可先后脱节。

众所周知,太极功夫"其根在脚"。涌泉吸气、冲气踏劲是"其根在脚"的内气内劲的保障,也是发劲的基础,否则其根不实不固。正因如此,在下面的"内劲篇""拳术套路篇"中常有"踏劲"一词出现,都是这个意思。例如"太极起势"这一式,两手上提(本门练法是两掌上托)时的内气内劲,就是从"根"上反弹上来的,并不是靠两手的拙力,是劲气把手掌托上来的,所以本门这一式的心法叫做"气托千斤"。

六、阴跷调息海底活

接着进入第六层阴跷调息的修炼。阴跷，即会阴穴，亦称海底，它是生命的基点。其息如何调息，并不复杂。张三丰说："调息不难，心神一静，随息自然，我只守其自然，加以神光下照，即调息也。"（《道言浅近》）张祖又辑录潜虚翁的话说："凡调息以引息者，只要凝神入气穴。神在气穴中，默注阴跷，不交自交，不接自接，所谓隔体神交理最祥，古仙已言之确矣。"（《张三丰全集》三丰先生辑说）

这些修炼内丹的心法如何运用于练习拳架呢？应先明白其精神。本人体会其要点有四，一是心神一静；二是心中之气相会于气穴；三是神光下照，默注阴跷；四是上下相通。其中最关键的是"心神一静"，默注阴跷，会阴立即就有感觉，尤其在每一拳式的身法手势到位定式亮相之时，心中一静，会阴穴气感顿生。有时是微微的气感，有时稍稍的萌动，有时是短暂的感觉，有时则感觉时间长一些，情况不一。假如某天练拳时不算太静，便没有那种感觉。所以说心神一静是关键。心中静了，才能守其自然，才能使心中之气与神阙穴（脐轮）、会阴穴相会，才能使神光下照于阴跷，从而激发生命之能量。

调阴跷之息，既能开发活力，又能气敛入骨，气达肢梢，防止练拳过程中产生气势散漫的弊病，趋向气敛、神聚、劲整。如李亦畬所言："盖吸，则自然提得起，亦拿得起人；呼，则自然沉得下，亦放得出人。"

七、脐息升华入胎息

上述六层修炼均属脐轮调息，再进一层就是胎息，胎息是脐息的升华。经过前一段脐息的修炼，慢慢忘却鼻息（实际尚存），似乎只有脐窝在呼吸了，进而"呼吸绵绵，如婴儿在胎之时，故名胎息"。（《万密斋书十种、养生四要》）

如何入手？张三丰说："初学必从内呼吸下手，此个呼吸，乃是离父母重立胎胞之地。人能从此处立功，便如母呼亦呼，母吸亦吸，好像重生之身一般。"（《道言浅近》十八）

此个内呼吸如何进行？用现代语言说，"内呼吸是指人的细胞呼吸，即人体细胞经过细胞膜从体内环境中摄取氧气，经过氧化还原代谢后又向体环境排出二氧化碳的过程。"（岳龙《话说胎息》）

在内呼吸的同时，还须外呼吸配合。外呼吸是指人体本身与外环境之间的气体交换，即本篇第三章说的，把体内的阴阳二气进行交感而致中和之气，还要与自然界的灵气内外交感。两者交感的渠道是借用呼吸系统，经口鼻、气管、肺与外界环境交换；同时人的皮肤、毛孔、腧穴等也直接与外环境气体交换。通过修炼，就使人体的固有换气功能得到强化，从而使口鼻呼吸大为减弱，出现若有若无、绵绵虚空的状态，从而体内外的呼吸和谐一致，促进人体潜能的开发。

但是，这种潜能的开发，必须在高度入静即虚静无为的状态下才能发挥出来。太极拳是动功，如何做到这一点？总的是要修炼"动中之静谓真静"的静，在此种"真静"下，才能进入胎息的修炼。为此，练拳必须做到"着熟"，熟练到大小动作了然于胸，打拳时用不着记忆，就能随心所欲，这样才能把全部心思用在内意内息上。到此地步才能动中入静，才能脐息乃至胎息。

第三节 脐息为中心的拳势呼吸

脐轮调息（简称脐息），是炼气、炼劲、迈向返老还童的要道。但作为太极拳的整体呼吸运动，则还有一些具体内容需要介绍。

从整体来说，太极拳的呼吸运动是以脐息为中心的拳势呼吸运动，它不同于人们平时的自然呼吸。两者的不同点在于：

1. 目的有所不同

自然呼吸是依照固有的生理机能，不需人的意志调控（或极少调控），为了维持生命，沿着一定的频率自然进行的呼吸。而拳势呼吸不但要维持生命，而且要使生命活得更好更美，故须按照行功走架的拳势需要，由人的意志调控的呼吸，所谓"以心行气"。

2. 频率有差异

自然呼吸按照一定的频率进行，其频率均匀、缓慢，很少有快慢（劳动或体育运动除外），如果过快了或过慢了，便是病态。而拳势呼吸的速度，虽然总的是均匀、缓慢、深细、柔和的，但为了拳势的需要，可以调节，有时快些，有时慢些，即所谓"动缓则缓随，动急则急应"。

3. 变化不一样

一般的自然呼吸，吸是吸，呼是呼，不需要变化，即使有变化也是很微小的。而太极拳的呼吸，由于拳势（拳架与推手）的需要而发生变化。在动作转换之时有小呼吸；在蓄发、开合、发放中，有时需呼中有吸（即合中有开），吸中有呼（开中有合），所谓"蓄发相变"也。

4. 部位有分别

自然呼吸是肺部的呼吸运动，而太极拳的拳势呼吸则是腹部的呼吸，称腹式呼吸。

腹式呼吸又分腹式顺呼吸与腹式逆呼吸两种，其他体育运动项目也有采用这两种腹式呼吸的。本门太极拳采用的是以脐息为中心的腹式逆呼吸。吸气时，脐窝内敛，带动腹部微微内收；呼气时，脐窝外散，带动腹部微微向外松开。简单地说，吸气则脐腹内收，呼气则脐腹外松。初练时，由于招式动作不熟练，动作与腹式逆呼吸难以一致，可以从自然呼吸入手。

第四节　拳势呼吸与招式动作

以脐息为中心的拳势呼吸，落实在招式动作上须和合一致。即练拳架时，凡进退、出收、升降、开合、起沉、提放、蓄发以及转身换影等动作，均应与呼吸相互一致，不可脱节。通常情况下，进为呼，退为吸；上升为吸，下降为呼；出手为呼，收回为吸；开为吸，合为呼；起为吸，沉为呼；蓄为吸，发为呼。在移步换影、转身变势时，以及各式的过渡动作，可视情况，或仍用一般的拳势呼吸，或用小呼吸调节。

所谓小呼吸，即呼吸的时间较短暂、幅度较小，插在通常的一呼一吸之间，有时吸了再吸，吸中有呼；有时呼中有吸，呼即是吸，均视动作幅度大小而定。因其呼吸短小，变换灵活，故称小呼吸。它既可保证各式过渡动作的衔接无缝，又可防止憋气，有利气顺畅。这种小呼吸，也适用于推手，某种程度上说，推手中使用小呼吸的机会比拳架时为多。

总之，脐息为中心的拳势呼吸，与招式动作必须和谐一致，顺畅通达，才能使阴阳中和之气充盈全身，才能激发生命真气，迈向不老春。

至于一招一式中，如何具体进行脐息的拳势呼吸，则在"拳术套路篇"的每招每式中详解。

第五章 返老还童不是梦

第一节 树老要接新嫩枝

返老还童是道家内丹修炼的重要目标,而练太极、脐呼吸,是迈向这一目标的重要途径之一。

因为脐轮调息是三丰派内丹功的入手功夫,上述引录始祖的话就是明证:"心止于脐下曰凝神,气归于脐下曰调息。"本门脐轮调息法的特点是,脐息与命门、会阴相合,并上通心轮。脐轮是生命之蒂;命门是水火之府,阴阳之宅,是先天元气元精的所在;会阴即海底,是生命的基点。练拳到一定火候,行功时只要心中一静,一念到脐,立刻就有连锁反应,使心肾相交,水火既济,神气合一,激发活力。心肾相交,即坎离相济,是内丹功的中心环节,也是返老还童的必经要道。

三丰始祖为此写了《无根树道情》二十四首,讲的中心问题就是返老还童的心法。其二说:"无根树,花正微,树老将新接嫩枝。桃寄柳,桑接梨,传与修真作样儿。自古神仙栽接法,人老原来有药医。访明师,问方儿,下手速修犹太迟。"

所谓"无根树"是借物喻人,比喻人身的元气,树老了(人老了)需要接嫩枝、育根株。元气在丹功中隐语称为铅气,五行属水,水性易沉,故以铅喻之。无根树开花,形容修炼内丹,激活肾水,水火既济,神气相合而成丹。所以在以下各首道情中,围绕铅(水)汞(火)相交而展开。例如其十五首说:"无根树,花正鲜,符火相煎汞与铅。临炉际,景现前,采取全凭渡法船,匠手高强牢把舵,一任洪波海底翻。过三关，透泥丸，早把通身九窍穿。"说的就是要汞铅相煎，翻起海底之浪，激发生命基点。故而其十九首说："无根树，花正双，龙虎登场战一场。铅投汞，配阴阳，法象玄珠无价偿。此是家园真种子，返老还童寿命长。上天堂，极乐方，免得轮回见阎王。"

第二节　脐轮息　海底活

无根树，实际上有根。张三丰说："说是无根却有根。"这根就是生命的源头。太极先贤王宗岳秉承张三丰的论述，在《十三势行功歌》中说："十三总势莫轻视，命意源头在腰隙。"腰隙即是命门。王宗岳把"命门"作为太极拳修炼生命的源头，与三丰始祖的教导是一脉相承的。而本门的脐轮调息法，亦由此而来。

脐轮，穴名神阙，是人体的神经丛中心，道家把它作为修炼内丹的中心部位。著名道家经典《黄庭经》的书名"黄庭"二字，就是说的"脐内空处"。近代著名道教学者陈樱宁说："欲读《黄庭经》，必先知'黄庭'二字作何解说。黄乃土色，土位中央，庭乃阶前空地，名为黄庭，即表中空之意。"接着，他以"脐"为中心作进一步阐述："吾人一身，自脐以上为上半段，如植物之干，生机向上；自脐以下为下半段，如植物之根，生机向下。其生理之总机关，具足上下之原动力者，植物则在根干分界处，人身则在脐……神仙口诀，重在胎息。胎息者何？息息归根之谓。根者何？脐内空处是也。脐内空处，即'黄庭'也。"（陈樱宁《黄庭经讲义》）

实际上，《黄庭经》是以脐区（黄庭）为中心的炼丹经典。其《内景经》第二章说："上有魂灵下关元，左为少阳右太阴，后有密户前生门，出日入月呼吸存。"《外景经》第一章又说："上有黄庭下关元，前有幽阙后命门。"先解释这几句口诀中的几个隐语，幽阙即生门，生门即脐。密户即命门。关元在脐下三寸，故说"上有黄庭下关元"。综观这六句口诀，都是说明合上下前后左右，暗藏一个"中"字，这个"中"乃是以黄庭为中心的"中"。陈樱宁认为"修炼家以心神注守黄庭，名曰'黄庭真人'"。

再从炼气存神的要求看，《黄庭内景经》第二章说："肾部之宫玄关圆，主诸六府九液源，百病千灾当急存，两部水主对生门，使人长生非九天。"对此，被誉为仙学大师的陈樱宁又解道："肾属水，故为六府九窍津液之源，肾气衰则百病丛生。修炼家常以心火下交肾水，使火不上炎，水不下漏，水火既济而结丹。"他接着说："肾有二枚，故曰两部，肾水为水之主，故曰'水主'。对生门者，前对脐也。"最后，陈大师加重语气说："人能常以不动之神，藏于脐肾两者之间，以立命基，则长生不难致矣。"

可见，《黄庭经》以"黄庭"为名，证实了以脐轮为中心的调息法，上合修炼内丹之道，下合太极炼气之要。

我们再来看看南怀瑾先生用现代观点对脐轮的论述。南先生分析说："脐轮，是神经丛的中心，由此开始，向外分散六十四根脉，中间分散达到腰的四周，往上分散到心轮，向下分散到脚跟。"又说："海底轮，由脐分散的脉，接到海底轮，就是男性的会阴，臀下的三角地带，女性的子宫口之上。"（《道家易经与中医学》。见《道家密宗与东方神秘学》）

这使我们看到，脐轮上通心轮（心神），下连海底，横散四周，外分气脉六十四根，可谓牵一脐而动全身。据几年前的有关杂志报道，一家医院曾用针灸对"神阙"（脐轮）进行探测试验，看看它是否如理论所说的能影响全体。结果证明，神阙受针刺后，在生理上激发了三条传感线路，一条是纵向循行的任督脉，一条是横向环行的带脉，一条是斜行向胸腹射状。

从而他们得出结论，脐轮呼吸确实能直接、间接地内联十二正经、奇经八脉及五脏六腑，具有通经络、和血气、平衡阴阳、培本固元的功能，对调理脾胃、促进消化、防治便秘失眠，以及缓解情绪、提高修养等都有特殊的作用，所以中医有独特的"脐疗法"行世。

无论从道家经典、丹道修炼、传统医理或修炼者的体验，都证实脐轮调息以及以脐区为中心的炼气炼丹，对于修补、恢复、提高、优化人体功能有着意想不到的奇妙作用，尤其能调度海底之气，生发青春活力，迈向长寿。正如南怀瑾先生所言："到了海底，是生命能的基点。这个基点，多数人一生未能发动，如果能发动的话，绝对可返老还童。而且海底之气发动后，人经常可以保持愉快，碰见不愉快的事也不受影响。"此处所说发动海底之气，就是《无根树道情》十五首中所说的"一任洪波海底翻"的景象。

第三节　孙大师的体验

一代武学宗师孙禄堂对练拳发动海底之气有深切体会。他说："余练化劲所经者，每日练一形之式。到定式时，立正，心中神气一定，每觉下部海底处（即阴跻穴处），如有物萌动。初不甚着意，每日练至有动之时，亦有不动之时，日久亦有动之甚久之时，亦有不动之时⋯⋯以后练至一定式，周身就有发空之景象，真阳亦发动而欲泄。此情形似柳华阳先生所云，复觉真元之意思也。"接着，孙公详细叙述了海底萌动及内外一气、绵绵空空的经历，并总结性地说："自己体察内外之情形，人道缩至甚小，消除百病，精神有增无减。以后静坐亦如此，练拳亦如此。到此方知拳术与丹道是一理也。"（孙禄堂"练拳经验及三派之精意"，引自《拳意述真·第八章》）

孙公经验谈中虽然未直接使用"脐息"字样，而用了丹田、海底之名，但观其过程，察其海底萌动，就可知其理一贯，都归于"拳术与丹道是一理也"。故而笔者引录孙公之言，以证脐轮调息激活海底之法，是迈向返老还童的一个良好途径。

第四节　只恐相逢不相识

大凡修炼内家拳者，只要对"拳术与丹道"稍有体会，就会产生类似孙禄堂大师的经验，海底被逐渐激活。笔者对此亦有感觉，上文已提及。当然，笔者的感觉仅仅是初步的、浅层的，比之孙公的功臻化境，差距甚远。不过总算已有了一些感觉，算是良好的开端吧，并对返老还童之说也看到了一些端倪。如今笔者已届望八之年（按农历计七十又九），身心俱泰，练拳时既能迈步如猫行，又能高腿下势，还能跳前跳后；平时行路，虽说不上健步如飞，也可以说是足下生风；而且读书写作，笔耕不辍，文思不枯，朋友戏称我是"老顽童"。此种佳境，皆太极所赐，乃脐息之功。

当然，单单讲年纪，当今盛世，长寿者比比皆是。顺口溜说："七十不稀奇，八十多来些，九十小弟弟，百岁瑞人不算稀。"但是长寿了还要健康，假如九十、一百，卧床不起，需人料理，有何幸福可言。所以应当在"健康长寿"后面加上一句"长寿健康"。为了长寿又健康，必须老树接嫩枝。笔者禁不住唱道：

"无根树，花正稀，快练太极接嫩枝。脐轮息，海底活，铅鼎温温现宝光。若得真铅正祖宗，返老还童不是梦。太极拳，内丹功，只恐相逢不相识。"

注：此词系仿张三丰《无根树道情》，并集其佳句，再穿插些文字而成，不能算是笔者创作。

第六章 炼气精功六式

第一式 先天无极桩

【桩功释义】

无极桩，源于"无极而太极"的哲学原理。太极先贤遵循这一原理设计了无极桩。本门把它列为必须修炼的精功之一，既作为炼内气的一个单炼功法，又冠于套路之前，作为预备势锻炼。

练此精功，皆在以象喻人，以无极的自然现象，比拟人的身心状态，要求习拳者经过长期修炼，让身心像"无极"那样，返璞归真，回到婴儿的初生状态，即体松心和，无忧无虑，心灵净化，形神相合，恢复天性。这是人体的最佳健康状态。平时若能坚持每天站无极桩十几分钟，身心就能得到最好的调节、抚慰、滋养，其乐无穷。是炼气、炼劲、炼意的重要功法。

此桩功只是静站，无任何外形动作。

【静站姿势】

面南站立，两脚跟靠近，间距约2厘米；两脚脚尖八字分开，宛如八字形，间距约一横拳宽；全身放松，按"松静篇"。要求节节松开，两手臂自然下垂，置于体侧，掌心向内；提顶吊裆，颈项松正，松肩垂肘，从头顶百会穴至会阴穴，上下保持一条中心直线，即"提顶吊裆线一条"。身体重量分置两脚脚掌（勿置脚跟）；面容祥和，舌抵上腭，双目垂帘，神光内

视脐窝，摒弃一切杂念，内无所思，外无所视，空空洞洞，如入"无极"景象。（图5-6-1）

【调息心法】

无极桩无任何外形动作，只是静站，故其调息也在于一个"静"字。即心神宁静，神守于脐，使神入气中，气包神外，呼吸绵绵，以食太和阴阳之气。如《黄庭外景经十八章》说："仙人道士非有神，积精累气以成真。人皆食谷与五味，独食太和阴阳气。"中医理论说："食谷者，智慧而夭；食气者，神明而寿。"亦是此意。

图 5-6-1

但是，食气不能执著追求，必须遵循"无极"之意，静至虚静，似有非有，似无非无，悉任自然，细细绵绵。炼至功深，忘却意念调息，逐渐进入"万念俱泯，一灵独存"的境界，以收"呼吸虚无入丹田，玉池清水灌灵根"之效。无极桩既是单练的精功，又是拳术的预备势，这将在"拳术篇"中具体介绍。

第二式　太极混元桩

【桩功释义】

无极之后，便是太极。而此时的太极虽然已孕阴阳，但尚未分出，仍处于混元一气的状态，仍然是混元为一的统一体。

今循此原理，炼此太极混元桩。

顾名思义，这一桩功主要修炼混元一气，即修阴阳中和之气。关于中和之气，上章已作详解，此处从站桩炼气的角度，讲一些炼法。

【站桩姿势】

1. 平行站立

周身放松，自然站立，随即左脚向左开步踏实，两脚距离与肩同宽，两脚平行而立，呈"11"形，两臂自然下垂于身体两侧，掌心向内，目视前方。（图5-6-2）

特别要注意两脚与肩同宽，以便脚掌的涌泉穴与肩部的肩井穴上下相互对应，使涌泉穴的"泉眼"与肩井穴的"井眼"上下流通交感，使人体气血上下畅通，这是站混元桩的基础。如果两脚距离过宽，甚至大马步似的站立，与此理不合，可能是别的功法。

2. 稳坐高凳

图5-6-2

接着腰胯微微向下松沉，带动双膝微屈，臀部微微下去，宛如坐在高凳子上，叫做"稳坐高凳"（不是扎马步）。此时须提顶吊裆，颈项松正，躯干中正，尤其要注意尾闾下坠，臀部内敛，膝尖不超过脚尖，做到"前后不过"，即身前双膝不能超过脚尖，背后臀部不能超过脚跟，应与脚跟上下一线。（图5-6-3）

3. 环抱圆球

随即两臂松松提起，高不过肩，低不过脐，肘不过膝，肩不过胯；两手旋腕翻掌，两掌劳宫穴遥遥相对，手指松展；手臂半圆，两臂环抱于胸前，宛如抱了个大气球，形成一个人体浑元气场。（图5-6-4）

图5-6-3

图5-6-4

4. 五官自然

下颏微敛（不是低头），意念鼻尖与肚脐相对（便于任督两脉流通），脸含微笑，自然闭嘴，牙齿合拢，舌抵上腭，双目垂帘，似闭非闭，神光内视肚脐眼，抱元守一。

5. 心静体松

此功的松静法，也是"机在目"。先让眼皮松弛下来，继则面部肌肉放松，连带大脑皮层放松。大脑一松，就能促使心神入静；心一静，又能促使引导全身关节逐节松开，连肌肉也随之放松。周身的松静，宛似打开了闸门，使内气畅流无阻，逐步迈向"气圆、劲圆、神亦圆"的浑元一气的境界。

【炼气要点】

做到上述五点后，浑元桩的站桩姿势就告站成，然后开始炼气。可分三个层次。

1. 少意

起初呼吸自然，与平时一样。不必多用意念，只要意守脐轮就行，其他不去管。这是初始阶段。

2. 用意

就是用意念引导炼气。这一层有两种炼法，一是前述的脐轮调息，二是意念诱导产生"热、麻、胀"的功能态感觉。前者的要点是：

（1）以脐轮为起点，走小周天循环。初时，仅仅是意念在走转，毫无气感，炼之日久，便会逐渐产生气感。如果发现哪里关节通不过去，不必着急，仍然轻意文火，久而久之，自会潜移默化，感而遂通。

（2）然后，神光下照海底。不要企求一照就灵，还是不急不躁，日积月累，自能激活海底。

（3）上下同息。以脐息为中心，两臂及两脚心同时吸呼，但决不能强烈追求，只能继续用文火温炼。

这一种练法纯熟后，对拳术水平与养性健身均有显著效益，是否还要练习后一种方法，可视各人情况而定，如若要练，其法大体是：

先诱导手指的感觉。手指最灵敏，俗语说"十指连心"。

所谓诱导，就是意想我的手指热了，先是食指（或中指）热了、麻了、胀了，然后是十指都"热、麻、胀"了。先是意想、诱导，不久果真会感到"热、麻、胀"。

再诱导全身的皮下内层肌肉、所有的内脏器官，乃至大小骨骼、骨髓都一一产生"热、麻、胀"的感觉。练到一定程度，能防治心、肝、胃、关节等多种慢性疾病。但是，诱导的意念不可太重，不能执著，对"热、麻、胀"的感觉，只应似有似无，勿忘勿助，防止产生流弊。

3. 无意

上述各点都是用意念引导炼气炼意，达到一定深度后，就应进入不用意的阶段。即上述种种用意包括引导、诱导等，统统不用了，归于虚静的无意状态，只是静静地、松松地、无欲地站在太极元气之中，到后来无意之中才有真意。

【炼劲心法】

此式既炼混元之气，又炼混元之劲。混元气是太极元气，混元劲是太极本劲。其内劲的炼法，已归入"内劲篇"详说，此处从略。

第三式　两仪长劲桩

【桩功释义】

此功合"无极生太极，太极生两仪"之理，是本门炼气、炼劲的重要功法。

【桩势动作】

1. 开步举臂

两脚平行分开，两脚距离与肩同宽，两臂松肩垂肘，缓缓向前提举，提至手腕与肩同高，掌心均向下，五指松展，指尖朝前。两臂横向距离与肩同宽，似直非直，似曲非曲，肘尖下垂（不可横向朝外），躯体中正，目视前方。（图5-6-5）

2. 屈膝下坐

接着腰胯松沉，屈膝下坐，成四平步（非大马步），高度较太极混元桩低些，但臀部不能低于双膝高度。体重分置两腿，同时两臂、两掌随着屈膝坐身而下落下按，两手仍与肩同高，指尖朝前，掌心虚空，眼神凝视前方。（图5-6-6）

图 5-6-5

【心法要点】

1. 平稳三合

四平步坐势定位时，必须提顶吊裆，中正平稳，尤其要注意外三合，即前伸平举的两臂，要肩与胯合，肘与膝合，腕与足合。尤其要注意不可撅屁股，必须敛臀垂尾；身前不可跪膝，必须膝与足合，否则

图 5-6-6

身法散乱，影响行气。

2. 气与劲合

上述坐势中正平稳后，接着开胯圆裆，松腰松腹，脐轮调息，脚踩涌泉，脚趾贴地，神贯于顶，以意行气。

在脐轮调息过程中，注意一呼一吸之间，两臂、两手会有多种劲意，须要明白施为，以臻气与劲合。其所含有松沉、下坠、上掤、顶撑、内扣、前伸等劲意。具体情况如下：

（1）双肩含松沉吐劲之意；

（2）两肘含下垂之意，即肘尖向地面下坠，并与膝合；

（3）左右前臂均含上掤之意。掤，并非拙力，而是内气的运作，即内气由脐而下，再由涌泉而上，而脚而膝而腿而腰胯，缘命门而上，形于两臂，炼出一种如水负舟的内劲；

（4）两手腕含下沉之意，掌根又含向前顶撑之意，掌心圆空又含内扣之意，手指又含前伸之意，且是极尽远伸之意；

（5）头顶虚虚上拎，尾闾下坠地面，在此上拔下坠之间，双手、双臂的劲意绵绵。如此肩沉、肘垂、臂掤及掌指的沉扣撑伸，加上腰胯松沉，脚踩涌泉，引气提神，很能调和内气，增长内劲，还能稳固下盘。

每次练习时间，视各人情况而定，当然尽可能时间长些。

第四式 三才心意桩

【桩功释义】

三才心意桩，曾名川字桩、琵琶桩。本门这一桩功别具新意。因先师曾先后拜形意大师尚云祥、孙禄堂为师，故把形意拳三体式桩功的一些心法与太极川字桩结合起来，形成新的特色。

所谓"三体",即指天、地、人"三才",故取名三才心意桩。

【三才站姿】

(1) 面南自然站立,躯体中正,周身放松,两臂自然下垂于身体两侧,目视前方(图5-6-7)

(2) 双膝微屈,上体微微向下坐身,宛如坐在高凳上,向右旋胯转体35°~45°,转至面向西南;带动右脚外撇35°~45°。(图5-6-8、图5-6-9)

图 5-6-7

图 5-6-8

图 5-6-9

(3) 重心移至右腿,左腿提起,左脚向前跨出半步踏实,前后脚之距离约一脚半长。虽然全脚着地,但脚底有虚实,即脚掌为实,脚跟稍虚。此时重心前三后七,后脚的七成重心落在后脚跟内侧,利于整体平衡。两脚之间的横向距离约一横拳,不宜过宽过窄。(图5-6-10、图5-6-11)

图 5-6-10　　　　　图 5-6-11

（4）两臂松肩垂肘，两手松松提起向前平伸；提时掌心均向下，伸至前方时旋腕翻掌，两掌掌心斜相对，左掌在前，右掌在后，置于左肘附近，两手腕如合抱琵琶。（图5-6-12）

上述第3点出脚与第4点伸手，练至纯熟后，须同时同步进行。

（5）上述姿势站定时，要周身放松，上体中正，提顶吊裆，松肩垂肘，舒胸圆背，腰胯松沉，敛臀坠尾，脐轮调息，神光前视。

图 5-6-12

此为左式，可以右左轮流练习，练法左右相同。

【心法要点】

1. 明白三才

名为三才心意桩，就应明白三才。三才之说，来自太极学说，即"太极虚无生一气，便从一气生阴阳，阴阳凝合成三才，三才生生万物张"。所谓三才，指天、地、人三才，用之于拳术，即指外形的上、中、下三盘（头部、上肢、下肢）；内在的精、气、神三宝，要把内外三才练成一体，即"三才归一体"。具体练法，要注意"三圆、三扣、三顶、三催"。

三圆，指掌型，即手心圆、手背圆、虎口圆。手心要圆而空，即李景林武当剑四空之一的"手心空"。至于手背、虎口之圆，均要自然放松，不能执意做作，虎口不可拙力外撑，只能松而撑之。

三扣，即齿扣、手扣、脚扣。齿扣，指嘴轻闭，齿轻切，以炼骨梢之劲气。手扣，即十指及两掌含相合相扣之意，以炼上肢筋梢之劲气。脚扣，指前脚掌微内扣约5°，涌泉穴踩气踏劲，气贯脚趾；后脚虽然脚尖外撇，亦要含内扣之意，气达涌泉脚踵，以炼下肢筋梢之劲气。

三顶，指舌顶上腭、头顶虚空、手顶腕根。前者可倦食降气，有利脐息平稳，气注丹田，归根养生。头顶，可使神贯于顶，身躯伸拔，振起精神。手顶，即上式所说的腕根向前顶撞之劲意。

三催，有上三催与下三催两种情况：

上催是腰催肩、肩催肘、肘催手。这是指内气内劲向外发送过程中几个关键部位的作用。内气内劲由下而上，由腰隙（命门）催送至肩窝，接着由肩窝吐劲，催送至肘节，并由肘节催送至手而发出。站桩时要有此意想，似乎气劲从下而上，经"三催"而发至手掌，两掌像合抱琵琶似地合气合劲（只是意动，手未动），练之日久，自然长劲。

下三催是，从出脚进步时起，就腰催胯、胯催膝、膝催足，换句话说，在脚向前迈步时，是由腰胯把脚催送出去的。当站定后，随着一吸一呼，仍须继续此"下三催"之意。

2. 知晓五行

这一桩功虽然处于静站之态，但内中仍应含太极十三势中的进、退、顾、盼、定这"五行"之意。五行之中还含有攻防之劲意，如怀抱琵琶的两手含有缠腕捌肘的劲意，以及开合提放之劲意。

3. 符合六合

所谓"六合"，众所周知是内外三合的总称。内三合，即心与意合，意与气合，气与劲合。外三合是手与足合，肘与膝合，肩与胯合。这在上文均已提到。此处要说明的有两点，一是向前踏出的左腿、左脚与前伸的左臂、左手必须上下对齐相合，保持在一个前进方向的直线上。二是屈膝坐身的后右腿，膝盖亦须内扣，既可与前膝相合，又可与右脚尖上下相合，利于敛臀裹裆，利于臀部与后脚跟上下相对。在站桩过程中始终要符合六合，才能求得内外一致、上下相随、周身一家、浑然一体的整劲。

4. 静中求动

一般说，桩功都是静功，但要静中寓动。三才心意桩很注重静中求动，即拳论所言"静中触动动犹静"。这种从静态中求得的"动"才是真动。

静中求动，是通过意气来实现的。一开始出脚伸臂时就要注意脐轮调息与劲、意、神融和在一起。此时外形上站着不动，完全处于静态之中，但内在的意、气、神、劲却都在"动"，具体讲则体现在上肢、下肢、脐轮等几个方面。

上肢：在松肩、垂肘、顶劲、圆背的前提下，前手与后手须随着脐息的一吸一呼，意想两掌一开一合（掌不动，只是意），而且要留心劳宫穴，日久会有气感、胀感，甚至微微的

"动"感。到此地步就可逐步迈向气贯梢节、劲贯掌指的境界。

下肢：在腰胯松沉、敛臀坠尾的前提下，左脚（前脚）踏实含后挺之意，前膝又含前挺之间；同时后膝内扣，后脚踏实，含蹬之意，加上沉身坠尾，随着一吸一呼，配合两手一开一合，前后两脚一挺一蹬（仅是意念）。练之日久，两腿两脚均有气流感，尤其是涌泉穴更明显。此法既能炼气炼劲，又能防治关节炎及坐骨神经痛等疾病。

脐轮：依照上述脐轮调息法调息，促使内气与上肢下肢开合的"动"意协调进行。同时，无论吸或呼，都须神光下照，默注海底，炼之日久，海底会产生"萌动"之感，有利于修炼"一任洪波海底翻"，促进人体潜能的开发。

第五式　阴阳开合式

此式旨在遵循"二气交感，化生万物"的原理进行炼气。其站姿与上述两仪长劲功相似，都是四平步站式，唯双臂的姿势不同，前者是掌心均朝下，而本式是两掌掌心及劳宫穴相对，宛如捧球状。

所谓阴阳开合，是说左手为阳，右手为阴，随着脐息的一吸一呼，两手一开一合；开（吸）时两手向外拉开，合（呼）时两手向内合拢，同时上体一升一降，开为升，呼为降。在开合升降之中进行炼气。即开时，左掌的阳气被拉进右掌的阴气里去，而右掌的阴气同时被拉吸进左掌的阳气里去；呼时，两掌所含的阴阳二气相互合到对方里面去，称之为二气交感，如此反复相互交感，气就在其中了。（图5-6-13）

此式既是炼气的精功，又是套路中的一式，故在"拳术篇"中将详解其站姿及心法，此处从略。

图 5-6-13

第六式 太极静坐法

【释义】

静坐，不过是练功的一种形式。无论哪家功法、其坐姿都基本相同，或双盘、或单盘、或自然盘，也有端坐凳椅上的。至于炼功炼气的心法则各有千秋。就太极静坐法来说，各家的炼法与要求也不尽相同，但有一点是共同的，即若要练好太极拳，不能不练静坐法。

儒、道、释、武各家，都有各自的静坐法。传统的太极静坐法，基本上是道家内丹功的修炼法，假如完全照搬，则比较繁奥，且费时甚久，对今天大多数人来说可能并不完全适合。为了适应大多数人的需要与可能，根据师门传授及本人体悟，从师门所传静坐法中理出几点简便之法介绍如下。

【静坐姿势】

1. 盘膝端坐

静坐姿势任选一种。若是盘膝（无论是双盘、单盘、自然盘），须左腿在外，右腿在内。左属阳，右属阴，称之为"阳抱阴"。若是女性，则右腿在外，左腿在内，称"阴抱阳"。若取平坐式，须用木凳子，不可用沙发凳，避免臀部下陷及弯腰驼背；同时两腿须持平，若凳子太高，可在脚下垫些东西，以求平稳。

2. 结太极手印

接着双手结成太极手印，安置于小腹丹田前。太极手印的结法：先做左手，左拇指与左中指均弯曲，两指尖接拢，拇指掐在中指尖上（此位是午时位），两手形成一个圆圈；左手的其余三指也做弯曲状，靠附在中指两旁。接着做右手，右拇指插入左手的指圈中，并掐在左无名指内侧的根部（这是子位）；同时右中指掐在左掌掌背的无名指根部外侧，与右拇指内外相合一起掐住子位，而右手的其余三指都附着在左掌掌背上，形成两掌合拢状态，宛似双鱼形太极图。至此太极手印结成。由于手指掐在子午位，又称太极子午印。此时右手在外，左手在内，称阴抱阳，与双腿的阳抱阴正好相对。

【心法要点】

1. 意守脐轮，守而非守

静坐姿势端正后，随即摒除一切杂念，仅留下一个守脐之念。所谓守脐，并非守肚脐表面，而是守脐内寸许。仅此一守，不问其他，既不问意想什么，又不问如何行气，更不求达到什么，只要守着肚脐就行了。但要注意，所说守脐，只能轻守、文守，不能重守、武守，更不能执著，只要有那么一点意思就够了，即若有若无，似守非守也。

此法很简便，一看就懂，一学就会。但就其实质来说，却暗合道家内丹功的"凝神调息，调息凝神"的入手功夫。上章引述的张三丰所言即是"心止于脐下曰凝神，气归于脐下曰调息"。守脐就是心止于脐、气归于脐，当然是内丹功的入手功夫了。

若能坚持修炼，很快就会有感觉。先是随着深匀柔细的一吸一呼，感到肚脐一敛一收（一起一伏），继而脐轮周围微感温暖，后又感到气血流畅，周身和顺。到此地步离"三家相亲"（身、心、意三者和合）的境界不远了。

此一简便之法，对修身养性大有裨益。如果因时间等原因，只练此法，不练其余各法，也未尝不可。只要持之以恒，就能找到真意，从而性命双修。

2. 天蒂相会，神光下注

上述守脐一法炼至产生感觉后，如果还要深入下去，即可取"天蒂相会"一法。此法亦很简便有效，只须在上述守脐的基础上，意想头顶天根与脐内命蒂相会和合即可。天，即天根，上聚于顶，是为性；蒂，命蒂，下潜于脐。通过脐轮调息与神贯于顶，使天蒂相会。这是修炼自身的阴阳二气中和，并与天地灵气中和为一。说它简便，因为只要一念想到天蒂相会就行了。

神光下注，即神意默注会阴穴（海底）。所说默注，顾名思义是默默地下注，不露声色地意注，而且把这默注与天蒂相会结合起来，一念之间两者都包括在内了。久而久之，脐轮及丹田之气融融洽洽，周身酥绵舒乐，丹气自然贯注海底，激起海底波浪，乃至阴蹻萌动，间或有阳物举动之感，久之就能激发生理潜能。

上法与此法如果坚持一并修炼，效果更好。假如因时间等原因，只练此二法，不再往下进修了，亦可以。只要能坚持下去，潜心修炼，体认默察，效果亦会很大。

3. 任督周天，气行两臂

如需继续深造修炼，接下去可按通常小周天的行气法进行，但有两点小小的改动。

第一点改动是，由脐吸气时，吸气贯注下丹田的同时要贯至后丹田（命门），即一念一吸之间，两田同时、同步贯气。

再一点改动是，当小周天行气数周后感到顺畅时，可稍稍改变气的上行线路。即气沿督脉上行，过夹脊、至大椎时，暂不往上去，而是分注两肩，经手臂指尖，再由手臂内侧返回至大椎、过玉枕而上，然后沿任脉下行，回归丹田。

这两点改动，主要是为了适应练太极拳的需要而作的。前者是为了贯彻本门太极的炼气之法即脐轮调息，后者是为了适应日后练太极发劲"敷于两臂，形于手指"的需要而添改的。

此法虽然气行小周天，但还是比较简便，多数人能够做到。至于再要作深层次的修炼，则要进一步学习内丹功法了。如果寻找教材，应以权威性的经典为准。在众多的经典中，《张三丰全集》不失为一部好教材。《中国内丹功》一书的作者清河新藏说："全面来评论，《张三丰全集》可以说是金玉良言，满篇皆是，实在是丹经的上乘之作。"但是，单单看书还不够，还须寻找明师，正如张三丰所言："劝贤才，休卖乖，不遇明师莫强猜。"（《无根树道情》第九首）

4. 变自发为自在

上述三法练到一定火候，会出现自发颤动、抖动等现象：或是两胯旋转，带动上体左右转动；或是丹田微动；或是海底萌动乃至跳动；或是阳物渐举；或是两臂抖动，像向外发劲似的抖动，同时会发出哼（哈）一声。

这些自发抖动现象，乃是静坐功的正常反映，切莫惊慌，也莫反对，更不能陡生妄念，必须一如既往，心静神宁，守护脐轮虚境，任其呼吸悠悠，养吾丹田之气。

当自发抖动暂停时，如果想收功，即可按前述收功法收功。如继续静坐下去，又会重新出现自发抖动，直到收功。

待自发抖动现象持续一段时日后，尤其是两手自发性发劲反复多次出现后，就要设法把自发变为自觉自在。因此要琢磨在什么情况下出现自发的，找到它的规律，然后依照找到的规律轨迹，由意念加以引导，使自发的发劲变成自在的发劲。这样对于修炼内气内劲的蓄聚与发放大有益处。不过由于各人情况不同，琢磨到的规律心法可能不会完全相同，或者说基本相同但各有特色。笔者遵照师门心法，经反复体验，得出一条十分便捷的途径，今公开于同道：

（1）当静坐多次出现两手自发性发劲后，就可予以引导。吸气时意想气由脐轮吸入，抵达命门暂蓄；呼气时，气缘命门而上，至两肩两臂两手发出。初时，只有气感，并无自发动作，但修炼一段时间，就会出现两手抖动而发的自发性发劲。

（2）在第一点基础上，再修炼些时日，可转入深一层修炼。即吸气时，脐轮吸气的同时，意想涌泉穴也向上冲气，就是说脐轮与涌泉同吸送，吸至命门，合而为一；呼气时，由命门而上，过夹脊，通两臂两手发出。此时的发劲与第一点的发劲相比，似乎更舒服而有劲一些。

（3）再深一层，就是肌肤吞气，一触即发。即意想气由两手两臂吸入，缓缓吸入脐轮；呼气时由命门而上发出。这是由两臂肌肤吸气的炼法。再练些时日，从两臂吸气扩大到以脐轮为中心的全身肌肤吸气的发劲。到此地步，只要一想手臂吸气了，立刻就能意到、气到、劲到，迅速自动发出。

这一肌肤吞气发劲的关键，在于一个"吞"字。假想推手时，对方按我双臂，我迅速将对方之气全部吞入，与自己的内气中和为一，并迅敏地放还给他。出现的形态是，一触即吞，一触即弹，一触即发。

这里须辨明一点，上述的一吞即发，是指静坐时的自发性发劲，它不同于拳架中的发劲。前者虽然有意念引导，但乃是由气机的发动来催动手臂发劲的。换句话说，手臂的发出不是手臂自己出动的，而是由气机催发而动的，是属于气机的自发性动作。而拳架的发劲，虽然同样由意念引导，但手的动作是腰腿带动手自身通出去的，不同于气机的直接催发。这种不同点是很清楚的，可以从形态上觉察到，也可以从内气鼓荡上感受到。因此不能把两者混同起来，否则就失去静坐的意义了。当然，两者各有各的妙处，都应修炼，而静功的妙处在于能促使发劲更加完善。

5. 温炼温养

上述各点，虽然都是从内丹功而来，但并不是完全按照炼成金丹、得道成仙的要求进行的。因为大多数练拳同道主要是为了健康长寿、修心养性及行事为人而练，即使有人还要进修内劲、研习攻防，也与修炼大丹有别。故而在修炼过程中，只须用文火温炼温养，不用或很少用武火。

所谓文火，是指用意轻轻的、缓缓的、细细的、温温的；武火，则是意念重重的，甚至是猛急的，如猛火冶炼。在内外修炼中，何时用文火，何时用武火，都有严格的规则，稍有不慎，易出问题，尤其是用重火。我们采用文火，并非避重就轻，而是目的不同，暂时无此必要。因此修炼上述各点，在心神宁静的静态中进行，意念轻轻的，呼吸缓缓的，内气温温的。即使炼"吞气"发劲，仍然是轻意温火，应抱着能发也好、不能发也好，无所谓的态度，这样才能由"虚静无为"进入"有为"之境。

练拳炼气,是功到自然成的过程,不能急于求成,也不必"只争朝夕",而应持久不息地进行。故而要摒弃妄念,杜绝邪念,心定意静地温炼温养。

此温炼温养之法,适用于上述其他各式桩功,乃百利而无一害也。

"内气篇"所述,可以总结为一句话:太极拳就是气功,而且是高级气功,属性命双修之学。

第六篇 内劲篇

引 言

内劲，又称内功，是各门各派通用的专用术语。无论内家拳、外家拳，都把内劲的深浅作为衡量功夫高低的主要标志，所以有志于武功者莫不重视内劲的训练。

至于太极内劲，则与众不同。它以性命双修为根基，以养技自爱为目标，不仅可测量功夫的深浅，更能提高修心炼性的层次，不可等闲视之。

但是，初学者往往存在着疑虑。

曾经有学生当场提问：师父，我们练太极拳，主要是活动活动身子，为了健康而已，用得着练内劲吗？有的问：内劲难吗？

这样提问并不奇怪，因为他们不了解内劲为何物，误以为与健康无关，又觉得很奥妙，所以感到迷茫。我就尽量用简单明了的语言给以解释：

"内劲并不神秘，它是我们自身精、气、神、灵修炼的结果。这种结果是什么样的呢？是把我们体内潜在的能量（潜力）开发出来，聚集成为一种新的能量。所以内劲是开发出来的人体新能量。"

"因为潜力人人皆有，一经开发，人人都可获得新能量。这种新能量可以驱除病邪，强身健体，延长青春岁月，还能变得聪明一些。所以内劲与生命、内劲与智慧密切相关。"说到这里，我观察现场，有的人似乎明白了什么，有的人却是似懂非懂的模样。于是我继续讲解：

"修炼精气神，开发新能量，听起来觉得很玄乎，其实那是摸得着、能够感觉到的东西，只要依法修炼，一定会得到内劲的感觉，而且一天比一天明显。"这样一说，大家似乎有点信了。为了坚定大家的信心，我因势利导提出，现在大家来做个小试验，体会一下内劲的味道。

学员问：如何试验?我答：用我自身做试验。我边说边伸出右臂，做出屈肘托掌式，足踏高架右虚步。请学员中出来两人，一人用手压我右掌，看能否把我右手压垮；另一个轻轻摸着我的前臂或上臂，测验是僵硬还是松柔。于是学员中走出两人，一个年轻高大的白人，先用右手压我右掌，继而再加上他的左手，两手使劲下压。我纹丝不动。然后我腰腿微微向前一送，他当即就摇晃着向后退去，一脸惊奇的表情。

小试验结束。那位摸着我手臂的人报告说，师父的皮肤很松柔，不僵不硬；压我的那个年轻人也说：师父的手掌是松松的。我大声说，我是七老八十的人了，是个瘦小老头，论力量比年轻人差了一大截，为什么一时没有被压垮呢?因为太极内劲帮助了我，外面虽然松柔似棉，内里却由精气神产生的新能量作依靠。当然我的新能量还不强，须要继续修炼，但大家总可以从中看到内劲的一些影子吧。接着我提议，请大家说说有什么想法。这一下可热闹了，大家情绪活跃，议论开了：师父快八十了，身体还很好，还有这样的能耐，原来太极内功很管用啊!

不仅初学者存在着疑虑，曾见学太极多年者，对内劲仍然知之甚少，谈起内劲，总是摇了摇头：难，难，难! 别泄气，只要持之以恒，修炼得法，细心揣摩，终能登堂入室。

第六篇　内劲篇

第一章　认识内劲

第一节　潜力开发的新能量

内劲，一般名词解释为内在的劲力。若进一步问，何谓劲，何谓力，怎样炼，有何特征等，则要说的内容可就多了。

据师门传授及本人体悟，认为太极内劲是依照太极心法进行修炼，待精、气、神、灵练到一定火候，就把深藏的潜力（潜在的智能与体能）开挖出来，凝聚成一种新的能量，日积月累，能蓄能放，平时伏于内，临阵放于外，全系一念一弹之间，爆发出超乎平常极限的惊人能量，而且生生不息，与日俱增。简言之，太极内劲，是人体潜能（生命能）开发出来的一种超常的新能量。

这种新能量的特征具有"六性"：

一是柔和性，即体松心静，刚柔相和。
二是整体性，即浑然一体，周身一家。
三是气质性，即混元一气，运气生劲。
四是螺旋性，即螺旋走圈，圈中长劲。
五是灵感性，即神意驭劲，心灵触动。
六是爆发性，即一触即发，发如弹簧。

这"六性"，将在下列相关各章分别介绍。

第二节　潜力宝库人皆有之

每个人都有一个深藏的潜力宝库，潜藏着无比强大的生命之能，只是被各种执著蒙蔽了，不知道自己有多大的潜力，更谈不上开发和利用了，以致体内的固有潜力（潜在的生命能）处于自在的、分散的、眠息的状态，平时毫无作用，一旦遭遇突发事变、特别警讯的刺激，就会在瞬间爆发出平时意想不到的惊人能力。例如，有的人在情急之下，能从失火的房屋中扛了几百斤重的东西冲出火场，事后再叫他做，无论如何做不到了。这种超常潜能，人人皆有，只是有待开发而已。

我国著名科学家钱学森，把开发人体潜能作为人体科学、提高人的能力的一大目标。他在一次报告中谈到练功后出现的功能时说："看，人有多大的潜能啊！""这是人类某种潜在的固有功能的显现。""所以说明人还有一般所不认识，也因而未加利用的能力，也就是人的潜力。"接着钱学森提出："我想从现在开始，我们应该利用现代工具和方法……从一切潜在的人体机能去开发人的潜力。"（《论人体科学》人民军医出版社，1988年版）

所以，人人都拥有一个待开发的潜力宝库。

第三节　人体第六功能态

与内劲相关的另一个问题是，人体功能态。有的功能态是常见的，有的则不容易看到。因为人体是一个复杂的巨系统，其中有相对稳定的几种功能态，它们可以通过外界的作用，通过意识的引领，能够从一种功能态转入另一种功能态。这就为挖掘人体潜力找到了路子。

人体有几种功能态呢？钱学森教授把它们分作五种。一是醒觉功能态；二是睡眠功能态；三是伤病等情况下出现的危机功能态；四是在竞技、航天、战争中出现的警觉功能态；五是催眠功能态。但是钱学森在讲完了这五种功能态后继续说："五种人体功能态的划分也不见得恰当，将来深入研究后，可能有另外的划分。但人体不同的生理、心理功能的功能态是肯定的，再加上一种气功功能态自然是可以的了。"（《开展人体科学的基础研究》）

请注意，钱教授说的"气功功能态"，是广义的，包括保健气功和太极拳等内家拳在内的武术气功。由于太极拳是专气致柔、性命双修的拳术，一直被列为高级气功。所以太极内劲，也可以说是人体的第六功能态。

第四节　太极先贤论内劲

我们再来看看太极先贤对内劲的论述。

一曰，劲是道之本。

老拳谱《太极体用解》说："若以武事论之于心，用之于劲，仍归于道之本也。故不得独以末技云尔。"这段话明确训示练拳者，不得把太极内劲看做雕虫末技，而是"道之本也"。

太极拳以道为本，是张三丰的一贯思想。所谓"三教无两家，统言皆太极"，这些在"心法篇"等篇章中已有所述。这篇"拳经解"，也是从道谈起，再论及劲的。文中首先说："理为精、气、神之体，精、气、神为身之体。心为身之用，劲力为身之用。心、身有一定之主宰者，理也。精、气、神有一定主宰者，意诚也。诚者，天道；诚之者，人道。"意思说，太极内劲是修炼天道、人道的结晶，所以不得看做是末技。反过来也可以说，如果炼劲不修道，即使炼成了内劲，也可能沦为"末技"。

顺便提一个与此相关的问题。称作"老拳谱"的拳经解，究竟来自何处？它原是杨家的珍藏。1980年吴公藻在香港再版《吴家太极拳》时，公布了40篇。吴公藻特手笔说明经过，全文如下："此书乃先祖吴全佑府君拜门后，由班侯老师所授，是于端芳亲王府内抄本，在我家已有一百多年。公藻在童年时即保存到如今。吴公藻识。"吴先生清楚地说明了所谓老拳谱"由班侯老师所授"。那么杨家此谱从何而来？假设是杨露禅当年得自陈家，按杨公的品行为人，不可能欺师灭祖予以抹杀，肯定会据实相告的，杨家公布这些老拳谱时，并未交代来处，只说是祖传，可见并非得自陈家。那么它到底来自哪里呢？吴先生的说明中露出一点点线索："是于端芳亲王府内抄本。"端亲王府的抄本又从哪里来的，时至今日，尚未有人回答。

但是从内容上分析，这些老拳谱与张三丰的拳论及丹道论著是一脉相承的，不少用词、表述也相同，虽非张祖手笔，但可视为系其传人记录张祖口授的文字，尤其是最后三篇，标题就写明"张三丰承留""口授三丰老师之言""张三丰以武事得道论"。因此笔者把它当做张三丰的拳经解看待。

二曰，精气神之内壮。

《太极体用解》的最后一节着重讲劲与力区别，说道："劲由于筋，力由于骨。如以持物论之，有力能执数百斤，是骨节皮毛之外操也，故有硬力。如以全体之有劲，似不能持几斤，同精、气、神之内壮也。虽然若是功成后，犹有妙出于硬力者，修身体育之道有然也。"

老拳谱另一篇进一步指出："气走于膜络筋脉，力出于血

肉皮骨。故有力者，皆外壮于皮骨形也。有气者，是内壮于筋骨象也。"（《太极力气解》）

老拳谱反复指出劲与力的区别，目的在于要后学者重视修炼精、气、神。内劲，是精、气、神练出来的"内壮"；换句话说，内劲（内壮）是精、气、神从人体潜力中开发出来的新能量。所以"是精气神之内壮也"这一表述，概括了太极内功的本质。

三曰，阴阳相济方为懂劲。

王宗岳《太极拳论》说："欲避此病，须知阴阳……阴不离阳，阳不离阴，阴阳相济，方为懂劲。"此话虽表述"懂劲"二字，但其义有二。

一是练拳者要懂得"一阴一阳之谓道"，才能进入懂劲阶段。

二是内劲是阴阳相济的产物。何谓"相济"，济，渡也，即渡到彼岸去；相济，就是彼此相互济渡，即阴渡到阳里面去，阳渡到阴里面去，阴阳二气中和，变成中和之气。中和之气是一种新的气机和气质，气机即能量，新的气机就是开发人体潜力的新能量。

四曰，整劲。

李亦畲在《五字诀》中，叙述了前三字后指出："四曰劲整：一身之劲，练成一家。"虽说是五字诀，实际上可归结为一个"一"字，即心静、身灵、气敛、劲整、神聚五字，最后"练成一家""一气鼓铸"。

常言道，太极拳就是整劲。所谓整劲，就是集中一身的精、气、神、意、灵，开发体内潜力，练成浑然一体、混元为一的整体之劲。整体即一体，体现了万川归一、太极即一的妙道。

先贤关于内劲的论述，有些是属于用劲、发劲的范围，如"运劲如抽丝"等，将在用劲章节中介绍。

第二章　懂劲之道

懂劲之道在哪里？王宗岳指出："虽变化多端，而理唯一贯。由着熟而渐悟懂劲，由懂劲而阶及神明。"

接着又说："须知阴阳；粘即是走，走即是粘，阴不离阳，阳不离阴，阴阳相济，方为懂劲。"（《太极拳论》）

这是王宗岳提出的懂劲之道，可以分以下几点来理解。

第一节　懂一点易理

王氏所说："虽变化万端，而理唯一贯"的"理"，是指《易经》之理。因为该拳理首句所说"太极者，无极而生，阴阳之母也"，就是易理太极学说的核心，而且拳论本身就是一篇精彩的易学著作，整个太极拳体系都是以易理为灵魂的，所以"理唯一贯"的理，当然是易理了。

所以欲要懂劲，必须学习易理，懂一得易道。易理的中心是"一阴一阳之为道"，是唯变是适，趋吉避凶，也可归结为一个"变"字，从变中求吉，从变中得一。这启示我们，太极内劲是在变中求得的（修炼就是变化的过程），也是在一阴一阳的变动中应用的（用劲的过程也是变的过程），太极拳就是变易之道。

进一步说，《周易》是中华文化的最高元典，拳道从易道而来，它是太极拳心法的主宰，不懂一点易理难以从根本上弄懂内功心法。故本书特设"哲源篇",并在"心法篇"中详述了《周易》是太极心法的源头及主宰。

第二节　从着熟中渐悟

着熟,包括拳术一招一式的"着",以及推手之"着",两者不可偏废,都要熟透,才能渐悟懂劲。

拳谚说:"拳打千遍,其理自现。"又说:"功到自然成。"这是鼓励人们要晨昏无间、寒暑不易地长期修炼,自然能豁然贯通,说得很对。

但是用功练拳要有正确的前提,就是要懂一点易理,以及每一招的理法心法,才能"其理自现",内功有成。如果不明所以、不知就理地埋头闷练,至少事倍功半,不知何年才能"功到自然成",甚者原地踏步,更甚者谬误滋生,事与愿违。

有鉴于此,我们既在前几篇中介绍易理与太极拳理,又在拳术篇中详述每一招每一着的原理心法,便于初学者在"着熟"上下工夫,体悟每一着的理与法,从每一着的"着熟"中"渐悟"懂劲。

这"渐悟"二字很有意思。因为最好的理法,如果不去身体力行,便将沦为一纸空文,所以渐悟很重要。在日积月累的"渐悟"中,渐悟渐通,渐通渐懂,点滴积累,聚沙成塔,豁然贯通而懂劲矣。

第三节　须知阴阳

阴阳是个大题目、大概念,整部《易经》都是讲的"一阴一阳之谓道"。所以懂劲就是懂阴阳变化之道。根据王宗岳拳论所说，至少要懂四点：

一是懂阴阳二气在体内变化的法则，并依法进行修炼，使二气中和为一，成为混然为一的混元内气，从而炼出混元内劲。

二是懂得粘走更是阴阳。王宗岳所谓"粘即是走，走即是粘"，是作为"须知阴阳"的内容提出的。因为粘者，阴静也；走者，阳动也。所以粘与走，便是阴与阳。

粘，通常与沾字并提，称作沾粘劲。而走，则与化劲有相通之处，常言道走化是也。因此懂得粘走之道，修炼粘走之劲，是懂劲的重要内容。

沾粘与走化，在太极拳内劲中，尤其在推手的用劲中，有着突出的重要作用，拟单列一节专论之。此处只是点明它是懂劲的一大要义，以防疏忽。

三是弄懂阴阳原理在拳术中的各种对应关系，即动静、虚实、刚柔、走粘、内外、上下、开合、快慢、提放、蓄发等等的对应关系，还要懂得这些对应关系及各种劲路在推手中相应变化的辩证规律，才算懂劲。

四是阴阳相济为一体。"阴即是阳，阳即是阴，阴阳相济，方为懂劲。"王宗岳这一懂劲的著名论断十分深刻，又非常明确。它不是一般的所谓阴中有阳、阳中有阴，而是说阴就是阳，阳就是阴，阴阳中和为一体了，进入了阴阳相济的境界，方能称为懂劲。

济者，渡也。所谓相济，就是彼此济渡到对方里面去，变为阴就是阳，阳就是阴，合成为一体。而这个"一体"又不是凝固不变的，它会随着修炼层次的提高，"愈练愈精，默识揣摩，渐至从心所欲"。至于在临阵用劲时，又因情况的瞬息万变而要随机应变，即"因敌变化示神奇"。如此看来，这"变"也属于懂劲的范畴。

第四节 "一羽不能加"

王宗岳拳论指出："一羽不能加，蝇虫不能落。人不知我，我独知人。英雄所向无敌，盖皆由此而及也。"

一羽不能加，既是一种比喻，又是一项要求，也是一种标志。比喻练拳者的触觉听劲高度灵敏，连一根羽毛加身也能感应洞悉；要求练拳者懂得这一理法，并努力达到这种接近神明的境界，并把它作为衡量是否真正懂劲的一项标志。

这种超乎寻常的感应，必须在至松至静的虚灵状态下才能获得。懂得了"一羽不能加"的奥妙，就会在行功走架时放松入静，及至进入虚灵佳境。

第五节 懂劲的层次

懂劲不是一蹴而就的，它是从低到高、由浅入深、由己及彼发展提高的。大致可分下列几个层次：

一、未懂之前

起初，对太极内劲懵然不知。稍后，知其名但尚未知其实。继续习练，仅知一星半点皮毛，常犯"顶、匾、丢、抗"之病，不能谓之懂劲。

二、初懂之时

继续进修，自以为懂劲，却常犯"断、接、俯、仰"之病。其实尚未真懂，处于似懂非懂之际、两可之间，尚未掌握懂劲之准绳。

三、已懂之后

经明师指点，勤奋修炼，揣摩体悟，以及同道研修，才能登堂入室，真正懂劲。真懂又有何准绳？老拳谱指出："胡为真懂？因视听无由未得其确也。知瞻眇顾盼之视觉，起落缓急之所知，闪还撩了之运觉，转换进退之动知，则为真懂劲！"（《懂劲先后论》）

四、与人懂劲

自己懂劲，只是一方，还有另一方，即由己及彼，与同道切磋，包括推手及研讨哲理心法等，此谓与人懂劲。老谱说："于人懂劲，视听之际，遇而变化，自得曲诚之妙形，著名于不劳，运动知觉也。功至此，可为攸往咸宜，无须有心之运用耳。"（《太极懂劲解》）

第六节　生生不已

懂劲一词，包括理法上弄懂以及实践上掌握两方面，两者密切相随，不可分离，须同时进行。

单就实践上掌握来说，内劲的修炼又经历着出劲、长劲、蓄劲、用劲的过程，而且内劲的生长与蓄聚是生生不已、永无止境的，像太极图旋转不息、循环无端那样。正如拳论所言"由懂劲而阶及神明"。

按"生生不已谓之易"的易理来说，阶及了神明，还要继续修炼，才能神而又明之。

第三章 混元本劲

第一节 分清本劲与用劲

提起太极内劲，许多拳家可以一口气说上很多很多。例如螺旋劲、缠丝劲、抽丝劲、懂劲、听劲、接劲、粘劲、随劲、走劲、引劲、拿劲、开劲、合劲、借劲、化劲、发劲、提劲、放劲、沉劲、长劲、寸劲、冷劲、截劲、虚领劲、弹簧劲、波浪劲等，加上太极八劲，不下数十种。这些都是拳家的体悟心得，言之成理。限于篇幅，诸家之说，暂不引录。

综观诸家之说，太极内劲可划分两大类，即本劲与用劲两类。混元劲是本体之劲，可称之谓混元本劲，其余的都属应用之劲。在应用范围内，又因功用不同而出现了许多劲别名称。其中有：

为首之劲（掤劲），内劲掤为首；

八方之劲（太极八劲），四正四隅，对应八卦之方位；

象形之劲（螺旋劲、弹簧劲、波浪劲等）；

临阵应用之劲（听、接、随、粘、借、化、发等，以及相关的变劲）。

划分劲别类型，可方便初学者弄清本劲与用劲的关系，眉目清楚，便于从本劲入手，步步深入。否则，面对琳琅满目的劲别，可能会因不知从何入手而感到迷惘。分清了体用，就可收纲举目张、触类旁通之效。如果把本劲比作树根，那么栽树先培根，根深才能叶密。

第二节　混元一气

混元本劲，由混元一气练成。

混元一气，是指宇宙未成之前的混沌为一的太极一气；比喻人体，则是人的先天元气。人体的混元气是由先天元气与后天水谷之气，以及天地灵气化合而成。简言之，人体的混元气，是天、地、人"三才"混浑为一的中和之气，通过有效的修炼法门，把体内的潜在能量开发出来，并蓄聚归一，成为浑然一体的强大的新能量——太极混元劲，又称太极混元本劲。

修炼混元气及混元劲的法门，有静功与动功两方面。静功，有太极静坐法，以及无极桩、混元桩、两仪桩、三才桩等桩功；动功，有基础功及全套拳术招式。换句话说，从静功开始，直至全套拳术的每招每式，都是为了修炼意、气、神、劲、灵。这劲，就是混元劲；这气，就是混元一气。

第三节　太极混元桩

修炼混元内劲，以静坐、静站为基础，其中以太极混元桩为先。"内气篇"已介绍了混元桩的意义及行气等法，此处侧重介绍修炼内劲的心法。

一、站桩姿势

按"内气篇"太极混元桩的站姿要求站立，此处从略。

二、内功心法

1. 静能生慧

混元桩站定时，要全身放松，思想入静。从初时的松静，进入意静、心静、寂静等层次，让入静逐步深化，乃至进入高层次的虚静静态，道家称之为炼神还虚，即无意无为的虚明静态。

"静能生慧"，慧者，智慧与潜能的发挥。功到此时，由于大脑高度清静虚无，所以无障无碍，无稽无查，使原来被压抑的各种潜能，即潜意识领域中的潜在能量得以发挥，进入意识领域中，成为生命能量的驱动，于是人体潜在的特异能量也得到驱动，被开掘和激发出来，形成新的能量——混元内劲。并在静态中逐渐成长，以至"聚沙成塔"。

2. 抱元守一

在入静过程中要抱元守一。抱元，即双臂环绕着混元一气的气球，就是抱着天、地、人混浑为一的元气。

守一，原指在入静时意念集中守于身体某一部位的修炼方法，此处指意守于太极一气。

抱元守一，须在入静状态下进行。能守一，则能促进入静的层次，所以守与入静相辅相成。

3. 三气共一

上述天、地、人"三才"之气，在修炼中要合而为中和一气，即合为混沌元气，"三一"又指精、气、神的修炼。《云笈七签·元气论》说："三一者，精、神、炁也。"《太平经》也说："三气共一，为神根也。一为精，一为神，一为气。此三者，共一位也，本天、地、人之气。神者受之于天，精者受之于地，气者受之于中和，相与共为一道……三者相助为治。"

(《令人寿治手法》）所以站混元桩，要注意上丹田、中丹田、下丹田"三田"相通，以及前丹田（脐轮）与后丹田（命门）相会，合称为三田相通、五田相会。其中关键是要存心，存心则存气，存气则存一，存一则混沌之气不息。

4. 争裹相摩

站桩时，相抱之双臂要有相互争裹的意气，即吸气时意想所抱的气球向外膨胀，内气从手背内侧通向外侧，有争突出去的意思（手臂不动，只是意念动），这是内争。同时意想体外的气流向里面裹，不让内气争出去，这是外裹。

当呼气时，意想体外的气流向里面裹，而内气却向外争，不让它裹进来，这叫做外争内裹。

由吸气时的内争外裹及呼气时的外裹内争，构成了争裹相互摩合交感的内气功能态。

5. 上下同息

调息以脐轮为中心，留心命门的出入。即吸气时，由脐轮吸气，吸到命门；同时涌泉穴亦吸气，吸至命门会合，达夹脊，通于两臂，向外争去。呼气时，原路返回，至下丹田，分入于两足涌泉，涌泉穴暗暗地微微地踏劲。此种上下同息法炼之日久，气感与劲感会日益增强，混元劲也会随之悠然而生，渐渐成长。

6. 若有若无

以上几点心法，修炼时意念不可太强，只能若有若无，即用文火温炼温养。如果用意过重，就会造成紧张，过重的意念，本身就是紧张。只有在完全放松的条件下，才能站好混元桩及其他桩功，所以用意只能若有若无，有那么一点儿意思，又似乎什么都没有，朦朦胧胧，似有似无。这实际上是心脑高度入静、思想高度集中的境界，一旦遭遇外界有什么碰撞，立即有奇妙的反应，展观李景林描绘的"于无剑处，处处皆剑"的境界。

第四节　总体修炼

混元桩对于修炼内劲的作用是非常明显的。但是混元本劲的修炼，不可能毕其功于一式，须总体一致努力。所以各个静坐、静站功法，以及拳术的每招每式都不可忽视。就拳架来说，不但一招一式都要注意修炼混元劲，而且有些招式明显侧重于炼气。如预备势、太极起势、阴阳开合、剑形抱球等开头四式，以及五气朝元、十字还原等最后两式，都有较多的炼气练劲内容。试举"剑形抱球"一式为例。

一、拳招释义

这是本门太极拳的独特招式，是李公景林把武当剑的神韵融于太极拳的突出一例。连同许多拳式的剑形剑意，使本门太极迥然不同。

抱球动作，在太极拳中不是可有可无的，而是极具深意、非常重要的，尤其是剑形抱球，不同于屈臂环形抱球，它要通过旋胯转体、变换重心及内气运转所发出的螺旋劲意射向前方。而且它是混元一气之抱球，而太极拳的整劲是以混元一气为本的。其心法，可用始祖张三丰的一句话来描述，即："内执丹道，外显金峰"。

二、行功口诀

剑形抱球剑出鞘，
脐轮内转炼丹道。

立体磨圈混元气，
外显金峰神光耀。

三、分解动作（见"拳术篇"）

四、内功心法

1. 全方位磨圈

抱球一式，是以有形的抱球动作修炼无形的混元内气。但是简陋粗糙的抱球动作，无助于修炼混元内气，必须运用立体式的磨圈抱球才能奏效。

所谓立体式磨圈，首先在外形上要全方位磨圈。即在周身松沉的前提下，旋胯转体，带动两手磨转，并带动踝关节意转，使上、中、下全方位都要旋转磨圈，仅是大圈、小圈、微圈的区别而已。

2. 内气磨圈

在外形磨圈过程中，意想脐窝内转，而且由脐至命门的前后左右皆要立体式的内气运转，促动体内的阴阳气以及外界的灵气做球形旋转，使之中和归一，日久生效。

3. 向外扩散

练至一定阶段，还要意想内气向外扩散，周身上下似乎正在出现一道气墙，而且双手还抱了一个气球，进入"人在气中，气在人中"的境界。

4. 分清劲意

在磨圈抱球过程中，要明白劲意所在。平磨时，掌心含松沉沾粘之劲；及至划弧抱球时，划弧下抱之手含挒采、卷绕乃至掖掌之劲意；两手相抱前伸时，在上之手含掤挤之意，在下之手含掤推之劲。

5. 扬眉剑出鞘

剑形抱球顾名思义，两手抱合前伸时，要充满"扬眉剑出鞘"的意、气、神，双目神光灿灿，拳意剑神相得益彰。

此"剑形抱球"一例，表明拳架的一招一式都要围绕着修炼混元气、混元劲而展开。

第五节　劲由圈中生

师门传授，炼气练功要在螺旋走圈中进行，即"劲自圈中生，劲自圈中发"。上述混元桩及剑形抱球，仅是二例而已，所有的功法与拳式，都要在圈中进行，无一例外。

"劲自圈中生"的法则，不是平白无故冒出来的，而是循着正确的原理、规律产生的。其原理就是太极学说中的太极图旋转不息之理，其规律则是太极图标示的旋转规律，其法则有形体与内气之圈、有形与无形之圈，以及变异的椭圈、弧圈、曲线等等。从内劲的生长说，是"劲走螺旋"，从用劲来说，是"螺旋寸劲"。鉴于螺旋走圈的重要性，特设一章专论之，详见本篇第八章"螺旋寸劲"。

第六节　混元劲的功用

混元劲作为太极内劲之本，内涵是丰富的，功用是全面的，集中体现在"内执丹道，外显金峰"上。

一、修道炼性

太极拳是性命双修之学，修炼混元劲的过程，就是修炼丹道、性命双修的过程。性者，心也、神也；命者，气也、体也。按现代的说法，即身体、心灵（灵魂体）整体健康。俗语说："心宽体胖。"没有心灵的净化，就没有真正的健康，更遑论完善的人生。

二、常葆青春

混元劲的修炼，须在放松安静、内外走圈中进行。可使筋骨舒展，脉络畅通，内气运转，内脏复元。尤其是松腰开胯、旋胯转体的动作，以及脐轮调息，命门饱满，更能直接使命门添火，温热肾水，壮肾益肝，常葆青春。

三、防邪气入侵

混元劲炼至功深，身体周围可以感到若有若无的气墙出现，有利于抵御风湿、寒暑、燥天等邪气入侵。当然，这并不是武侠书中所写的可以刀枪不入的护体罡气，那是小说的虚构。但太极混元气防止邪气侵入，提高免疫能力，却是完全能达到的。

四、开发潜力

混元内劲的修炼到了一定火候，便能把人体的潜力（智能与体能的潜力）开发出来，激活出来，变成一种超常的新能量，称作混元内劲，是太极拳的本劲。由本劲而衍生为首之劲、八方之劲、象形之劲、临阵使用之劲等各种用劲变劲。

第四章 掤劲为首

第一节 掤字的含义

掤劲的"掤"字，拳家读音习惯不一，有的读近似"捧"音，有的读如"朋"音，有的读似"膨"，还有的读"崩"。另有人读古代音"兵"。(《辞海》1979年9月版，载明汉语拼音：bīng)

掤(兵)，指古代箭筒的圆形筒盖。太极先贤把它移植到拳术中来，作为太极内劲的一种专用术语，肯定具有深意。掤字的深意何在？它似乎在说，从人体潜能中开发出来的新能量，积累已久，已堪使用，于是好比揭开筒盖，从内取出利箭，挽弓放射，内劲一射而出，一箭中的。而且还比喻掤势手臂似弓把，能受力，有弹性，可放射。总之，掤字之义，喻示掤劲具有能蓄聚、能受力、能弹发，又善变化等功能。

由掤字而至掤劲，最重要的一点是，掤劲是混元内气内劲的向外爆发。先师教授掤势时，再三督促我们，要修炼好混元气，使身体像打足了气的大皮球，弹性足。先师还风趣地伸出右手，二指在左掌心上弹两下，笑着说，要弹得嘣嘣响。所以我们有时把掤读作"崩"，暗喻山体内部的能量盈足已极，终于山洪瀑发，一泻千里。

诸多拳家，对掤字的含义有不少解读。或说掤乃捧也，捧物之意。或说掤乃膨也，如气球之膨满而已。或说掤乃烘托也，向前上方斜线（弧形）承托而起，御敌来手。或说掤乃非抗也，手向外掤，意却粘回。或说掤乃喻两臂似圆球，具圆撑力。或说掤乃弹簧之意等等。总之，太极之掤字，与说文解字有所不同，是太极拳的特殊用语，内含太极内劲及拳势拳法之意。

第二节　掤，位列太极十三势之首

"太极拳，一名长拳，一名十三势。长拳者，如长江大海，滔滔不绝也。十三势者，分掤、捋、挤、按、采、挒、肘、靠，此八卦也。进步、退步、左顾、右盼、中定，此五行也……合而言之，曰十三势。"（王宗岳《太极拳释名》）

注：上世纪70年代《张三丰炼丹秘诀》问世，其中有太极拳释名的内容，与王氏此文基本相同，仅少数修饰文辞不同，故有学者认为该文非王宗岳著，王仅是传承。是王著，还是王传，可留待考证。笔者认为，即使是王传非著，也是创造性的继承发扬。如果没有王宗岳笔之于书，可能在上世纪70年代以前的相当长的时间内，世人还不知道有此太极拳经。所以把它看成张、王并说，也不为过。

张、王所说十三势的"势"，与人们常说的太极八劲的"劲"，以及太极八法的"法"是何关系？

势，指总体而言。太极拳的拳势总体上只有十三势，其余的许多招式，例如37式、72式、108式等，都是十三势的变化。

劲，指太极内劲，主要有混元本劲以及掤、捋、挤、按、采、挒、肘、靠八劲。

法，是势与劲的使用法，如太极八法等。假如从体用的角度说，则势是本体，劲与法是应用。

三者的关系，也可以理解为是一个整体。说"势"的时候，包括了劲与法；说"劲"与"法"的时候，亦包括"势"在内，三者时时合在一起。

这篇《太极拳释名》，实际上是透过释名，对太极十三势给予明确的定位。大家可以从上述引文中看到，掤，赫然位列十三势之首位。

第三节　掤，对应后天八卦的坎位

前引用《太极拳释名》时，省略了几句，补录如下："掤、捋、挤、按，即坎、离、震、兑，四正方也；采、挒、肘、靠，即乾、坤、艮、巽，四斜角也。此八卦也。进步、退步、左顾、右盼、中定，即金、木、水、火、土也，此五行也。合而言之，曰'十三势'。"

首先要说明一点，过去由于王宗岳此文流传的版本较多，不同的版本，对太极八劲与八卦的对应位置也不一，为了方便分析，须有一个准绳。我们现今采用的，是《张三丰太极练丹秘诀》中的相关经文，并对照人民体育出版社1991年出版的《太极拳谱》中王宗岳的经文，两者关于八劲与八卦对应位置的表述完全一致，故以此为准进行分析。

在上述经文中，张三丰、王宗岳把太极十三势与八卦、五行一一对照定位。其中掤劲的对应卦是坎卦，而坎卦排在首位，所以掤劲列于众劲之首。把坎卦列在首位，是后天八卦的排列法，先天八卦是乾卦排在首位的。什么是先天八卦、后天八卦，需要介绍一些基本常识，才能叙述下去。

先天八卦相传为伏羲氏作，后天八卦是周文王所制。先天八卦代表宇宙本体法则，后天八卦根据宇宙法则，应用于万事万物，前者是本体，后者是应用。本原法则是不变的，应用之法可以变。兹将先天八卦、后天八卦列图于后：

```
            天
            乾
            ☰
            1
            南
   ☱              ☴
 泽兑              风巽
  2                5

  ☲              ☵
 日离  3  东    西  9  坎  月

           北
           8
           ☷
           地
           坤
   ☶              ☳
  山艮              雷震
   4                7
```

先天八卦图

```
            离
            ☲
            9
            南
   ☴              ☷
  巽  4          2  坤

 震☳  3  东— 5 —西  7  ☱兑

   ☶              ☰
   艮  8          6  乾
            北
            1
            ☵
            坎
```

后天八卦图

上述两图，说明先天卦与后天卦的卦位顺序不同。先天卦的第一卦是乾卦，而后天卦的第一卦是坎卦。它还说明卦位排列的方向也不同，先天卦的四正方是乾南、坤北、离东、坎西；而后天卦的四正方是离南、坎北、震东、兑西。上图还表明，先天卦代表的天、地、日、月、山、泽、风、雷八种自然现象是不变的，所以后天八卦不能改变先天的属性。张三丰、王宗岳采用后天八卦排列法，并没改变先天属性，如坎卦仍然代表月亮，虽然在六十四卦中的坎卦其象为水，但水月同属阴柔。那么为何要采用后天卦呢，目的是为了太极拳的应用，便于标明太极内劲的属性。

除了用后天八卦对应外，还要与五行、乃至天干、地支对应，才能完整地看出内劲的属性。所谓五行及干支，也是宇宙变化规律的符号，或称代号。

五行，即金、木、水、火、土，它们代表天体的五个星球，即太白金星、岁星、辰星、荧惑星、镇星。

天干，指上述五大星球所发射的功能，不断地对地球进行干扰。这种干扰的性质，就称之为"天干"，分作甲、乙、丙、丁、戊、己、庚、辛、壬、癸十项。

地支，指地球本身的放射能，其代号称作"地支"，分子、丑、寅、卯、辰、巳、午、未、申、酉、戌、亥，十二个时辰。

五行，也有东南西北的方位，它是古人按八卦原理排列的，即金—西方，木—东方，水—北方，火—南方，土—中央。兹列图如下：

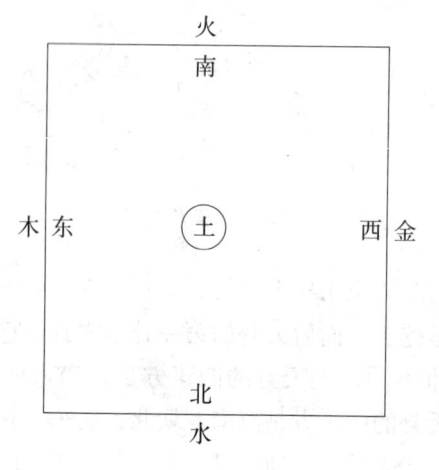

```
         火
         南
  ┌─────────────┐
  │             │
  │             │
木 东   ⓣ      西 金
  │             │
  │             │
  └─────────────┘
         北
         水
```

从两幅八卦图及五行方位图，可以看到太极八劲的方位、各自对应的卦位、属性。以掤为例，掤势对应后天八卦的首卦坎卦。坎卦的卦象为月，主阴柔；卦位在北方，五行的北方为水。所以掤劲的属性属水月，主阴柔。从这里，我们可以领会到张三丰、王宗岳把掤劲排在后天八卦首位的用意了，也可以知道为什么太极拳是专气致柔的拳术了。

第四节　掤，雄踞太极内劲之首

掤势、掤功、掤法，在太极拳中稳坐"三首"之位，不仅位列十三势之首，对应后天八卦之首，而且雄踞太极内劲之首，在太极拳中拥有特别重要的地位。

确立太极八劲以掤为首，不仅仅因为它排在首位的缘故，而主要因为掤并不限于一招一式，而是贯彻于各招各式之中，而且灌注于身体的任何部位，浑身皆具掤劲之意、气、神，故太极八劲以掤为首。

之所以如此，是因为掤劲是由混元内气（混元一气）炼成的。

混元之气，是指天地未分之时，宇宙未成之前，是混沌为一的太极之气（又称太极一气）。比喻人体，则是人的先天元气，但由于后天失调，元气日衰，故要通过修炼太极，培本固元，恢复元气。

人体之混元气，是由先天元气与后天水谷之气以及天地灵气化合而成，简言之，人之混元一气是天、地、人"三才"之气混浑为一之气。其修炼法门，先师曾传李公景林提炼的"天蒂合修法"，即通过脐轮（命蒂）调息与神（天根）聚于顶，修自身的阴阳中和之气，并与天地灵气中和为一，复归太极混元之气，从而炼出太极混元内劲，表现在拳势劲路上首先是掤劲。所以掤劲又称混元一掤。

这混元一掤，在不同情势、不同方位、贯注于不同部位以及出于不同使用目的时，便变化成各具特色的太极八劲，而且也是所有内劲劲路包括用劲、变劲等等在内的劲路的本质与后盾。换句话说，其他诸劲中都含有掤劲。例如捋、挤、按等劲均有掤劲贯彻其中，一旦丧失掤劲，则难有作为。假若捋中无掤劲，则有名无实；挤中无掤劲，则如无本之木；按中无掤劲，则似无根之萍。先师经常提到当年先生（李公景林）的教导："太极拳就是练的掤劲，它劲走螺旋，无处不在，无时不在。"就是说，修炼混元一掤，体现了"万法归一"的原理，所谓得其一而能万事毕矣。

混元掤劲并非虚无漂渺之物，而是看得见、摸得着的。它的特征表现在两臂上，则浑厚圆撑，外示柔绵，内寓纯刚，灵活沉重，富有弹性，平时含蓄，一触即发，形如弹簧，一弹中的，一放即蓄，生生不已。

掤，不仅是诸劲之首，而且是太极内劲之本。因为掤劲主阴柔的本性，就是太极拳的属性。

第五章　掤劲的属性

在《太极拳释名》中，张三丰、王宗岳依据八卦五行的原理，对应太极十三势的属性，一一作了明确的归属。其中掤劲对应坎卦，属性月亮，取象为水，主阴柔。这在上文虽已提及，尚须进一步阐述，以明究竟。

第一节　坎卦象征月亮和水

八卦有先天与后天之分，先天八卦中的坎卦象征月亮，居西方，顺序号排在六位后；而后天八卦中，坎卦排在首位，居北方，取象为水。八卦两两重叠便演变成六十四卦，其中坎卦排在第二十九卦。我们现在要介绍的就是六十四卦中的坎卦，卦形是☵，口诀是"坎中满"。

六十四卦每一卦都有卦辞，总的解释这卦的义理。还有爻辞、彖辞、象辞等文字，从各个侧面阐发其义。

坎卦的卦辞说："习坎：有孚，维心亨，行有尚。"

历代学者对坎卦的义理作了许多精彩的注释，藉以说明坎卦对人生的启发。这里主要说说坎卦取象为水与掤劲属性的关系。

宋代大儒朱熹注释道："习，重习也，险陷也。其象为水。阳陷阴中，外虚而中实也。此卦上下皆坎，是为重险，中实为有孚心亨之象，以是而行，必有功矣。"（《周易本义》坎卦）

朱熹指明坎卦取象为水，与先天八卦说坎卦代表月亮、后天八卦说坎卦居北方属水是一回事，说明六十四卦中的坎卦，既代表月亮，也象征流水。

既然坎卦对应掤劲，掤劲的属性当然是水、月了。

第二节 掤劲如水负舟行

掤劲的性质属月也好，属水也好，均主阴柔。老子说："天下莫柔弱于水，而攻坚强者莫之能胜。以其无以易之。"（《老子七十八章》）意思是说，天下万物没有比水更柔弱的了，但是所有的攻坚者都不可能胜过它，因为没有办法改变水那柔弱的本性。可见表面柔弱的水，内含无限强大的生机，是不可战胜的，反而能够弱胜强、柔胜刚。所以老子接着说："弱之胜强，柔之胜刚，天下莫不知，莫能行。"虽然天下没有人不知道柔弱胜刚强的道理，但没有人能实行，因为人都争强好胜。

从这里我们进一步明白张、王二贤把掤劲与坎卦对应的目的，是为了让练拳者懂得弱胜强、柔胜刚的道理，除掉争强好胜之心。我们在"心法篇"中已提到要以恬淡平和之心练太极，只有这样，才能练成像流水那样柔弱而又莫之能胜的太极内劲。

老拳谱中对掤劲属水有一生动的比喻："掤劲义何解，如水负舟行。先实丹田气，次紧顶头悬。周身弹簧力，开合一定间。任尔千金力，飘浮亦不难。"比喻柔弱如水的掤劲，无论你是小舢板，还是航空母舰，都能载浮载沉，负之而行。这一比喻是何等的生动而恰当啊！

第三节　掤劲属柔，不属刚

对于掤劲，常见拳家另有一比，叫做"似绵裹铁""绵里藏针"。这种比喻首先肯定了掤劲"似柔绵"的属性，再用铁、针比拟刚强。揣摩比喻者的用意，是表明外柔内刚、外虚内实的意思，所以也是通达的。问题出在流传过程中，有的对"铁"与"刚"的理解有异。这两个字并非同义词，用作比喻尚可，如果把它们等同起来，就会产生误解，误以为"掤劲属刚，不属柔"。这样的表述实有商榷之必要。

柔与刚的命题，较早见于《周易》。在六十四卦及《系辞上传·下传》和《说卦传》《杂卦传》中，多处直接提到刚柔命题。综观易说，柔与刚代表阴与阳。正如唐代大儒孔颖达所说："刚柔，即阴阳也。论其气，即谓之阴阳；论其体，即谓之刚柔也。"（《周易正义》）

八卦就是由阴爻与阳爻两个符号组成的，再加以两两重叠而演成六十四卦。例如六十四卦的第一卦乾卦，六个爻都是阳爻；第二卦坤卦，六个爻都是阴爻。这一阴一阳组成的六十四卦，能够推演出万事万物。其中最著名的论断，是《系辞上传》第一章所言："刚柔相摩，八卦相荡。"摩，即相互摩切、阴阳交感，万事万物都产生于阴阳交感。所以，刚与柔在《易经》中是代表阴阳二气交感变动的意义。同时，对于"刚"，《易经》还赋予阳刚诚信、刚健美德等涵义，但未见赋予"如铁"意思。

因此，依据《易经》的原理、坎卦对应掤劲的定位，以及坎卦卦义的定性，掤劲的属性应属柔，不属刚。

翻开张三丰、王宗岳等先贤的拳经秘诀，只说到"极柔软，然后极坚刚"、"养气者纯刚"等语，未见比作"铁"的。即使武禹襄说到"运劲如百炼钢"，其用意在"百炼"上，因为"百炼成钢"这句成语，内涵很宽，应用范围很广，培养人才也可称做百炼成钢，所以无人因此而说掤劲属"钢"。

其实，太极拳的柔与刚有其自身的规律。老拳谱《太极下乘武事解》对刚柔关系有一段精妙的论述："太极之武事外操柔软，内含坚刚而求柔软，柔软之于外，久而久之自得内之坚刚。非有心之坚刚，实有心之柔软也。所难者，内要含蓄坚刚而不施外，终柔软以近敌，以柔软而应坚刚，使坚刚尽化无有矣。"（转引吴公藻《太极拳讲义》）这段论述，对太极内劲的描述入木三分，尤其是"非有心之坚刚，实有心之柔软也"，以及"所难者"句，更是发人深省，掤劲乃至太极内劲主阴柔的属性便昭然若揭了。

第六篇　内劲篇

第四节 纯柔者纯刚

掤劲属水月，主阴柔的属性，还可以从另一个层面作探索与认识，即从防止产生"入于硬拳"的偏向上分析。

这个问题是《八五十三势长拳解》中提出来的。该文说："自己用功，一势一式，用成之后，合之为长，滔滔不断，周而复始，所以名长拳也。万不得有一定之架子，恐日久入于滑拳也，又恐入于硬拳也。决不可失其绵软、周身往复、精神意气之本，用久自然贯通，无往不至，何坚不摧也。"

这一拳论在解释了何谓长拳后，更进一步阐述柔与硬的问题，指出普遍存在的两个偏向：滑拳与硬拳。特别告诫后学者"决不可失其绵软、周身往复、精神意气之本"，鼓励习拳者只要坚持用久，就自然贯通，无往不至，何坚不摧。

所以我们行功走架时，要切切贯彻决不失其松柔及精神意气之本，积柔成刚，达到"养气者纯刚"的境界。

纯刚者，其本质属性还是柔软。譬如水，在涓涓细流或平湖秋月时，显得恬静、柔和、优美，但当它形成喷射的水柱时，柔和变成了刚强，冲击力很大；一旦变成了暴发的山洪，那就更加至刚至强了。水柱也好，洪水也罢，它们仍然是水，水性未变。正如太极拳积柔而成的刚，其本质属性依然柔性，不过那已变成精柔、纯柔的柔了。

武当丹派第十代宗师李景林认为太极拳是柔中之柔的拳术，此说与上述先贤所论吻合。李公说："今人辄曰柔能克刚，又曰太极拳柔中之柔也。然柔何以克刚及意义何在，虽古人拳歌，与王宗岳先生亦曾言之，然初学之士，未必彻能领悟。"先师在讲授松柔原理心法时，一再提到李公关于柔中之柔的教导，并说本门炼功心法总诀的两句话："修阴阳中和之气，炼天地至柔之术。"这至柔之术，就是纯而又纯的柔，其中一点点杂质也没有，百分之百的洁净，从而化合为纯刚。所以纯柔则纯刚，刚者纯柔，弱柔如水，莫之能胜。（注：上述李景林所言，原载姚馥春、姜容樵著《太极拳讲义》的"李景林序言"。李公此序写于1929年11月4日，自云"序于武林容次"。该书1930年在上海出版。2000年8月，山西科技出版社为弘扬国术、保存国粹，特予影印重新出版，可惜疏漏了"李景林序"）

第五节　掤劲似挽弓满月

掤劲对应坎卦，除给掤定位、定性外，还另有一些象征意义。例如喻示掤劲如弓轮。

《说卦传》第十一章对坎卦作了多种取象比喻，其中说："坎为水……为矫柔，为弓轮……"《周易集解》引宋袁的解释："曲者更直为矫，直者更曲为柔；水流有曲直，故为矫柔。"又引虞翻注释："可矫柔，故为弓轮。"所谓"矫柔""弓轮"，都是变异的形态，因为履险而变化自己的态势，变成矫柔曲折、弯弓轮转的象义，以利脱险。

用此坎卦象义对应掤势、掤劲，恰如弓轮之象。

本门太极大架中的"上步掤势"的螺旋横掤、"金童推手"中的单手正掤和"揽雀尾"中的双手正掤，方向态势虽异，但其理则一。即手臂圆撑如弓，像半月形，尤其是单手正掤，活像挽弓满月；而且混元内气鼓盈，如流水有恒，无往不至，气与劲有盈满外撑之感。

联系上章一节中关于掤字含义的介绍，推想太极先贤受《易经》坎卦象义的启发，采用古音"掤"字作为拳势的一个专用名词，以示取出利箭、挽弓满月、弹发而出的象义。

第六节　修炼掤劲，常葆青春

坎卦对应掤劲，又有一个象征启示，即修炼掤劲，可以补肾利肝，常葆青春。

前已介绍，坎卦为水，正北方之卦，因此中医理论把坎卦比作人身之肾水。《周易与中医学》认为："水为至阴，为生命之源，万物之祖，故水为天之始数，肾水居北方属坎卦。""肾阴为五脏阴之本，肾阴关系着全身阴阳的平衡，因为水为天数之始万物之基，故顾护肾阴（精）为永葆生命的第一要义。"（杨力著，1990年北京科技出版社第二版）

我们再看一看坎卦的卦形就更容易明白。其卦形上下都是阴爻，中间一个阳爻包于二阴之中，表明肾水并非纯阴，而是阴中含阳，那宝贵的一点阳刚之气，就是肾中之精，必须细心保养，决不能耗散。不少人因肾亏而体质日降，青春衰退。而且从五行生克关系说，水生木，木属肝。所以养肾济肝，是永葆健康的第一要义。

祖国医学到明代有了新的发展。明末大医家张景岳把坎卦既比作两肾，又比作命门。他在《景岳全书》中说："肾两者，坎之外偶也；命门一者，坎中之奇也，一以统两，两以包一，是命门总主手两肾，而两肾皆属于命门。故命门者，为水火之府，为阴阳之宅。"中医史称张景岳完备了命门元阴元阳和阴阳互根理论，将命门医理的发展提升到一个新的高度。

张氏的高论，对发挥坎卦与掤劲的对应作用，从而促进炼劲养生有着重要的启示作用。例如李景林提炼的脐轮调息、命门相济的内功心法，与张氏的命门医理相通。其法在"内气篇"中已有所述，这里提示两点：

一是练习掤势时的调息法。以第四式"上步掤势"为例。

在抱球蓄势时，意想由脐轮吸气，脐窝微微内敛，把气一直吸至命门，使命门气充盈饱满；接着上步呼气作掤时，意想气由命门向前送注入下丹田；同时命门微微向下一坐，意想内气及内劲贯注两肾，布满双臂，流及全身，并悬头垂尾神贯顶。这样习之日久，便能鼓起命门之火，温暖两肾，活跃肾中之阳，从而补肾益精，常葆青春。

二是行拳时意领小指。手掌五指，分别代表五脏，即中指代表心脏，食指代表肝，拇指代表脾胃，无名指代表肺，小指代表肾脏。行拳时，意领小指运行，使之与肾脏及命门相合，以求水火相济，补肾利肝。

可见坎卦对应掤势掤劲，不仅定位定性，而且启示多多。如果全面探讨太极十三势与八卦五行的关系及其启示，那是另一个内容非常丰富的专题，有机会将另撰专著。

第六章 《易经》八卦与太极八劲对应的奥义

第一节 八卦对应八劲的依据

在第四章和第五章，谈到八卦与八劲的对应关系，但仅是围绕掤劲而言的，现进一步从整体上分析八卦与八劲的对应关系。

首先要确定分析的依据。

由于《太极拳释名》历来传抄的版本较多，八劲与八卦的对应位置也不尽相同，甚至同一门派的抄本也有出入。例如杨澄甫《太极拳体用全书》附录的太极拳论中，关于八劲与八卦的对应是"掤捋挤按，即乾坤坎离四正方；采挒肘靠，即巽震

兑艮，四斜角也"。（上海书店 1986 年影印版）

但是，杨澄甫的门生陈微明在他的《太极拳术》一书中所作的"太极拳论注"中，关于八劲与八卦的对应则是另一种说法。他说："掤捋挤按，即坎离震兑四正方也；采挒肘靠，即乾坤艮巽四斜角也"。（中国书店 1984 年影印版《太极拳选编》）

显然，杨澄甫转录的内容是先天八卦的排列次序，而陈微明转录的论注是后天八卦的次序。

以先天为准，还是以后天为准，这对太极拳来说干系重大。如果以先天为准，则掤劲对应乾卦，乾卦六爻皆阳，乃盛阳全刚之体，这就牵涉到太极拳是柔性拳术，还是阳刚拳术的根本问题。

按照太极拳的哲理、特征、心法要领以及先肾拳经分析，似应取后天八卦为准。但是，不同的版本，如何取舍呢？笔者选择了两个版本。一是《张三丰太极炼丹秘诀》，二是 1991 年出版的《中华武术文库·古籍部》的《太极拳谱》。

前者是道学专家肖天石先生，为弥补道家经典漏散湮没的缺憾，从民国初年起，踏遍名山洞府，参访道佛名师，历时五十余年，得散佚的丹经秘藏八百余种，经潜心整理，选刊《道藏精华》，并于上世纪 70 年代由台湾的自由出版社出版，其中第二集为《张三丰太极炼丹秘诀》，内载《太极拳法诀》的后半部分就是太极十三势的内容，其关于八劲与八卦的对应，采取后八卦的次序。《张三丰太极炼丹秘诀》，已被收入《中国道教养生大全》《东方修道文库》以及一些太极拳著作中，被认为是太极拳的珍贵史料。

后者是人民体育出版社为继承发扬武术文化遗产，编辑出版了一套《中华武术文库》系列丛书，《太极拳谱》是其中之一。这一《拳谱》，由沈寿先生从事收集、整理、点校，历时三年有半，共收各家太极拳古典理论文献一百四十篇及有关序、跋、题记等七篇,是历来收文最多、内容最为丰富的一部太极拳谱。其中王宗岳的《太极拳释名》,关于太极八劲与八卦的对应,采取后天八卦的排列,并有编校者的"校记"说明。

这两个版本,关于八劲与八卦的排列完全一致,比较可信。笔者以此为据,展开论述。

第二节 掤劲赘言

由于掤劲在太极内劲中的突出地位,笔者已用两章的篇幅作了详论,说明它是混元一掤,雄踞"三首"之位,与坎卦对应。其性水月,纯柔纯刚;其象满月,可弹可承;其劲混元,周流全身;贯注拳招,无处不在,致有"太极拳乃掤劲"之说。前面既已详论,此处本来可以不列掤劲一节,考虑到作为太极八劲乃是一个整体,若不设一节,在体例上似有"缺角"之嫌。而且在练劲用劲上,还可作些具体发挥,所以设此一节,赘言几句。

且不说一招一式内都会有掤劲掤意,就以身形动作来说,尚有许多变劲可举。例如本套路第二式"阴阳开合"的开掤劲,以及"剑形抱球"中的挤掤、"玉女浣纱"中的挑掤、"风轮手"中的上捋掤、"云开手"中的侧上掤、"复势穿梭"中的上穿掤、"搬拦捶"中的搬化掤,还有"十字手"的上叉掤,等等,加上以"掤"命名的三个招式,可谓变化多端。如果仔细分辨,还有很多变劲可说。至于在推手中,掤劲的变劲就更多了,可详为参悟。

第三节 捋化捋发

一、捋字的字义

捋者，布也、舒也，意即舒散来力。例如对方拥我，我即向一侧斜捋之，以舒散其力。

二、捋劲的卦义

捋劲与八卦中的离卦对应，其卦形是 ☲，口诀是："离中虚"，卦象为火，为光明。

卦辞说："离：利贞，亨。畜牝牛，吉。'何谓"离"？本卦的象辞解释道："离，丽也。"这个"丽"不是通常说的意义，而是附着、依附的意思。所以象辞接下去说："日月丽乎天，百谷草木丽乎土。重明丽乎正，乃化成天下。柔丽乎中正，故亨；是以畜牝牛，吉也。"

再联系本卦的象辞、爻辞及各家的解释，离卦总的意思是，天地万物必然依附着某种物体，才得以生存，如日月附在天上，百谷草木附着大地生长，但附着必须持守光明正道才能化成天下，必须具有温顺柔和的德性，才能亨通吉利。人若要取得成功，或者陷落困境时，必须依附光明，附丽大人，中正柔顺，才能脱险，获得成功。

"依附"之义，与太极拳的粘连黏随相符。它喻示，用捋动时必须附丽于掤劲这个"大人"，以掤为后盾，并柔顺地依附着对方来劲的走向而动，才能捋化来劲，并乘势发劲。

三、捋为柔化

捋劲，是太极拳中常用的一种化劲。凡顺着对方来力的方向，向自己身侧（或左或右）牵引，以化解来力，并乘势进发者，谓之捋。通常用法是，将自己双手依附对方之上，即一手沾拿对方腕部，一手粘附对方肘部，由腰腹发动，顺势牵引，使来力落空，乘对方失空失中之际，迅速用挤、按等法发放，即所谓"引进落空合即出"也。

捋化成败的关键，在于能否松柔粘黏，自己粘附于对手上的手腕等部，必须极为松柔温顺，不易为人察觉，加上善用腰腿之功，才能引进落而奏效。

四、捋能放人

捋劲不但主化，若得机而又得法，也能直接把人捋之前仆或下跌，关键在于柔、沉、正、变、滚、旋、掤等七字。即全身放松，两手柔顺，腰胯松沉，上体中正，变换重心，旋胯转体，前臂滚翻，捋中含掤。这几点要修炼为一，浑然一体，到此地步，就能施出"引之使来，彼不得不来"的威力。

捋之放人，可举二法。

一为滚肘捋。以右式为例：用粘附在对方肘关节上的我之右掌根（近尺骨处）做滚腕、滚肘状，由腰胯旋转突然向我左侧方滚捋而去；同时我左手粘执对方手腕，乘势向同一方向引带，能将对方捋出。

二为下坠捋。以右式为例：右手掌粘执对方左手腕，左手掌粘执对方肘关节，右脚后撤一步，重心速移，向下坐身屈膝下沉，成左仆步；同时两手乘下沉之势，毫不滞疑地向下、向后坠捋，使对方倾倒。另一情况，在撤步坠捋过程中，我腰胯及丹田迅速内转，用螺旋劲带动两手卷旋，若得法，可使对方滚翻倒地。

五、捋中含掤

捋中含掤，不仅因为掤劲贯注于各招各式之中，更因为掤、捋相通，捋劲相承于掤劲而来。当掤劲承接对方来劲之际，用捋劲牵引走化时，我两臂必须充满掤意，否则就会被对方"吃瘪"，无法捋化，反被对方直入我胸部，把我发出。所以掤劲是捋的前提，拳谚说"掤劲不可丢"也。

平时行功走架，就要本着掤劲不可丢的原则，明确捋中含掤。例如本门复势揽雀尾一式中，有斜上捋与平捋两种，都要两掌松柔，两臂含掤，以掤劲为捋劲的后盾，否则将如无根之木，被人一碰则倒。

六、捋在掌尺

这是指使用捋劲时，我前面的手用什么部位去粘附对手。如果用尺骨去粘捋，称作"捋在尺中"；如果用掌心粘捋，称作"捋在掌中"。两法均可灵活使用，前面说的捋化、捋发过程中，都有捋在掌、尺之意，不妨细察。

七、捋法多变

捋法不止一种，而是多种多样。

从捋的方向说，有斜侧捋、平按捋、横向捋、侧下捋、下坠捋，还有斜上捋等等。

从变劲说，有掤中变捋、按势变捋、挤势变捋等等，只要形势需要，不少劲势都可变成捋，所谓因时因势制宜也。

八、坎离交泰葆青春

中医理论把坎卦比作人的肾水，把离卦比作心火，认为坎离交媾、阴阳交泰，能使人体水火相济，祛病长寿。

道家修炼内丹的坎离交媾，就是心肾相交，水火相济，这是小周天的功夫，目的是培养元气，返本归原，常葆青春。

我们练掤、捋两势时，可按坎离交泰的要求去做。其心法是：以"右揽雀尾"为例，当右弓步掤时，意气经命门向右肾转行输送；坐身回捋时，意气由右肾经命门转向左肾；当转腰前挤时，意气再由左肾转至命门而达两肾。这种过程，是命门与左右两肾的水火相济以及心肾之间的水火相济。在行功练拳过程中，若能放松安静，心火下降，鹤息归脐，水火相济，则可常葆青春。

第四节 挤劲若雷

一、"挤"字的字义

挤者，挑也、撞也、推也，以手向外挤物之谓。

二、挤劲的卦义

挤劲与八卦中的震卦相对应，其卦形是 ☳，口诀是："震仰盂"，取象为雷，象征雷声震动。原义喻示君主发令，震惊百里，莫不谨慎行事，保安其福，遂至笑语声声，得到整肃。又喻示要修身省过，开拓"享通"的境界。此卦义内涵"处危而后安"的哲理。

这一"震"字以及处惊不慌的风范，对修炼太极挤劲有直接的启示作用。

三、挤劲若雷

挤劲挤法是以进攻为主的招法，即在捋化得机得势时，向前排挤、撞推（弹发）之法，乃是用自己的肱部（前臂）挤击之法。其劲发出，要状若奔雷，有震惊百里之势。这是指临阵使用时的意、气、神、劲而言，至于在盘架子时呈现的则是一种暗劲，即有此意，并无此形，而在推手或实用时则要形神兼备，震雷而发。

其心法诀窍在于"外挤内掤"一诀。即外形是挤势，而内在却是掤劲。若无掤劲之爆发力，难以挤若震雷。

所谓盘架子时用暗劲，是指有此一念，初练时意念明确，功深后若有若无。以"揽雀尾"右式为例，当将势得机时，迅即转身搭手，自己的左手腕粘搭在自身的右脉门附近（右臂弧形横排，左臂斜弧相搭），沉腰进身前挤时，意想掤劲像山洪暴发似地由两臂喷射而出，即所谓挤弹劲也。

四、柔和合力

挤法，通常情况是双手合力前挤，即后手贴在前手内侧向前挤去，上节所举"揽雀尾"右式，就是双手合挤之例。若要合力得法，必须注意三点：

一是两臂须圆撑似弓，贯满掤劲。二是前臂必须柔和温顺，宛似贴在对方身上的软垫子，即使在弹发的瞬间仍然是松柔的。这样既不为对方察觉，又能使内劲毫无阻碍的倾泻而出。三是前后两手挤发的时间，表面上似乎是同步的，实际上有先后。应当后手先启动，由后手促前手，不过时差微乎其微，外形上看不出先后，只有自己才知道。为何要后手促前手呢？保持前手始终柔和如一，为了使前后两手更能协调一致，产生"合力"的威势。若是前手先动，由前手带动后手，难免前后脱节，哪怕是微小的脱节，也会影响合力的效果。

五、加肘一挤

挤者，一般是双手合力横排前挤，而加肘一挤却是单手臂向前上方斜直前挤。这是李景林在总结前人挤法基础上的发展，也是李公及先师常用的一种挤法。其特点是在环手云摩的过程中，前手于中途突然改变方向，以肘部催动肱部（前臂）及腕掌向前上方挤出，具突然弹发之状。

加肘挤，又名云摩穿化挤。后面"拳术篇"中有两处介绍加肘挤的练法。一处是第七式"云挤手",一处是"复式揽雀尾"中的"九势穿化加肘挤",有兴趣者可参研。

这里提一提其中的心法要点,主要是松沉、滚翻、穿挤三点。松沉者,即在双手云摩转圈、化发得机之际,腰胯及肩肘要向下松沉;滚翻者,是在松沉的同时,右臂(右式为例)肘尖旋转滚翻,带动前臂及前掌翻转,寓滚翻捋化之意;穿挤者,是在滚肘得机之际,以肘催肱,以肱催腕,以指领劲,向前上方穿挤弹发而出。

在此过程中,左手随着右手云摩划弧;当右手前挤之时,左手在后助势;定式时,右手仰掌在前,左手俯掌在后,前后阴阳相合。

六、捋挤相通

挤法一般相随于捋势之后使用。拳谚说"有捋必有挤",可谓捋挤相通。

所谓捋中有挤通常有两种情况。一是人捋我,我乘势顺劲化而挤之;另一种是我捋人,对方变劲时,我顺其变而挤之。

七、善守柔中

所谓"柔中",是由震卦第五爻的位置象征引伸而来的。由于第五爻所占位置是尊贵的居中要位,又是阴爻,故被称为"阴柔居中",又称"阴柔居尊"。因此爻辞、象辞都赞扬它有"柔中"美德,能以危惧之心慎守中道,故能"亿无丧"(万无一失)。

这一理义,喻示我们练拳为人应始终慎守中道,方能事事亨通。用之于挤势,只要恪守柔中之势,定保万无一失。

挤势挤劲的柔中美德,主要表现在三处:

一是就"柔和合力"而言,双手合力横平挤时,前手务必松柔,像垫在对方身上的软垫子。

二是发挥松沉整体之劲。挤法不是用手臂之力，而是要用腰腿松沉发劲，以意领气，以气催劲。这就要求身法中正，架势圆满，内外一致，毫无棱角，显出柔中美德。

三是挤劲的落点要对准对方的中轴线，一旦偏离中轴，势必挤劲落空，反使自己陷于背势。然而对方的中轴线不可能呆在那里让你去挤，总是在运动变化之中，所以我们说的中轴线是动态的中轴，非静止的中轴。

如何才能对准中心点？先师曾秘授一法：发劲时，自己的眼神只要对准对方的喉头或心窝，就能在运动中对准对方中轴。因为眼为心之苗，眼到心到，心到手势到，内劲也随之发向中心点了。

八、挤法多变

挤法的变化也是很多的。除上面说的双手横平挤、单手加挤外，尚有云手挤、按化挤、穿掌挤、滚翻挤、钻锉挤等十余种。

还有一种少见的隔（夹）手挤，这是在推手中出现的、特定情况下的一种挤法。即在双手合挤时，我两手中间夹着对方的一条手臂；此时我的前手贴在对方身上，我的后手粘在对方手臂上，利用彼手瞬间紧张僵硬之际，合劲前挤之，等于借他的手臂挤他。由于这一手段隐蔽性、突发性较强，对方往往失察而被挤出。

第五节　按劲主中

一、按的字义

按，抑也、止也、捺也。如对方挤进，即用手下按，抑制其攻，使其劲失效，并乘势前按，谓之按。

二、按劲的卦义

按劲对应的八卦是兑卦，其卦形是：☱，口诀是"兑上缺"。其象为泽。

卦辞说："兑，亨，利贞。"

彖辞说："兑，说（即悦，下同）也。刚中而柔外，说以利贞。是以顺乎天而应乎人，说以先民，民忘其劳；说以犯难，民忘其死；说之大，民劝矣哉！"

接着，象辞以及每爻的爻辞，从各个侧面深入阐发兑卦的理义，揭示兑卦喻示"欣悦"之道。先论兑卦取象为泽，两泽相交浸润，互有滋益，所以欣悦，可以亨通畅达。再指出正确的欣悦，应该是上顺天理、下合人情的，君子大人要以身作则，百姓就可以人人自我劝勉了。

不但要身先百姓，而且要坚持"刚中柔外"的原则，即刚为柔之本，悦不失正固，要秉持正德，警戒小人，决绝邪诲，才能成欣悦之至美。如果偏离正德，曲为欣悦，必将导致凶咎。

可见，兑卦阐述的欣悦之道，是立足于刚中柔外的正德准则之上的。这一准则，对我们为人练拳，同样有指导意义。

三、按劲主中

主中，由"刚中柔外"的原则启示而来。意思是运用按劲时，要刚正不阿藏于内，松柔和顺现于外。

为了方便叙述，先介绍"刚中柔外"的来历。所谓"刚中"，是兑卦第二、第五两爻处于居中之位，又都是阳爻，阳为刚，故称"刚中"。所谓"柔外"，指第三、第六两爻均处于外，且是阴爻，阴为柔，故称"柔外"。

在易学文化中，居中的位置是尊贵之位，象征事物守持中道，行为不偏。凡阳爻居中位，象征"刚中"美德；阴爻居中位，象征"柔中"美德。古今易学对"刚中"之德作了不少阐述与运用，那是另一个专题，今后有机会再论。如今主要谈按劲中的"刚中柔外"问题。

所谓按劲，就是遇有来力，迅速向下又向自身两侧（或左或右）松沉，边松沉、边引带的弧形动作，或者弧形向前、向中或向左右按出的动作，均称之为按。在太极拳中，按是属于进攻型的劲法。

"按劲主中"的法则，主要表现在腰腿功夫上。主宰于腰，是众所周知的太极要领，拳谚又说："按在腰攻"，这些都充分体现了腰腿功夫在按劲中的作用。顺便提一句，"按在腰攻"的"攻"字，如果是指腰腿功夫在"进攻"中的决定性作用，那"攻"似乎可以改为"功"比较确切一些，即按的关键在于腰腿功夫。

腰腿功夫的核心在于外柔内刚，不失其中。其要义是静、松、柔、沉、变、中，前面五字都是为了实现一中，无论是松静柔和、腰腿灵活、变化虚实、前后左右，万变不离其中。在持守刚中的情况下，运用至柔至刚的混元整劲按化按进。其向前按进的形状，好像是推车上坡，手推车辆负荷很重，单靠两臂难以上坡，必须全身协调，浑然一体，中心一线，双脚蹬劲，腰腿发劲，劲由脚起，才能奏效。如果失中，必然周身涣散，劲力流失，陷于被动。

四、双掌柔和

兑卦的"刚中柔外"，还体现在按势的双掌上。我们再看一看兑卦的卦形，两个阴爻在外，象征两手在前，此为"柔外"；四个阳爻在内，象征混元内劲在中，此为"刚中"。当按势向前按去时，主要靠腰腿之功向前按去，并非靠两手之力，两手只是发挥传送带的作用。

因此，向前按出时，在周身放松的前提下，两臂从肩到指都要松柔。具体说，肩要松而微沉，肘微屈肘尖向地面下垂，手腕松而微坐，手掌、手指舒展，尤要注意掌心虚空，触觉灵敏。当接触对方人体时，两掌松灵柔和，似沾似粘，听劲敏捷，能及时听出对方种种应变情况，从而随变而变，变中得机，霎那间腰腿发劲，莫不奏效。

五、按前有柔化

发放按劲之前，必有一瞬间的柔化。例如定步四正手推手，通常情况下（变化者例外）从挤势转为按时，中间有腰胯松沉内转及两手翻腕向前的小幅动作，这就是瞬间的柔化。这是按势不可或缺的前提。

按前柔化的拳式，莫过于复势揽雀尾中的环手前按了。假若对方下按我右手，我随其劲而旋胯转体，带动右手环形划弧化其力而按发之。此式练法详见"拳术篇"复势揽雀尾介绍。

六、转斜为正

上文所说按劲主中还有另一种情况，即转斜为正，斜进正出。

主中、守中，并非呆板的中正，而是动态中的得中。因为人非木石，对方无论遇到什么他总是要变动的，要在变动中持守中正，才是难能可贵的，这就叫做转斜为正。通常情况下，挤化转为正身前按的过程，就是转斜为正的过程。在某种情况下，身法尚未转正，但已经得势，就可在按的过程中转正，一边转正一边按，此为斜进正出之法。

尤其要警惕对方引诱你失中。兑卦的卦义中也有这一喻示。兑卦第三爻与第六爻的爻辞、象辞都提出警告，要警惕小人谄邪求悦，引诱他人相与欣悦。这一卦义用之于按势及其他各势，都有重要的现实意义，喻示我们要时时戒备，决绝引诱,一旦发现上当,立即转斜为正,持守刚中,则能万无一失。

第六节　掤捋挤按须认真

上述掤、捋、挤、按四劲四法,在太极拳中具有举足轻重的位置,称为太极四正手。练太极,首先要把掤捋挤按练好,才能触类旁通,全盘皆活。所以老拳谱说:"定之方中足有根,先明四正进退身,掤捋挤按自四手,须费功夫得其真。"

修炼四正手,先要一招一式地分清。所谓"掤捋挤按须分清",不能含糊其辞,马虎滑过,要认认真真地练。然后要把四正手连贯起来练,例如拳架中的揽雀尾,可以抽出来单独训练,按照"掤进捋退,挤按相随,进退往来,周而复始"的要求修炼。

在此基础上,进行定步四正手推手训练,它更能训练掤捋挤按、循环无端、粘连黏随、随变应变的劲意,以期把一身练成浑圆为一的整体。古人说,得其一,则万事毕矣。

所以王宗岳告诫后学:"掤捋挤按须认真,上下相随人难进。任他巨力来打我,牵动四两拨千斤。引进落空合即出,粘连黏随不丢顶。"(《打手歌》)老拳谱又指出:"掤进捋退自然理,阴阳水火相既济,先知四手得来真,采挒肘靠方可许。"

第七节　采劲得实

一、采的字义

采,摘也,取也,择而取之也。

太极拳中的采，还含拿的意思，是拿的一种技法，那是从武术擒拿法中衍化而来的。在训练与实用时，采与拿时分时合，视情势而定。本门传授的"复势揽雀尾"一式中，就有采与拿二势，详见"拳术篇"中介绍。

二、采劲的卦义

与采对应的是乾卦，卦形为：☰，口诀是"乾三连"。列六十四卦之首，象征天，但在后天八卦中，乾卦位列西北，所以采势为四隅之一。

乾卦与坤卦是六十四卦的门户。易学家认为，如果弄通乾坤两卦，《易经》也就通了。本书非易学专著，只能就劲说卦，以卦说劲，择要述之。

卦辞说："乾，元，亨，利，贞。"这一卦辞，不能作为一句话来读，每一个字都有它的独立意义，要一字一句地读。

乾是卦名，象征天，天是由乾代表的纯阳（六个爻都是阳爻）之气积聚而成的。乾是宇宙的本体。元，启元也，初始的、第一的、为首的，就是说宇宙万物都是乾元创造的。亨，通也，无往不通，无处不达，毫无阻碍。利，义之和也，各物之间的物性，彼此和谐，没有相反的，互不妨碍，所以各得其利，无往不利。贞，正也，完整的、不可受破坏的，引申为操守、原则等。

孔子对乾卦及坤卦特别重视，既作《象传》，又撰《文言》，进行专题研究，用人文观念作了独到的阐发。孔子在《文言》中对"元，亨，利，贞"的精彩阐释是："元者，善之长也；亨者，嘉之会也；利者，义之和也；贞者，事之干也。"朱熹在注释孔子的《文言》时，把元、亨、利、贞比作仁、义、礼、智四德，后发展为仁义礼智信五德，作为儒家的道德标准，千百年来影响深远。

"天行健，君子以自强不息"这句脍炙人口的格言，来自乾卦的象辞。它勉励人们效法"天"的刚健精神，奋发向上。

如何奋发呢？要依照"阳刚"之气自身发展的规律，步步前进。于是，乾卦的六个阳爻，拟"龙"作为象征，从"潜龙""见龙""君子""飞龙"到"亢龙""群龙"，层层推进，形象地揭示了事物从萌生、进长、盛壮，乃至衰退消亡的变化过程。喻示在人生道路上，既要胸怀大志，自强不息，又要认清形势，安排自我，找准自己的人生位置，该"至"则奋发至之，该"终"则急流勇退，才是君子风范。

乾卦的理义，深邃而又广泛，涉及到人生的方方面面。那么太极先贤为何要把乾卦对应采劲呢，我想原因有两方面。首先，我们太极人士应毫无例外地按照乾卦的人生哲理和道德标准来规范自己的行事为人。其次，要修炼纯阳之气，懂得亨通利和之道，明白进退得失之道，用于太极采劲采法。

三、十指亨通

采拿之法，在外形上都是手指与手腕的动作，即以自己的手腕执彼之手腕或肘，往下向一侧沉采之，属于制约、封拿、牵引之法，并与相关的劲法配合运用，如采捋、采挒、采按等，也有撤步坠身下采的采跌法。

所以拳谚说："采在十指。"意思是采法的奥妙在于十指运用的巧妙，要注意修炼手指的功夫。为此要吸收"元亨利贞"的精神，放松十指（包括掌与腕），当粘上对方肘腕时，有和谐之感，才能亨通而续以相应的劲法。例如，本门"复势揽雀尾"的"一掤外撑气腾然，二势刁拿把腕缠"，这刁拿的手指必须轻柔和谐，切忌拙力僵硬，才能起到"软绳捆硬柴"的作用。

四、采劲得实

采劲的十指不但要轻柔和谐，而且要得实。这得实的

"实",是实实在在、踏踏实实的意思,与虚实的"实"有所不同。此处的实与浮相对,要有踏踏实实的感觉,切不可轻浮。用僵硬的拙力固然不可,浮光掠影也非上策,必须粘得实实在在,才算得实。

如何粘之得实,主要是手掌松沉,意气敷盖彼身。乾封启示我们,纯阳之气能使万物各得其利,又因时空的不同而呈现生机。因此必须用意气敷盖彼身,才能粘得踏实,才能随着自己的心意与机势,达到采拿、牵引、发放的目的。

但是,得实并非呆实。必须实而不呆,松沉灵活,随势而变,才能为我所用。

五、回采肘引

回采者,就是沾粘采拿得实之际,重心后移坐腰向自身侧后牵引,或撤步坐身向后下采。此时,要在充分发挥腰腿劲的基础上,应运用"肘引法"回采。即以肘领臂,以臂领手,用肘部领着前臂及手掌向侧后沉采,使对方失中,此法往往奏效。"复势揽雀尾"的第六势就是后坐双手回采的生动一例,口诀说:"松沉退圈六势采,七势前按攻腰腿,肘引肘发随机使,得其环中不可呆。"

六、采边拔根

上文说到采法是向自身一侧松沉下采,这就是采劲归边法,以牵引对方重心于一边。如果双边采,对方可乘机进中,我反遭其害,所以只能采向一边;即使上述双手肘引回采时,也应左右手各有轻重及身法微向侧转,仍然是采边之法。

采法的作用,一是采而离之,顺势变劲发放。一是将人采跌而出。无论哪一种采,都要把对方脚跟拔起,至少要使其脚跟动摇,才能变劲发放或直接采跌。

拔根之窍,在于整体松沉下采。所谓整体,即周身一家,内外合一，意气敷盖彼身，由腰腿发劲沉采，并非手采，若手采，仅是局部拙力，收效甚微，甚至反为对方所乘。

拔根之心法要诀，还有重要一点，即要眼神下视。当向下（向后、向侧）沉采之际，眼神要意注对方脚跟，能收奇妙之效，但不可低头下视，只能意念下视，神光关注。

这眼神视向的心法，不单用于采劲，在所有发劲中都应该运用。记得先师教授发劲时，曾示范上、中、下三路视向：眼神向下，可使对方拔根腾空跌出；眼神向前，可使对方双脚离地，向右直线跌去；眼神向上，可使对方仆倒在地，或仰面跌倒。这一心法，在以下相关章节中继续介绍。

七、知进退得失

与采劲对应的乾卦，虽是纯阳之卦，但阳气自身有其萌生、成长、兴旺、衰亡的规律，用之于人文思想，则启示人们要知道进退得失。我们运用太极内劲，也情同此理。

因此在使用太极内劲（不单采劲）时，要权衡利弊及进退得失，该重则重，该轻则轻，该进则进，该退则退，绝不可滞疑犹豫，万不能意念偏执，更忌一厢情愿。要权衡机势，随机应变，该采则一采到底，猛劲抖发，不遗余劲。若不能采，即随势而变，变捋、变挤、变按、变挒等，在变中求胜。

八、采挒相随

采劲往往与挒劲相随互动，有时前后呼应，有时左右逢源。例如本书介绍的"采挒手"一式，即以腰胯旋转为轴心，以涌泉入地为立桩，以重心变换为枢机，左采右挒、或右采左挒，灵活变化，相随互动。

采劲不仅与挒劲相随，与挤、与按、与掤等皆相随相通，主要视情势而变通。

拳架中有不少动作含有采法。如"上步掤"的一手下采，一手上掤；"玉女浣纱"环手划弧时，后手含探意；"野马回头"的下面一手为探；"龙捲手"中的后手为捲采；"琵琶手"中的后手为缠腕采拿，前手为粘肘揉拿，等等，盘架子时可细心体会。

第八节　捌劲若飞轮

一、捌的字义

捌，可能是同音的掜字的别写。拗也，掜转也；转移、扭转之意。太极拳以转移来力，还制其身，使对方身体旋转而去的劲法，谓之捌。

二、捌劲的卦义

捌劲与坤卦相对应，卦形是☷，口诀是"坤六断"，使对方身体旋转而去的劲法，象征大地，于人象征女性。

卦辞说："坤，元亨，利牝马之贞。君子有攸往，先迷后得，主利。西南得朋，东北丧朋。安贞吉。"

明白了乾卦的卦辞，这坤卦的卦辞就不必注释了。这里要说明的是，坤卦也有"元、亨、利、贞"四德，但有两点不同，一是乾德以"统天"为本，坤德以"顺承天"为前提，所以乾刚健，坤柔顺。二是乾四德无所限制；坤四德则限于牝马（母马），安顺守贞，就获吉祥。

《象辞》接着阐发大地的美德，赞扬它配合"天"开创万物，顺从并秉承"天"的志向，普载万物，温和柔顺，使福庆长久。《象辞》进一步发挥说："地势坤，君子以厚德载物。"如果说乾卦引伸出"君子以自强不息"的理义，坤卦则引发出："君子以厚德载物"的意义。这"厚德载物"后来发展成儒道两家的高深学问。接着坤卦的六爻，就六种不同的情况，进一步阐述坤阴在服从乾阳的前提下，发展变化的规律，体现阴阳互动的辩证关系，表明阴阳两种力量的相互作用，是宇宙万物变化发展的源泉。

坤卦与乾卦一样，其理义深邃而广泛。孔子特撰《文言》，专题揭示与发扬隐藏在坤卦里面的人文哲学及行事为人的准则。此处不作全面展开，仅略举一二而已。

三、柔顺转移

挒劲是转移对方来力、还制其身并使其旋转而出的内劲技法。那么如何旋转对方来力呢？

主要是"柔顺"二字。柔顺是大地的美德，也是太极内劲的本质。为此必须周身放松，尤其双手要柔和地粘贴在对方相应的部位上，顺着对方来力的方向而转动。这样既柔又顺，对方不易察觉，自己也没有把柄留在他手上，他也难以逃脱。于是旋胯转体，带动两手弧形旋转，在旋转过程中，把对方加在自己身上的着力点转移掉，好像投在飞轮上的物件被旋飞而出。如拳谚所说："挒劲何义解，旋转如飞轮。"

四、持正立桩

飞轮旋转，必须有紧固而又灵活的轴承依托，否则转不起来。以右"野马分鬃"为例，当右臂外挒时，要立身中正，腰胯松沉旋转，活如车轮；同时两腿两脚要似木桩入地。如卦辞所言"利牝马之贞"，既柔顺又守持正固，不受任何歪邪影响。

所以两腿双脚在旋胯转身挒劲时，不能受牵连而晃动，小腿必须像立桩入地，大腿如大梁横架，稳如泰山。这表明，挒劲与采劲，都不是靠手去挒去采，主要靠意气及腿腰之劲。

五、采挒相辅（力偶效应）

以"野马分鬃"为例，虽以训练挒劲为主，但必须辅以采劲，采挒相用，才能使被挒者身体旋转被抛或倾倒。这一心法，符合现代力学原理，凡是两个平行的力，其大小相等、方向相反者，称作"力偶"，力偶能使物体旋转。挒劲与采劲相辅，就合乎这一力学原理，并兼具合力与惯性等作用。

因此在修炼此式时，下采之手，与上挒之手，其劲必须大小相等、方向相反，两者同时发挥作用；但上下两端之劲要相互错开，以免自身两劲抵消。

六、惊雷一挒

《周易·文言》说："坤，至柔而动也刚。"意思说，坤卦虽然至柔至阴，但如果阴盛返阳之时动起来，就很刚强。老子引用这个观念，说"柔之胜刚"。

此说用于太极挒劲，就要在柔顺旋转得机时，以迅雷不及掩耳之势，突然迅猛一挒（外挒与内挒），势若惊雷，所谓"挒要惊"也。

这是指实用时的发劲而言，至于在盘架子时，可以有此意而无此动作。如"野马分鬃"外挒时，在沉腰进身挒发的瞬间，虽无外形上的惊雷之势，应有意念上的惊雷一挒。再如"采挒手"内挒的瞬间，同样要如此，这是练暗劲、意劲。当然，也可以把"野马分鬃""采挒手"抽出来单式训练，那就可以练明劲了。

第九节　肘劲整如山

一、肘的字义

肘，原为名词，指手臂中部弯曲处外侧的尖骨，名肘。武术中的肘法已引申为动词使用了。

太极八劲的肘法，与一般拳术的肘法有所不同，主要的区别在于一般拳术大都用肘直抵对方胸、腹、肋、腋等处，而太极拳的用肘，则有柔化、引带、发放等多种用法。

二、肘劲的卦义

与肘劲对应的是艮卦，其卦形是☶，口诀是"艮覆碗"。取象为山，取义为止。

《卦辞》说："艮，艮其背，不获其身；行其庭，不见其人。无咎。"

意思说："艮"象征为山，有静止、抑止之意。喻示人事，则谓抑制人的邪欲。"艮其背"，是说制止邪欲应当在其人尚未觉察到是"邪欲"时，就不知不觉地抑制掉了，好比抑制于"背后"。以下几句是申发"艮其背"的理义，在其尚未面向邪恶时就被制止，谓之"不获其身"，即止欲于萌芽状态。好比被"止"者行走在庭院里，也是背对背，互不见到对方的邪恶，所以"无咎"。寓防微杜渐、自我修养的深意。

接着，卦中六爻，从不同角度揭明"制止"的得失状况。至于象辞、彖辞则阐发当止即止、当行则行、适时而用、适可而止，以及"止于邪恶、止于正道、止于本份"的含义。止是为了正确的行，含有"行正"必先"止邪"的义旨。

"止邪行正"的理念，同样要作为我们练拳为人的准则。

把它们用于肘法，则以山为象，适时而用，知止而止。

三、用肘不越山

从防身角度说，手是人的第一道门户，肘是第二道门户，俗称"二门手"，宜在近距离使用，故有"长拳近肘贴身靠"之说。

二门手的范围有一定的限度。好比自身是一座山，用肘不能超越山界，无论是弓步、马步，都要保持"外三合"，尤其要注意肘与膝合，如果肘关节超过膝尖，远离身体前伸，就是"越界"犯规。因此用肘时，特别是用肘进攻时，务要立身中正，稳如泰山，暗合艮卦以山为象之义。

肘不越山，还含适可而止的意义。用肘进攻时，思想上不能有贪欲之念，自以为肘击凶猛，就不问当与不当了，贪功冒进，反被人乘。

四、适时而屈

太极拳任何劲路拳法，都应遵循适时而用的原则，作为与艮卦对应的肘劲肘法来说，更具重要性。因为"二门手"不能轻易出山，应严守《艮卦·象辞》所言"时止即止，时行则行，动静不失其时，其道光明"的原则行事。

例如拳谚说"肘在屈使"，即肘要弯曲起来使用。这是一般原理，如何使用，则要随势而屈。不能预先把肘屈起来，在那里等候使用，应随着对方来力的变化而屈肘，当行则行，不当行则止。

五、整体一肘

用肘进击，既不能超越山界，又不能单肘匹敌，而要整体行动。如果以山为象，那么不仅是一峰一岭，而是整座山岭的神情气概。

以"拳术篇"介绍的"连环三肘"中的旋身马步肘为例。当旋身270°、右上步、左跟步、进身马步右顶肘时，要注意上、下、内、外的整体性。

在上，要虚领顶，舒胸扩背，腰胯松沉，松肩屈肘，双臂横向，上体中正。

在下，要尾闾下坠，马步沉稳，松膝活踝，脚踩涌泉，五趾贴地。

在内，要以心内令，脐轮调息，气贯丹田，命门发动，气行背脊，气透两肘，凝神随视。

如此上下左右、内内外外，整合为一，体现出"如山之整，似岳之威"。

六、肘法广泛

用肘之法，比较广泛。

首先在概念上要扩大"肘"的范围。太极拳的肘，不单指肘关节的肘，它包括以肘尖为中心的周围相关部分，即前臂与上臂近肘的一部分都在内，这是太极八法的"肘"的含义。

同时，肘的使用范围也比较广，有顶肘、挑肘、横肘、撅肘、截（切）肘、绕肘、沉肘、滚肘，以及化劲时以肘领化，发劲时以肘送劲等等，而且使用方向可以上下、左右、前后施为，不拘一格，随时随势而用。

顶、挑、横、截、撅等，皆是顺势进击之法。例如"马后挥鞭"拳式中暗藏顶肘、横肘，"压肘搬拦捶"中的压肘，"大捋靠"中的肩靠肘打，"闪切按"中的截切，以及"连环三肘"中的顶肘、折肘反打、挑肘、绕肘、撅肘、沉肘等，详见"拳术篇"相关拳式介绍。

其中的"以肘领化，以肘送劲"，为本门极为重视的心法。例如，推手时，对方双手粘按我右臂并进身按来时，自己向右侧转化之际，如果用"以肘领化"的劲意，则能收事半功倍之效。再如"云挤手"及"复势揽雀尾"中的"加肘挤",是先师常用的"以肘送劲"的典型一例。

若再讲一步剖析,肘劲与上述六劲相通,称为"肘通六法"。有拳谚说:"六劲融通后,用肘始无穷。"

第十节 靠劲宜顺正

一、靠的字义

靠,依也,依倚于他物也。用于太极拳,指乘人捋己之时,顺势进身用肩靠击其胸部,所谓"贴身靠"、所谓"靠在肩胸"是也。包括肩靠、胯击、肘打、臀靠等,都属于"靠"的范围。

二、靠劲的卦义

靠劲对应的八卦是巽卦,其卦形是 ☴,口诀是"巽下断"。取象为风,其义为顺、为入。

《卦辞》说:"巽,小亨,利有攸往,利见大人。"

《彖辞》解说:"重巽以申命,刚巽乎中正而志行,柔皆顺乎刚,是以小亨,利有攸往,利见大人。"

《象辞》阐述:"随风,巽;君子以申命行事。"

上述三辞及以下六爻,从不同角度阐述巽卦取象为风,其义主"顺从",即阴顺阳。总的看,主要有三点含义。

一是巽为象风之卦,风行天下,无所不顺,无所不入,施之于人事,能谨慎小心,谦逊待人,可致亨通,行必有利,利见大人。

二是喻示君臣之道,即臣顺君,下从上。"君子"要效法风行之象,申命于众(君子以申命行事),行事天下。而上要以"顺"治下，上下相辅相成，以体现"巽"之义。

三是顺从不是"屈从"。顺从本于阳刚之气，即"刚巽乎中正而志行"。无论是下顺上，还是上治下，都要持正不阿，有所作为，以便顺利地"申命行事"。

三、靠宜顺入

当对方用大捋法捋我时，可用顺势进步插裆肩靠法反击，其中关键在于"顺入"二字。

顺者，谓阴顺阳。对方捋我为阳势，我被捋为阴势。按照《易经》的阴阳变化规律，阴必须顺从阳。所以自己被捋要顺着对方捋势而走，要像风那样顺风顺势，不前不后，恰到好处。

入者，像风那样逢隙即入，丝丝入扣，恰入对方胸口，沉身一靠而出，即可见效。

假若不是顺势进入，而是急躁冒进，或是迟疑犹豫，则反被对方所乘。

还要注意一点，在顺势进步肩靠时，若是右臂肩靠，则左手必须附于右臂的肘弯处，与肩靠同时同步行动，以防对方撅臂反击，或击我脸部。

四、靠劲中正

上述《象辞》所言"巽乎中正"句，犹言"以中正之德被顺从"。喻示靠劲何尝不是要以"中正之德"行事。

仍以上述对方用大捋法捋我为例。当我顺势顺步肩靠时，必须保持身法中正。此处所说的中正有三个内容：

一是肩的中正。靠劲发出时，肩不能出格，肩与胯必须相合，保持身中垂直线，切忌斜着肩膀向前撞击。否则易犯顶抗之病，必为人所乘，所以无论是插步靠，还是套步靠，都要持守中正。

二是中正下沉。进步肩靠，既要进身向前，更要向下松沉，不能单单进身向前，那样会造成撞肩的缺撼，所以必须松沉进身，用下沉之劲催送肩靠。

三是沉身踏劲。在中正下沉、发出靠劲之际，要意念脚掌踏劲，用涌泉穴（地面）反弹之劲发出靠劲。这样的靠劲，既猛且稳，可显示出"靠要崩"的气势。尤其在已经与对方贴身、似乎劲被闭塞的特定情况下，更要用沉身踏劲法，仍然能把劲发出。

这三个内容合而为一，即靠劲要中正安舒，体现"巽乎中正"的要义。"太极人盘八字歌"唱道："八卦正隅八字歌，十三之数不几何，几何若是无平准，丢了腰顶气叹哦。"（中华版《太极拳谱》）其中的"平准"是何等的重要啊！

第七章　用劲种种

用劲是在懂劲的基础上，对上述本劲、首劲、八劲的灵活应用。由于情况不一，用法有异，才产生了诸多的劲别名称。

第一节　听劲四感法

太极听劲的"听"，并非通常用耳朵去听的那种"听"，而是双方接触时的感觉、感知、感应，是太极拳特有的专用名词。如何去"听"呢？可通过四个途径去感知，称作听劲四感法。

一、皮肤的感觉

无论是推手还是散手，双方一经搭手，就立即要通过皮肤肌膜的感觉，听清对方的劲路走向。有人听得清，有人听不清，关键是皮肤是否松柔，思想是否入静。越松越静，越能感觉灵敏。若练到"一羽不能加，蝇虫不能落"的高峰境界，就能听得清清楚楚。

二、双目的视觉

双方接触时，要凝神注视对方的眼神。"眼为心之苗"，从眼神中探知对方的内心秘密及其动作意向。

三、进退的动感

即在转折进退、闪转腾挪的运动过程中产生的感觉感知。由于是在运动过程中，所以要有"虽动犹静"的功夫，在动态中静心细心地去感知，不可"马大哈"式地一晃而过。

四、内气的气感

不论对方内气修为如何，其气势总会或多或少地外溢，这是权衡对方功力及意向的重要窗口。可以用"以气测气，以势衡势"的心法去感受。具体说，即"敷、盖、对、吞"四字。首先是敷，以自身的气，敷体在彼劲之上，从中感知对方气势的强弱，测量其气势的动静。所谓气势，是精神、内气、内劲及意志的合成，是衡量功夫深浅及当时意向的重要标志。

五、综合效应

听劲是在懂劲的基础上，诸多因素的综合效应。例如，若不能"粘、连、黏、随"，无从接触，就难有感应。再如，若不能至松至静，消除僵硬拙力，就好比耳目塞听，如何能听。所以要全面修炼，包括拳架及推手，务求着熟而懂劲，愈练愈精，遂至从心所欲。

第二节 接劲如接球

一、第一道防线

从推手与散手来说，接劲是第一道防线。

推手之初，彼此相互搭手，看似未曾攻防，实则已接入彼劲，已在听其劲权衡应策了。所以接劲并非单指散手而言，推手也包括在内。

散手更须讲究接劲。若有人一拳打来，如何接手接劲，接得好，取得顺势，从容应付，甚至能收"接入彼劲，彼自跌出"之效。但若接得不好，则陷于背势，甚至被一击而败。所以接劲是一种契机，顺背立判，必须潜心修炼。

二、接劲如接球

接劲颇有难度，常见数年纯功，一接劲即为人所制。究其原因，在于顶撞所致。譬如打篮球，新手一接球，球就碰飞而去。盖其不是接球，而是碰球、撞球，所以无法接获。而熟手，举手一捞就把球吸住，其间区别，在于硬撞与柔接。

此接球之理，与接劲颇为相似。须周身松柔，意气领先，手臂手腕松沉圆活，掌握轻重缓速，注意沾粘听劲，在接触彼劲的一霎那，意念上要似粘似吸，意气接入彼劲，不能有丝毫的碰撞念头，自身也没有被猛烈撞击的感觉，才能接劲入笋，恰到好处。

三、接劲半边空

要用手的一个侧面去接劲，不是正面去接。这样，接实来劲一半，另一半使其落空。此时要抓住这稍纵即逝的机会乘势发劲，不可坐失良机。

但是这侧接法并非预先摆好了架势去接，而是要转腕旋膀，滚翻圆转，在滚转中接其半边劲，空其半边劲。

四、接劲不过尺

接劲的接实处不能超过尺骨，最好的部位在手腕，退而求其次，在腕与尺骨之间，以便通过腕关节的旋转滚翻引化来力以及发放。

接劲不过尺，通常是指散手临阵时的接手用法，至于推手应用则另当别论。

五、中节接梢节

这是推手中出现的一种接劲法。肩是手臂的根节，肘是中节，掌指是梢节。"中节接梢节"，就是用我之肘去接对方的掌指。不过，这是在推手过程中顺势应用的一种技法，并不是在搭手之初就用肘去接，那样就会闹笑话。

当然，"中接梢"若得机得法，既可延伸手臂功能，又能伺机用滚肘、绕肘、挑肘、撅肘等法发劲。曾见先师与一名家推手，对方欲粘拿先师双肘，先师当即用肘接劲绕化，同时散开双手，在对方脸前、胸前滚转挥洒，暗藏迎面掌、双按胸、滚肘挤等法，对方顿感情况不妙，迅即撤去拿劲，但已陷于背势，露出败象。

六、接劲与发劲

接劲不是目的，它只是创造一种契机，目的是乘机发放。通常有三种情况：一是直接放掷，即在接入之际，抓住瞬间柔化的契机，迅速打回头，所谓"打回劲"。二是牵引发放。三是粘拿发放。详见以下相关用劲介绍。

第三节　粘劲与走劲

一、沾粘劲的特征

沾粘劲是"沾、粘、连、随"四劲中的前二劲。

沾，犹如湿手插进面粉里，沾上了甩不脱。粘，比沾更进一步，像胶漆那样，粘得很牢，比喻粘贴着对方，缠绕不脱，掌握顺势。可见，沾粘劲的特征是不脱、不顶、不离，随机应变。

二、沾粘的功用

沾粘劲的功用，大体有三：

一是为听劲服务。如果粘不着对方，无从听起。

二是为接劲服务。假如不用粘劲，接劲之手硬邦邦的，怎能接入契机。

三是为走劲化劲服务。所谓"粘即是走，走即是粘"也。

三、粘走即阴阳

拳论所说"粘即是走，走即是粘"，是作为懂劲的一个内容提出的，所以接着说："阴不离阳，阳不离阴，阴阳相济，方为懂劲。"就是说，粘与走是阴阳相济的关系。粘，主静，为阴；走，主动，为阳，两者要相互济度，才算懂劲。不能粘归粘，走归走，而应粘中有走，走中有粘，才为得法。

具体说，如果粘着对方之处感到有重力时，迅即不顶不抗，顺其方向走化，此谓"避实为虚"，使对方处处落空，为我所制。

虽说"走"是阳动，但手势不可僵硬，应当阳中有阴，走中有粘，走即是粘，两者不可分离，应相济圆通。

四、枢机在腰腿

无论是粘还是走，形体上虽然用手在粘、在走，实质上是腰胯的旋转及重心的变换带动着手势粘连。所以粘走的枢机在腰腿功夫的深浅，即"主宰腰胯"也。

第四节 随劲为顺势

一、随劲的含义

随者，从也、循也、顺也。

随劲是"沾、黏、连、随"四法的最后一法，前面三法都要落实到"随"字上，所以随劲集三法大成而用之，相当重要。

随之前是"连"，即粘合的基础上，把自己的劲与对方的劲连接起来，接入其间。

随，即顺从着对方的劲力，舍己从人地随他而去，同时在随的过程中予以引领转化，使其劲力失空，入我陷阱。

二、随劲与发劲为一体

随，不是目的，目的是请君入瓮。当其来劲被我随引而空的瞬间，毫不停留地对准其焦点发放，莫不奏效。假如犹豫迟疑，对方必然变劲，反为其制。所以随劲与发劲之间不能有丝毫间隙，应当严密合一。

当然，随劲如果与引拿合用，也可拿而不发，点到为止，或一拿就发。那是转为拿劲了，又当别论。

三、歌诀二则

"粘、连、黏、随"的随,是四法的终极效应,随劲的修炼,对养生和实用都有莫大的功用。随劲的得着,不仅来自太极推手的磨炼,平时行功走架也要细心揣摩,以不断增强随劲随意。故而根据师门传授及本人体悟,一时兴起,撰口诀二则。

(一)

粘连黏随随他走,
松腰旋胯问刚柔,
命门添火温肾水,
阴阳相济何须愁!

(二)

舍己随人非挨打,
随空来劲是上策,
我顺人背意先行,
借发引拿皆可成。

第五节　化劲要真化

一、化劲的内涵

化劲,是在粘、随、走劲的基础上,进一步化去来劲,使其背势,于是掌控在我,可拿可发。

化劲的内涵较为宽泛。从太极拳用劲的角度来说,也可以概括为两大类,即化劲与发劲。为了后发制人,必须化劲化得好。为了化得好，就应把接劲、听劲、沾黏连随四劲、乃至引、拿等诸劲都处理得很好，才能化得恰到好处，化之得势，为发劲创造良好的顺势条件。所以化劲是诸多因素的综合效应，并非一招一劲之效，也是发劲的前提条件，其重要性要想而知。

二、随感应而化

感应，是与对方接触后，通过肢体感导而来的心理反应，可知悉对方的意劲、意向、意图，然后随着此种感应而走化，或进或退、或上或下、或左或右，都要随感而化，要求达到丝丝入扣的境界。

具体说，感应几许，就化去几许；感应一分，就化一分，多化则过头，少化则不足，仍为人所制，所以必须随感随化，化至来劲将尽未全尽的最佳态势。这样的化劲，可称之为"感化劲"。感化的效果如何，全赖综合功夫的深浅。

三、化劲有真、假、巧、拙之别

真化：用腰腿的进退转换、往返折叠，带动手势的运化，达到人不知我，而我独知人。此谓真化。

假化：不用腰腿，单用手臂去化，硬拨、硬拽，反为人制。此名为化劲，实为假化。

巧化：随感应而化，快慢相合，尺寸分毫，恰到好处。此谓巧化。

拙化：化之过头，或化之不足，甚至把退步逃避误作化劲，是谓拙化。

四、以掤劲为后援

掤劲是诸多用劲的后盾，化劲尤其如此，所以在粘化时应内含掤劲。若无掤劲，则会被对方"吃瘪"，或被发出，故曰

"掤劲不可丢"也。

前面关于掤劲的章节中，论述了掤劲的属性属柔，但此种柔并非柔弱无能的柔，而是纯柔则刚的柔。所谓化劲中要含掤劲，就是要合这种纯柔之劲。如拳谱说："以柔软而就坚刚，使坚刚尽化无有矣。"

第六节　借劲为巧拨

一、借劲的含义

借劲者，借其人之力还诸其人之身也。它属于发劲的范畴，是发劲中的上乘功夫。

功夫深厚者，能以弱小之躯抵御强大之力，多半是借劲之功。如拳论所谓："察四两拨千斤之句，显非力胜；观耄耋能御众之形，快何能为!"

王宗岳《打手歌》又指出："任他巨力来打我，牵动四两拨千斤。"这是说，不管来力多大，能以自己的四两之劲，拨去对方千斤之力。而借劲，就是用来牵拨千斤之力的劲法。

二、吞气借劲

刚才说过，借劲是借力还力之法。当接入来劲之际，迅即把来劲化入我劲，借给我用。就像《四字密诀》中的"吞"字诀："以气全吞而入于化也。"所以借劲是把来劲吞而入之、借我所用的一种劲法。

吞，即意吞、气吞、劲吐。此种吞气借劲功夫，初听似乎玄奥，待功深后就会逐步有所感觉。

三、牵而顺拨

牵者，譬如牵牛鼻子，凭借"四两"之绳能牵走千斤之牛。若不牵牛鼻，或牵牛角、牛腿，非但牵不走，反会遭蛮牛的攻击。借劲牵拨，情同此理也，要牵得准、牵得法，顺其来力的走向而牵之。如果来的是直劲，则顺其来劲斜牵之；牵开来劲的着力点，使其落空，彼必失中，我即乘势拨发。此谓借劲顺拨之法。

所说"四两"，仅是形容词，并非真的四两重，只是形容自己的牵力比对方的巨力要小得多，是不即不离的粘随牵引。

至于拨千斤的"拨"劲要多大、拨的最佳时机在何时，也不是言语能确切说明的，因为那是一种感应，是意感、气感、体感、神感，在感应中权衡而拨之。对于拨发的时机，也是感应到来力已空、对方已经入笋之机，是拨发的最佳时机。

四、牵而反拨

反拨的方向与顺拨相反，顺拨主要是顺其来向而拨，反拨则是顺其去向而拨。

当对方发觉其劲被我牵走，迅即变劲回退之际，我即顺其回劲去向而拨发掷放，此谓反拨法，亦称"打回头""打回劲"。

假如对方欲退尚未退、出现瞬间停顿的霎那，我迅即发劲，此谓"打顿劲""打停劲"，也属反拨之列。

五、借劲又借手

借劲，不仅借他的来劲（吸、吞、蓄、牵），同时还要借他的手臂，作为我手的延伸，这样就可以既借他的劲，又借他的手，把他发出去。例如，对方两手按我双臂，我在松沉借劲的同时，把对方的双手借为己用，乘势进身发放。此时我两手并未接触其上体，仅仅手指虚虚指向他胸前的焦点，他已跌出。

六、随借随还

这种用劲，与牵而拨发相比，更直接、更敏捷。一经接着来劲，迅即反弹而出。此时，对方来劲将要展开但尚未展开，已被弹出，往往迷惘不解。先师传授此法时，常说当年李公与人推手时，一沾上手，就哼声一弹，对方莫不应声跌出。

这沾手就发的劲法，从借劲还劲的角度讲，是随借随还、即借即还、毫不迟疑地一借就还的劲法，外形上似乎没有牵化借劲的过程，实际上有一短暂的、瞬间的借劲还劲过程，因其快如白马过隙，一时看不出来。

此极为短暂的即借即还的过程，有两点需要注意。

一是借还的时机。最佳时机就是刚才说的对方来劲将要展开但尚未展开、其劲将要吐出但尚未吐出之际。

二是发劲的心法。主要是以心为令，主宰腰胯，周身浑然为一，用意气发放，依照"九一"心法，似弹簧一弹而出。其法详见以下相关介绍。

第七节　发劲如弹簧

一、发劲简说

太极内劲，无论是本劲、首劲、用劲以及变劲，其功用除了修性养生、常葆青春，就是发劲制人、自卫防身。从临阵用劲的角度讲，发劲是内劲的终极运用，前面所说的懂劲、听劲、接劲、粘连黏随以及化劲等等，都要落实到发劲上来。所以发劲之道，不可忽略。

但是，实践中往往出现善于化劲而不善于发劲的现象，主要有性格及修为两方面的问题。有的性格内向，不习惯于"出手"，有的则欢喜"出手"，因此修炼的效果就不同，造成了善化不善发的问题，这不符合太极拳"万法归一"的整体要求。

就拿攻防来说，如果只化不发，固然功深者能常常使对方失误而取胜，但在千变万化的回合中难免为人所乘。因为你不发劲，就会留给对方一点回旋余地，哪怕很微小的一点，对方就有机可乘，反被其发出，所以"善化不善发"并非上上之策。

当然，练太极拳主要目的是性命双修，在明明德；练推手防身，也不是逞强好胜，但也不能授人以柄，自取败道。应当全面发展，攻守兼备，德艺并进。

二、功分三乘

一般说，发劲就是把内劲由内向外发出去，以制人为目的。太极拳的发劲与众不同，它是遵循圆形运动的原理把内劲发出去的，即半圈化劲、半圈发劲。化劲呈圆形，发劲则顺循圆周切线呈直线发出，发出后又回归圆周运行，即所谓"圈中化、圈中发"是也。其圈行的大小，标志着功夫的深浅，一般分为初、中、上"三乘"。

初乘者，所磨圆圈较大，其半圈化、半圈发的轨迹很明显，这属于大圈化发的那种发劲。

中乘者，所磨圈形较小，虽然也能看到半圈化、半圈发的轨迹，但圈形要小得多，这属于小圈化发的发劲。

上乘者，则为无圈之发劲。功夫越深，越不见其圈，似乎只发不化，其实发中有化，化即是发，是化发合一的发劲。

三、有圈与无圈

太极圈分为有圈与无圈两类。有圈者，即有形之圈，看得清的圈，如初乘之大圈、中乘之小圈，皆为有形之圈，属有圈一类。

无圈者，指外形看不见的圈，只是意念上有圈，所谓"有圈之形，无圈之意"也。意圈虽属无圈，实为有圈，因为一点也是圈。那种一触即发的"触"，一拍一弹的"拍"与"弹"，都是使的点圈、意圈。这属于化即是打，打即是化的高超境界。

有圈与无圈，还可用一句名言来印证分析，"引进落空合即出"，是拳家常挂嘴边的一句格言。此话概括了引化与发放的过程及其方法。过程有长有短，可捷可缓。过程长、速度缓者，是有形的大圈；过程稍短、速度稍快者，是有形的小圈；那种看不见过程的、快捷的，就是意圈、点圈、无形之圈。

四、得机得势

发劲必须得机得势，认准方向，才能立竿见影，否则徒劳无益，甚至弄巧成拙。

得机，即对方失中失重，露出焦点之机。

得势，即彼受制于我，我顺人背之时。

方向，发劲的着落点，无论上下左右、高低正隅，都要认准焦点方向发出。

五、意气发劲

发劲，并非单靠肢体动作，更要用意气发放，即以意领气，以气贯劲。一般情况是，化为吸气，发为呼气；开为吸气，合为呼气；升为吸，降为呼；提为吸，放为呼，以及进退转换过程中的小呼吸。

以走圈而言，即半圈吸、半圈呼，随着圆圈之大小，调节呼吸频率。那点圈、意圈的呼与吸，都在一点一念之间完成，称为拳势呼吸。

发劲时内气运行的心法，本门传有两种：

一是脐轮吸气，通达命门，再由命门呼气（须命门微微一坐），气贯四肢，发于两臂，形于掌指。

二是吞气发劲。即脐轮吸气时，意念通过与对方接触的两手，将其内气吸入我体，再由命门发动，气由两臂通出，返还给对方，这是借劲还劲的内气运作法。

但此法掌握不易，必须通过盘架子、推手，乃至静功打坐等途径，持之以恒，才能到手。例如静功一道，要长期修习太极静坐法，当练至内部气机发动，并由自发抖动上升为自觉抖动时，才能由意念自觉控制。例如两手平伸，意想从指尖、手掌吸吞来气，一念及此，两手就会弹发而出。有兴趣者不妨一试，不过要坚持不懈才能见效。

六、整劲弹发（三层弹簧）

太极发劲不是局部的劲道，而是整体内劲向外弹发，俗称整体弹簧劲，或说弹簧整劲。其核心是一个"整"字，即外在的形体动作与内在的精、气、神、劲练成一家，浑然一体。

整劲发出时，要具突发性、爆发性，故有"发劲如放箭""发劲如弹丸"之说，像弹簧那样一弹而出。

弹簧劲的弹簧安在何处。师门传授安在三层，下层在脚底涌泉，中层在命门，上层在肩窝。发劲时，脚底踏劲，命门坐劲，肩窝吐劲，三层弹簧同时弹发，专注一方，一发无遗。

第八节　多种发劲

太极用劲的名称较多，除上述诸劲外，尚有寸劲、踏劲、倒卷劲、冷劲、截劲、开劲、合劲、拍劲、断劲、崩劲、引劲、拿劲、沉劲、波浪劲、提放劲、钻劲、滚劲、铧劲等等。

限于篇幅。仅说数劲。

一、寸劲

李景林在传统的基础上，提出了"劲走螺旋，源于丹田，起自命门"的用劲新说，因其发劲时命门微微下坐寸许，称为螺旋寸劲，又称命门寸劲。详见以下章节介绍。

二、倒卷劲

有撤步倒卷及退身倒卷两种。前者即"拳术篇"中"倒卷手"的拳招用法，后者在基础功"倒卷柳"及推手中练习。其关键在于旋胯转体及重心后移（变换虚实），带动滚肘（顺向）旋腕、翻掌向后倒卷，这是关键中的关键。例如，有人执你右手腕，只要依照上法倒卷，对方必被卷向我右侧倾倒。

三、锉劲

接上述倒卷劲。假若对方发觉你倒卷而欲向后退化时，可迅速顺势滚肘（逆向）翻掌，前臂向前一锉，同时重心前移，命门坐劲，脚掌踏劲，推动肘臂锉劲奔泻而出。

四、滚劲

即单手或双手沿着圆形轨迹滚翻旋转的意思。滚劲常常与其他劲路混合使用。例如右弓步捋，我之右手粘着对方左肩附近，左手粘拿其左腕作斜捋时，右手滚肘滚腕，用滚肘协助捋劲，称为滚肘捋。

五、拍劲

此乃用手掌拍击之劲，像拍皮球那样拍发，若得法，能拍得对方跳起来。其要点是，在施用"九一"心法发劲时，最后用手掌一拍，即告成功。（九一心法见下章介绍）

由于要用手掌，所以要求腕关节十分松活，才能使内劲由肩而肘而腕，直通掌指，拍发无遗。闻李公与人推手，常常一沾手（接劲），就一抖一拍一弹，对方莫不应拍即跌。然此种功夫，非经明师口授及长期修炼难以掌握。

第八章　螺旋寸劲

第一节　寸劲新说

螺旋寸劲，是武当丹派突出的内功心法，也是李公练劲用劲的绝学之一。李公在传统的基础上，提出了"劲走螺旋，源于丹田，其根在脚，主宰腰胯，命门启动，发于两腿，通于背心，敷于两臂，形于手指，一弹而出"的螺旋寸劲新说，把太极内劲的修炼与发放推进一步。笔者1987曾在《武当》杂志发表论文，介绍过李公的这一新说。

所谓寸劲，并不是说内劲只有一寸长，而是指发劲时走圈的幅度很微小，几乎看不见圈，但劲意却很深长；又由于发劲时须命门下坐寸许，一弹而出，故比喻为螺旋寸劲、命门寸劲。

螺旋寸劲，是意、气、神、形、劲浑然一体的整体效应，故又称整劲。由于它是一弹而出的，形象化说法叫做弹簧劲。又由于它是在至松至柔的前提下弹发的，又称松弹劲或抖弹劲。无论怎么称呼，其实质是太极螺旋劲，而"寸劲"之说，只是发劲时的一种形象比喻，快速短捷，形如弹丸。

第二节　螺旋圈的原理

螺旋寸劲，是在螺旋形走圈中产生和发展的，而螺旋之圈并不是平白无故出现的，自有它的来龙去脉。

螺旋圈的哲学源头，源自古代太极图标示的旋转不息、循环无端的原理。本书"哲源篇"已详细介绍太极图所象征的螺旋运动，是宇宙万物包括人体生命活动的普遍存在的运动形式。无论是周敦颐太极图的十个圆圈，还是古太极图的双鱼形曲线原理，都反映了宇宙万物螺旋形旋转不息的本质规律。从而启示和决定了太极拳是奇妙的圆弧形螺旋不息的组合运动，太极拳的修性养性及练劲用劲，都要在螺旋走圈中产生和应用。

第三节　内外都要走圈

螺旋走圈，在平时行功走架中如何修炼？师门传授，要求形状动作与内在意气都进行走圈，并且内圈与外圈要合而为一。

形体动作走圈分上中下三路。上路为转腕旋膀，双掌磨圈；中路为腰胯松沉，旋胯转体；下路为旋踵碾足，涌泉意圈。这外在的三层圈，要以腰胯旋转为中心，带动上下运行，形成全身皆圈。

内在意气的走圈，要以心为令，指挥形体与意气同时走圈。内在走圈，是意守脐轮，以心行气，脐轮内转，命门饱满，气注丹田，气遍全身，最终使意气走圈与形体走圈内外一致。内在走圈的中心，是意念引导下的脐轮内转，带动周身气机旋转流畅不已。

但是应当指出，形体与意气合而为一的走圈，必须在至松至静的条件下进行，才能把隐藏体内的潜在能量逐渐开发出来，聚于丹田，散布四肢，再归复丹田，如此循环不已，积聚成劲，日积月累，内劲日深。此即谓"劲由圈中生"也。

因此，内外走圈，是上述三层弹簧发劲的能源、动力，寸劲就是在此基础上产生及发出的。它通过中心旋转，命门启动（命门向下一坐），一弹而出。此即谓"劲由圈中发"也。如何发出寸劲，详见以下"九一心法"介绍。

第四节　走圈的轨迹

走圈的轨迹，上一章"有圈与无圈"一节中已经作了介绍，现在再作一些补充。

圈形有大有小，其大无外，其小无内，一点也是圈，谓之点圈。还有无形圈与有形圈、进圈与退圈、平圈与立圈、弧圈与圆圈、阴圈与阳圈、外圈与内圈，以及转换之圈等等，组成了旋转不息的螺旋形走圈。

其实，太极圈无处不在，例如太极八劲，就各有其一圈。掤圈、捋圈、挤圈、按圈、采圈、挒圈、肘圈、靠圈，皆各有其妙，各有其变。肘圈，就有滚肘圈、顶肘圈、绕肘圈、沉肘圈、锉肘圈等。靠圈，有走化时的圈及进靠时的圈；进靠时腰胯微圈，带动肩的点圈。再以手腕来说，腕节的灵活旋转，也呈现出内圈、外圈及进圈、退圈等圈，不过那必须由腰胯圈及滚肘圈带动下协调进行。弄懂有形圈与无形圈的关系，至关紧要。

有形之圈，虽是形体动作之圈，但它是由意气之圈所驱使，是从内到外施展出来的，也可以说是意圈的外在显露。再说，有形圈的幅度较大，一眼就能看到，往往误认为那仅是形体动作走圈，忽略是意圈的外在反映，以致影响形圈与意圈合一的修炼。指出这一弊病，目的是要重视意圈（无形圈）的修炼，不能停留在有形之圈上，要从有形进入无形之圈。

不论有形圈，还是无形圈，其实质都是虚实互换，化发相变，阴阳相济。一圈之中有虚有实，有阴有阳，有开有合，有化有发，变在其中，唯变是适。

当然，初学要从有形入手，先求开展，逐步紧凑，由大变小，由小变无，进入"有圈之形，无圈之意"的高层功夫。"无圈之意"，就是意圈、点圈。前文"借劲"一节中提到李公"随借随还"，沾手即发，就是用的点圈。先师经常讲：当年先生（指李公）喜用点圈发人，只见他一沾手，腰胯一旋，命门一坐，脚掌一踏，双手一弹，对方应手即仆。

第五节　九一心法

螺旋寸劲，如何通过中心旋转，三层弹簧发弹而出？师门传有"九个一"的发劲心法，即腰胯一旋，命门一坐，意气一转，尾闾一坠，重心一移，脚掌一踏，背心一撑，肩窝一吐，两臂一弹。

1. 腰胯一旋

须立身中正，周身松静，用"腰胯松沉旋转法"一沉、一旋。所旋之圈是点圈、意圈，而且是松沉下旋的螺旋形圈，旋速飞快。

2. 命门一坐（寸劲）

在腰胯一旋的同时，命门同步松沉下坐，坐幅寸许，干净利落。此谓命门寸劲说，是中层弹簧的发弹。

3. 意气一转

在腰胯与命门将发之际，脐轮一吸，已发之时，内气一吐，贯于全身，透于背脊，发于两手，同时专注一方，凝神前视。

4. 尾闾一坠

坠尾一法，太极拳中称为秤砣功，在此时有三点功用。一是与命门关连，若不坠尾，命门就坐不好；命门若不下坐，坠尾也坠不好。二是作为腰胯旋转的准绳，在腰胯一旋时，须要意念尾闾下坠且旋转，这样腰胯就能轻松自然地旋转。三是尾闾下坠，能促进悬头垂尾神贯顶。

5. 重心一移

随着上述四点发动，身体重心迅速地松沉前移。说"一移"，表示速度很快，与"九一"诸劲同步进行，不可有丝毫迟疑。发劲固然是内劲向外发放，但身体重心的变移也是整劲的重要部分。

6. 脚掌一踏（踏劲）

在重心前移的同时，前脚掌（涌泉）向地面一踏，意想内劲从脚底而起，缘脊而上，直通两臂两掌发出。

踏劲要义有三，一是须由重心前移推动，脚掌乘势一踏。二是脚掌肌肉放松，脚心贴地踩踏，切忌脚底僵硬。三是五趾也要松柔，自然贴地，不可硬抓地面。这样，才能使劲路畅通，体现"其根在脚"的原理，这是下层弹簧的弹发。可参见"拳术篇"相关拳式的心法介绍。

7. 背脊一撑

在脚掌一踏、内劲由下而上至背脊时，意念背脊心微微向外一撑，助长劲路畅通到肩窝及两臂，即所谓"劲由脊发"。但要注意，这是一撑的"撑"，并非躬背的"躬"。撑，是由内向外扩撑，是微微的意念上的一撑；而躬，则会沦为凹胸驼背的败笔，不足取。

8. 肩窝一吐

肩窝是上层弹簧所在。当内劲由下而上直达肩窝时，要立即由肩窝输送出去，送至两臂两掌，即所谓"肩窝吐劲"也。这一心法，全是意气的作为，外形上仅仅看到两臂前伸，肩窝毫无痕迹。换句话说，是有此之意，无此之形。但是，若没有肩窝吐劲之意，则劲路受阻，吐劲不畅，甚至徒劳无功。

9. 两臂一弹

此处所说的"臂"，包括肩、肘、腕、掌、指在内的整条手臂。两臂一弹，就是在松肩、垂肘、活腕、舒掌、展指的前提下，肩一松，肘一射，掌一按，指一伸，整条手臂一弹而发，内劲如丸弹出。

10. 九九归一

上述九点，皆用"一"字表达，其义有三。首先表示速度快，同时表示幅度小，最后表示"九九归一"。

太极拳万法归一，一即太极，太极即一。九个一，名为九，实为一；分开来说是九，发劲时则合为一。

九九归一，体现了"月映万川，万川一月"的太极原理。所以运用"九一"法发劲时，在时间上要同时（不可早晚）、同步（不可先后）一气呵成。

第六节 至尊一式

"云摩弹",是本门太极拳中独有的招式,是李公将武当剑法融入于太极拳的一个典型招式,集剑韵拳劲于一炉,太极内功心法大多包罗在内,是李公发放螺旋寸劲的惯用绝学之一,称为本门练劲、用劲、发劲的至尊一式。故先师常告诫我们:"再忙,每天也要挤时间摩上几圈。"

修炼"云摩弹",分云摩训练、拳招训练及弹发训练三个层次进行。前者系基础精功的推摩式及"一指通玄"式,拳招训练即拳架中的云摩弹,后者即发放螺旋寸劲的"九一心法",三者均见本书相关章节介绍。因它是本门太极的至尊一式,故在此特别集中提出。

综上所述,太极内劲并不神秘,并非高不可攀,只要按照太极拳心法潜心修炼,细细体悟,就能懂劲,就能登堂入室,迈向高峰境界。

图书在版编目（CIP）数据

太极内功心法全书. 上卷 / 钱惕明著. -- 北京：人民体育出版社, 2008（2023.3重印）
ISBN 978-7-5009-3415-8

Ⅰ.①太… Ⅱ.①钱… Ⅲ.①太极拳－气功－基本知识 Ⅳ.①G852.11

中国版本图书馆CIP数据核字(2008)第047702号

*

人民体育出版社出版发行
三河兴达印务有限公司印刷
新 华 书 店 经 销

*

850×1168　32开本　13.5印张　335千字
2008年8月第1版　2023年3月第11次印刷
印数：51,501—53,500册

*

ISBN 978-7-5009-3415-8
定价：54.00元

社址：北京市东城区体育馆路8号（天坛公园东门）
电话：67151482（发行部）　　邮编：100061
传真：67151483　　　　　　　邮购：67118491
网址：http://www.psphpress.com
（购买本社图书，如遇有缺损页可与邮购部联系）